高等职业教育“十三五”规划教材

U0812658

大学生
心理健康教育

主　编　万秋红　赵　丹　邓祖禄
副主编　李　萍　马灵秀　杨　琦
　　　　何　信　吴文聪
参　编　殷盈盈　李　佳　李禄华
　　　　张晓玲　文　婷　李　平
　　　　赵　君　常　晋　李　洁

中国轻工业出版社

图书在版编目（CIP）数据

大学生心理健康教育/万秋红，赵丹，邓祖禄主编. —北京：中国轻工业出版社，2020.4

高等职业教育“十三五”规划教材

ISBN 978-7-5184-2642-3

Ⅰ.①大… Ⅱ.①万… ②赵… ③邓… Ⅲ.①大学生—心理卫生—健康教育—高等职业教育—教材 Ⅳ.①G444

中国版本图书馆 CIP 数据核字（2019）第 197618 号

责任编辑：张文佳　　责任终审：张乃柬　　封面设计：锋尚设计
版式设计：砚祥志远　　责任校对：吴大鹏　　责任监印：张　可

出版发行：中国轻工业出版社（北京东长安街 6 号，邮编：100740）
印　　刷：河北鑫兆源印刷有限公司
经　　销：各地新华书店
版　　次：2020 年 4 月第 1 版第 2 次印刷
开　　本：787×1092　1/16　　印张：14
字　　数：330 千字
书　　号：ISBN 978-7-5184-2642-3　　定价：38.00 元
邮购电话：010-65241695
发行电话：010-85119835　传真：85113293
网　　址：http://www.chlip.com.cn
Email：club@chlip.com.cn
如发现图书残缺请与我社邮购联系调换
200224J2C102ZBW

前　言

改革开放40多年来，中国发生了翻天覆地的变化。社会的飞速发展，给人们的心理适应带来了巨大的挑战。十多年前人们都在商店购买东西，现在流行网购；十多年前朋友之间的联系是打电话，发短信，现在是发微信；十多年前好多事情必须走出家门才能完成，现在宅在家里用手机就能做到；十多年前很少听说谁“抑郁”，但现在身边总有人说自己抑郁。大学校园是社会的缩影，大学生作为社会的一分子，也会面临社会快速发展和变化带来的压力，对于正处在青年期的大学生来说，其心理发展水平正在迅速走向成熟但又未完全成熟的阶段，内心世界充满着各种各样的矛盾，心理变化异常剧烈，呈现出青年期特有的动荡、脆弱的心理状态，甚至导致各种心理困扰，影响学习和生活。因此，加强大学生心理健康教育，提高大学生心理健康水平，具有十分重要的意义。通过向大学生普及心理健康知识，增强心理健康意识，掌握心理调适能力，提升心理素质，从而促进大学生身心健康、人格完善、全面发展。

心理健康教育是德育与思想政治教育工作的重要组成部分，党和国家十分重视大学生心理健康教育。1994年《中共中央关于进一步加强和改进学校德育工作的若干意见》、2004年《中共中央国务院关于进一步加强和改进大学生思想政治教育的意见》及2005年《教育部、卫生部、团中央关于进一步加强和改进大学生心理健康教育的意见》都强调要重视大学生心理健康教育，明确要求各高等学校创造条件，开设大学生心理健康教育的选修课程或专题讲座与报告。2011年为深入贯彻落实全国教育工作会议、教育规划纲要以及全国加强和改进大学生思想政治教育工作座谈会精神，推进大学生心理健康教育工作科学化建设，进一步发挥课堂教学在大学生心理健康教育工作中的主渠道作用，提高大学生心理健康素质，教育部制定了《普通高等学校学生心理健康教育课程教学基本要求》，要求各地结合本地区、本学校的实际，制定科学、系统的教学大纲和教学计划，组织实施教育教学活动。2017年7月《高等学校学生心理健康教育指导纲要》提出大学生健康成长与和谐发展的需要。因此，加强和改进大学生心理健康教育是全面落实教育规划纲要、促进学生健康成长、培养造就高级专门人才的重要途径，是全面贯彻党的教育方针、加强和改进大学生思想政治教育的重要任务。

本教材的编写者是一批直接从事大学生思想政治教育和心理健康教育的专业教师，在编写时，以马克思列宁主义、毛泽东思想和中国特色社会主义理论体系为指导，以普通心理学、积极心理学、教育学、心理卫生学为基础理论，明确大学生心理健康教育课程定位，抓住主要矛盾，满足大学生成长成才美好期待，牢记初心服务人民，优化大学生心理健康教育体系；既坚持遵循现代的教育理念，又紧密结合自己的教学和科研实践，从教育情境出发，将心理健康教育与大学生的生命成长紧密结合，让学生在实际的体验中形成健康心理，感受心理成长的快乐，既注重必备的理论支持，又具有较强的针对性和实用性。

针对大学生日益增长的心理健康需要，本教材写作的主要目的就是帮助大学生更好地了解心理健康、更好地了解自己，学习心理自助与互助的方法，打造大学生的“软实力”——提升心理素质，提高心理健康水平，扩展生命的广度，提升生命的质量。本教材遵循思想政治教育和大学生心理发展规律，引导大学生努力践行正确的人生观、世界观、价值观，培养学生理性平和、乐观开朗、健康向上的积极心理品质，从而提高社会适应能力、承受挫折能力和情绪调节能力。

本书分为10章，内容涉及大学生心理健康概述、大学生自我意识、大学生人格培养、大学生学习心理、大学生情绪管理、大学生压力与挫折应对、大学生人际交往、大学生恋爱与性心理、大学生生命教育与心理危机应对及职业心理素质训练十个主题，融入信息化教学手段，与我们在超星泛雅网络教学平台自主开发的线上课程资源（大学生心理健康教育 https：//mooc1-1. chaoxing. com/course/201841980. html）相对应，包含有每个章节知识点的教学视频、单元测试、心理活动体验、讨论、拓展资源学习、单元作业、线上考试及线上答疑等，力求理论与实际相结合，贴近学生实际，满足学生心理需求，提供心理健康的知识、心理调适的方法以及心理自助的指南；并通过线下线上、案例教学、体验活动、行为训练、心理情景剧等多种形式，激发大学生的学习兴趣，提高课堂教学效果，促进大学生在学习、人际交往、情绪管理以及求职就业等方面的发展。对于线上平台教学视频及拓展资源学习，学生可根据自己的情况随时随地观看学习。

教材是教学之本，本教材吸收了多所院校同行专家们的成果，借鉴了国内外有关管理学家、心理专家的学术观点和资料，力求在吸取众多优秀成果的基础上体现高职特色和校本特色，在此一并感谢。但由于编者的知识、能力、水平有限，书中难免有疏漏与不足，在此，真诚地欢迎各位专家同仁批评指正。在今后教材使用过程中，我们会根据遇到的实际问题，在教中学，在学中教，加以完善。我们也会更加重视在教学中与行业、企业多互动交流，与同学们教学相长，期望在我们的共同努力下，培养学生良好的心理素质，促进学生思想道德素质、科学文化素质和身心健康素质协调发展，并助推广大学生成长为品行端正、身心健康的社会主义现代化建设者和接班人。

编者

2019年7月

目　录

第一章　健康从健心开始
——大学生心理健康概述

人之幸福，全在于心之幸福。

——歌德

世界上最广阔的是大海，比大海更宽广的是天空，比天空更宽广的是人的胸怀。

——雨果

第一节　心理健康的含义与标准

经过六月的洗礼与漫长的等待，怀着梦想，怀着激情，怀着亲人殷殷的嘱托，年轻的朋友们步入了向往已久的大学殿堂，步入了放飞青春梦想的地方。人的灵魂是思想，而思想的基础是人的心理，大学生活应从“心”开始，不断提升心理素质应该成为当代大学生的首要追求。心理健康不仅是大学生身心健康发展的需要，也是大学生适应社会的需要，更是大学生成功发展的需要，只有心理健康的人，才能把握自己、适应环境、面向未来、自强不息，才能显示出生命的价值。而心理健康教育的目的正是提高大学生的心理素质，那么什么是心理素质？心理健康的标准又有哪些呢？

一、心理与心理素质

人的眼睛能看到五彩缤纷的世界，耳朵能听到优美的乐曲，大脑可储存大量的信息，能用自己的思维和想象去探索自然和社会的奥秘；人有七情六欲，会喜怒哀乐；人还会为了自己的目的，通过行动去满足自己的需要。人们在生活实践中与周围环境、事物相互作用而产生的这样或那样的主观活动和行为表现，就是人的心理活动，简称心理。人的一切活动都与心理现象的存在和变化密不可分。在心理学家看来，人的心理现象由心理过程和个性心理两个方面组成。心理过程和个性心理是人的心理活动的基本形式，也是人的心理活动表现的重要方面。

人的心理过程就其性质与功能的不同，分为认识过程、情绪情感过程和意志过程。认识过程是人接受、储存、加工和理解各种信息的过程，即人脑对客观事物的现象和本质的反映过程。它包括感觉、知觉、记忆、思维和想象。情绪情感过程指人们抱着自己的某种需要去认识和反映客观事物，在认识过程中产生的一种态度上的体验。如满足了需要、达到了目的，则产生一种愉快的、肯定的、积极的态度体验；反之，则产生一种不愉快的、否定的、消极的态度体验。这种由于需要是否满足而产生的态度上的体验，就是情绪情感过程。情绪情感过程包括低级的情绪过程和高级的情绪过程。意志过程是人们为了实现目的，驱动自己从事克服困难的活动的心理过程。人类不仅要认识世界，还要改造世界。在改造世界的活动中，总是带有一定的目的性，为了实现既定目的，又要想方设法去克服困难。这种为了实现目的克服困难的活动则构成心理过程中的意志过程。意志是自觉地确定目的，并根据目的来支配、调节自己的行动，克服各种困难，从而实现预定目的的心理过程。

认识、情绪情感和意志这三种心理过程作为人脑反映客观现实的形式，是人类共有的，但是，并不是说人反映客观现实都表现出同样的行为模式。每个人在反映客观现实时，都表现出每个人不同的行为特点和方式。这些不同的特点与方式构成了人与人之间的心理上的差异，称为个性差异，也称个性心理。个性心理主要表现在两个方面：个性倾向性和个性心理特征。个性倾向性是指一个人所具有的意识倾向和人对客观事物的稳定的态度，主要包括需要、动机、兴趣、理想、信念和世界观。个性心理特征是一个人身上经常表现出来的本质的、稳定的心理特点，这种稳定的心理特征是个性倾向性稳固化和概括化的结果，它包括能力、气质和性格。

心理素质是人的心理过程和个性心理所体现的心理品质的总和，也是人的智力因素与非智力因素所体现的品质的总和。智力类的心理素质包括注意力、观察力、记忆力、思维力、想象力等一般能力，也包括表现在方方面面的特殊能力，如表达能力、社交能力、组织能力等；非智力类的心理素质包括需要、动机、兴趣、情绪、情感、意志、态度、理想、信念等。心理素质是人的整体素质的一个重要组成部分。人的素质主要包括思想道德素质、科学文化素质、专业能力素质、身体心理素质四个方面。思想道德素质是人的素质的灵魂，把握着人的素质的方向；科学文化素质是人的素质的基础，是人获得其他素质的平台；专业能力素质是人的素质中的工具性素质，既是人为社会服务的工具，也是人立足于社会的谋生手段；身体心理素质则是上述素质的载体，是人的素质中一个非常关键的素质。心理素质在人的整体素质中处于十分重要的地位，具有非常重要的作用，它是人的整体素质的基础和核心，是其他素质形成与发展的内因。从本质上看，心理是人脑对客观现实的能动反映，心理素质既然是人的心理过程和个性心理所体现出来的品质，它当然也是人脑功能的体现，是人在社会实践活动中逐步形成的。

二、心理健康的一般标准及大学生心理健康的标准

心理素质健康发展，即心理健康，对每一个人的成长和发展都有重要影响。那么人的心理怎样才算是健康的呢？

心理健康是科学健康概念的一个重要组成部分。1989年，世界卫生组织将健康定义为“躯体健康（physical health）、心理健康（psychological health）、社会适应健康（good social adaptation health）和道德健康（ethical health）”。根据健康新概念，《心理学大辞典》指出，符合下列标准，可视作心理健康：①情绪稳定，无长期焦虑，少心理冲突；②乐于工作，能在工作中表现自己的能力；③能与他人建立和谐的关系，且乐于和他人交往；④对自己有适当的了解，且有自我悦纳的态度；⑤对生活的环境有适当的认识，能切实有效地面对问题、解决问题，而不是逃避问题，即自我之间获得和谐关系。

国内外心理学家在研究和探索过程中提出了一系列心理健康标准。综合国内外专家学者的研究，我们提出以下心理健康的一般标准及大学生心理健康标准。

我们从人的心理过程和个性心理，即知、情、意、个性四个方面来概括心理健康的一般标准。我们认为，心理健康的人应该具有比较正确的认知、良好的情绪情感、坚强的意志品质与健康的个性心理。

第一，比较正确的认知。人们的认知包括客观认知和主观认知。客观认知又包括对自然的认知、对社会的认知。心理健康的人要正确地认识自然和社会，就必须智力正常，这是最基本的要求。主观认知包括对各种思想观点的认知和对自我的认知。只有确立了科学的世界观和方法论，才可能对各种思想观点进行正确的分析，使主观与客观相统一。心理健康的人还要求有良好的自我意识。良好的自我意识首先表现在“自知”，就是要能正确认识自己，然后要能“自尊、自爱”，再次是在“自知、自尊、自爱”的基础上能自我调控自己，并具有充分的真实的自信心。

第二，良好的情绪情感。稳定愉快的情绪和丰富深刻的情感是心理健康的重要标志，而要保持良好的情绪情感就必须有良好的应对方式。人的一生始终处于不断地追求、不断地选择、不断地失意、不断地受挫之中，因而人们可能常常感到焦虑和痛苦，于是会自觉不自觉地采用各种方式方法来应对这些痛苦。一个心理健康的人应该有健康合理的并适合于自己的有效的应对方法，以减轻、排解或解除痛苦，始终保持乐观向上的生活态度，并有幸福感。

第三，坚强的意志品质。意志的自觉性、果断性、坚持性和自制性是良好意志品质的基本特征。每个人都要锤炼良好的意志品质，提高个人的社会功能。社会功能是指一个人在社会上生存和发展的能力。首先，人际交往是最基本的社会功能。其次，社会适应能力是很重要的社会功能。再次，一定的创造力是知识经济社会生存和发展不可缺少的一种社会功能。具有良好社会功能的人，行动才会具有自觉性、果断性、坚持性和自制性。

第四，健康的个性心理。其中良好的人生态度很重要。一个人良好的人生态度首先来自于健康向上的人生观、价值观，这是人生的航标。只有树立了健康向上的人生观、价值观，才能明确人生的目标和方向，人生才有动力，人才能拥有良好的人生态度。其次要有完整统一的人格，要将自己的需要、愿望、理想、目标与自己的行为统一起来，人格才完整，若二者分离将导致人格分裂。再次应具有优良的意志品质、自主性和协作意识，这样才能克服人生困难，与人和谐相处，与社会协调发展，永葆乐观向上的人生态度。

参照心理健康的一般标准，结合现代社会对人才素质的要求以及我国现阶段大学生身心发展的实际，我们认为大学生心理健康标准可以概况为如下几个方面：

一是智力正常。正常的智力是大学生进行正常的学习、工作和生活的最基本的心理条件，是衡量心理健康的最重要的方面，从智力测验的角度来看，智力正常的标准应当是智力商数在 70 以上，低于 70 为智力落后。我国的大学生一般都是经过高考录取入学的，智力基本上在中等水平以上，极少有落后的情况。

二是情绪情感积极稳定。情绪是衡量心理健康与否的一个显著标志。心理健康的大学生积极的情绪远多于消极的情绪，主导心境是愉悦、乐观和平静的，且能正确恰如其分地表达情绪。情感是和人的社会需要相联系的一种较高级而稳定的体验。心理健康的大学生有较强烈的社会责任感和集体荣誉感，并能珍惜友谊，探索和追求真理，欣赏并向往美好事物，在学习、工作和生活中积极创造美，并有幸福感。

三是意志、行为健全协调。意志健全主要表现在意志品质上。心理健康的大学生意志的自觉性、果断性、坚持性和自制性都获得了协调的发展。他们学习、生活的目的明确，能根据现实的需要调整行动的目标，能尊重、听取别人的意见，但又独立思考，不盲目服从；能果断地做出决定并执行决定；能专注于学习或其他活动，并在活动中勇于克服各种困难，坚持不懈地为实现目标而奋斗；能为实现目标而自觉地约束自己，抑制自己不合理的欲望，抵制各种外部诱惑。行为协调主要表现在行动的计划性、一贯性与统一性以及言谈的逻辑性等方面。

四是自我意识良好，个性完整统一。心理健康的大学生有积极向上的人生观、价值观和世界观，有理想、抱负和坚定的信念。他们能把需要、动机、态度、理想、目标和行为统一起来，做到态度与行为相一致，不为了眼前利益而放弃远大目标，不为私欲而背弃良心。同时，心理健康的大学生对自己的能力性格以及优缺点都能做出比较客观的评价，能把“理想的我”与“现实的我”有机地统一起来，而且“理想的我”总能在“现实的我”中得到体现，能根据自己的认识和评价来调控自己的行为，使自己与环境保持平衡。

五是社会适应良好。心理健康的大学生能正确客观地认识、评价自己所生活的环境，能坦然面对并接受现实，他们能明确自己所处的位置，怀有高于现实的理想和愿望，又不沉湎于不切实际的幻想和奢望。在环境不利时，既不逃避，也不怨天尤人和自暴自弃，而是通过自己的努力主动去适应环境，积极改造环境。心理健康的大学生的言行基本符合社会规范。当他们发现个人的行为偏离了社会的要求时，能够及时纠正，同社会要求趋向一致。心理健康的大学生有积极的交往态度，能掌握一定的交往方法和技巧，在交往中做到诚实守信、和善友爱、宽容尊重、关心合作，能与大多数人都建立良好的人际关系。

六是心理活动特点符合年龄、性别和角色特征，并无心因性生理异常现象。心理健康的人，其一般心理特点应该与其所属年龄阶段的人的共同心理特征相一致，与其性别及在不同环境所扮演的角色相符合。心理健康的大学生充满青春活力、朝气蓬勃、积极向上、敢想敢干、勤学好问、探索创新。在性别特点方面，男性大学生表现相对主动勇敢、刚强果断、爽直大方，而女性大学生则相对温柔细致、富于同情心等。在角色特征方面，能够根据自己所处的场合，正确把握自己所扮演的角色。心理健康的大学生还应该没有诸如头痛、失眠、注意力不集中、强迫行为等生理异常现象，因为健康的生理是健康心理的基础。

第二节　大学生心理发展的特点与影响因素

要提高大学生的心理健康水平，必须了解个体的生理心理发展规律，认识大学生心理发展的特点及影响因素。这也是有针对性地开展大学生心理健康教育的前提。

一、个体的生理心理发展规律

在人的成长过程中，生理和心理状况随时间推移而不断变化发展。个体的身心发展在成长的岁月中呈现出一定的规律性。而对个体生理发展过程及心理发展特点的探索与研究，将使人们更清楚地了解自我成长特点，以便更好地发展。

个体的生理发展过程是一种个体按照自身预定的程序和节奏而自然成熟、成长的过程。从生理学角度分析，人的一生可分为胎儿期、婴儿期、童年期、青年期、成年期和老年期。在人的生长发育过程中，一般说来有两个生长发育的高峰时期，第一个高峰期是人体形成的重要时期——胎儿期；第二个高峰期是人体成熟的时期——青春期，它也是人体发育的转折时期和定型时期。从青春期开始，我们认识到自己开始长大了：体态发育基本稳定；体内机能趋于完善；性器官、性机能基本发育成熟；大脑及神经系统也基本发育成熟。心理是人的大脑及神经系统的机能，大学生身体发展特别是大脑生长的状况，为心理的进一步发展和完善提供了物质基础。

关于个体心理发展，一般认为，个体心理发展中会表现出一定的年龄特征，人一生心理发展的阶段是：胎儿期、新生儿期、婴儿期、幼儿期、童年期、少年期、青年期、中年期和老年期。人们心理机能的发展呈现出阶段性。婴儿期是人的动作和言语发展的关键期。幼儿期是人的智力发展的关键期。儿童期是人的个性形成和培养学习品质、道德品质的关键期。青年期是价值观、人生观形成的关键期。成年期认识方式趋于稳定、思维习惯得以形成。而进入老年期，心理机能会逐渐衰退。艾瑞克·埃里克森（Erik Erikson）认为，个体还必须成功地通过一系列的心理社会性发展阶段，每个发展阶段都会出现一个主要冲突或危机，虽然每个危机不会完全消失，但如果个体想要成功应对后面发展阶段的冲突，就需要在特定阶段充分地解决这个主要危机。同时，个体的心理发展也是一个社会化的过程。社会化是个体掌握和积极再现社会经验、社会联系和社会关系的过程。社会化过程是人类学会共同生活和彼此有效交互作用的过程，也是个体与社会环境交互作用的过程。

年龄阶段	特定危机	对待危机的不同品质	
		积极解决	消极解决
出生至18个月	信任—不信任	安全感	恐惧
18个月至3岁	自主（自动行动）—羞怯怀疑	自我控制	自我怀疑
3~6岁	主动（自动自发）—内疚（愧疚）	自信	无价值观
6~12岁	勤奋—自卑	能力和智慧	缺乏能力感
青年期12~18岁	同一性—角色混乱	自我认同	不确定感
成年初期18~30岁	友爱亲密—孤独	亲近他人	泛爱（滥爱）过分自我专注
成年中期30~60岁	繁殖—停滞	关心他人	自私自利沉溺于自身之中
成年晚期60岁以后	完美无憾—悲观绝望	满足感	失望

埃里克森人格发展八阶段理论

可以说，生理发展促进心理发展，而正常的心理发展，有利于生理发展。两者相互依存，互相促进。

二、大学生心理发展的阶段及特点

从发展心理学的角度看，大学生的心理发展处于个体心理发展的青年期。这一时期是心理上逐步走向成熟但还没有真正成熟的时期。在大学阶段，大学生开始设计自己的未来，是人生观、世界观开始形成的时期，个体真正开始成为独立的社会成员。知识的扩充、认知的发展和自我意识的趋于成熟，使这一时期成为人们一生中最具活力、最有朝气、最富想象的时期。整个大学阶段，大学生的心理发展又可分为适应准备阶段、稳定发展阶段、走向成熟阶段。大学新生一般处在适应准备阶段，他们遇到的新问题最多，各方面会产生诸多的不适应。但大学生心理发展过程中适应准备阶段的时间长短是因人而异的，短则两三个月，长则一两年。适应准备阶段之后，大学生的心理发展会进入稳定发展阶段。在这个阶段并非没有心理问题，如大二学生学习问题最突出，其次是人际关系问题，也不乏人际关系与恋爱问题的困扰；大学三年级学生的未来发展成为突出问题。只不过在这一阶段，他们已适应大学生活学习环境，容易取得社会支持，并有了一定的自我调适能力。稳定发展阶段之后，大学生的心理发展会进入走向成熟阶段。处于这一阶段的大学生基本上能较好地处理自己遇到的困惑或问题，而在碰到自己难以解决的问题时，能选择正确的求助方式。

当代大学生表现出与以往任何一个年代大学生都不尽相同的心理面貌、心理矛盾、心理问题和心理发展优势。

当代大学生的心理面貌出现了三大转变，即从闭锁转向开放，从依赖转向独立，从关心书本转向关心社会。以往任何一个年代的大学生都没有当代大学生这样思想开放；21 世纪的大学生不像 20 世纪六七十年代的大学生那样服从领导、依赖学校，而有了很强的独立意识；更不像以往大学生那样“两耳不闻窗外事，一心只读圣贤书”，而转向关心社会，特别是关注社会对自我发展的影响。当代大学生的心理面貌突出表现为价值观念多元化、需要结构多样化、个性发展自主化、学习行为实用化。

当代大学生是一个充满心理矛盾的青年群体。由于他们的人生经历基本上是从学校到学校，缺乏必要的社会生活经验和实践锻炼，在心理发展过程中存在着明显的两面性，而且各方面的心理发展很不平衡，往往容易产生各种各样的心理矛盾与冲突。他们普遍存在的内心矛盾主要有：闭锁性所导致的孤独感与强烈的交往需要之间的矛盾，渴求自主独立与情感物质依赖之间的矛盾，强烈求知欲与识别能力不强之间的矛盾，情绪情感冲动与理智调控约束之间的矛盾，美好的愿望理想与当前现实不如意之间的矛盾，强烈的性意识、性冲动与正确处理异性之间关系、性道德之间的矛盾。同时，他们的心理矛盾具有复杂性。面对各种压力和诱惑，当代大学生心理世界的双趋冲突、双避冲突和趋避冲突比比皆是，往往是多重的心理矛盾交织在一起。由于心理矛盾的多样性、复杂性和心理冲突的加剧，当代大学生在心理上也出现了一些发人深省的新问题。心理幼稚者、自我中心者、人格分裂者、网络成瘾者、精神空虚者都在他们中出现了，这些问题既影响他们精神生活的质量，也影响智力的发挥。

当然，当代大学生中也不乏自信自强、乐于奉献、意志坚强、思想进取的优秀者，大学生的心理状况基本上是好的。我们清醒地认识到，青年期是人们智力因素发展的黄金时期，也是非智力因素发展的关键时期。大学生较其他年龄段的人们更有其心理发展优势。作为当代大学生，我们既不必沾沾自喜于自己心理上的种种优点，也不必忧心忡忡于自己心理上存在的种种不足和缺点，因为这都是社会和时代的产物。我们应抓住青年期的心理发展优势，跟随时代前进的步伐，扬优弃劣、扬长避短。

三、影响大学生心理健康的因素

影响大学生心理健康的因素体现在多方面，归纳起来可以分为个人内在因素和外在环境因素。

（一）个人内在因素

1. 个人生理方面的因素

（1）遗传因素。遗传是生物界共有的普遍现象。一般来说，心理活动是不会遗传的，它主要是在后天的社会环境影响下，在社会实践活动中形成和发展起来的。然而，作为一个整体的人与遗传的关系又十分密切，尤其是一个人的体型、气质、神经系统的活动特点及能力等的某些成分直接受到遗传因素的影响。

（2）身体健康状况。各种躯体疾病会使人烦恼，敏感多疑，行为控制力下降，尤其是慢性病或久治不愈的疾病更容易导致严重心理障碍的产生。

（3）内分泌系统。青春期是内分泌腺体活动加剧、激素分泌旺盛的阶段，某一种腺体活动失调会影响人的心理活动。青春期的性发育也是影响人的心理健康的一个不可忽视的因素。性发育给青少年带来最初的性心理冲击。

2. 个人心理方面的因素

（1）人格因素。人格是个体在与环境相互作用过程中所表现出来的独特的行为模式。一个人在其成长发展过程中，如果受到家庭、学校、社会不良因素的影响，则可能出现人格发展缺陷（某方面过分发展，某方面发展不够等），严重的可能出现病态人格。心理学的研究表明：人格（个性）结构存在严重缺陷的人，社会适应力低，心理健康水平低；在遭遇外部刺激时，常会产生严重应激，产生心理问题。

（2）心理素质。大学生活也不是一帆风顺的，所谓“人生逆境十之八九，顺境十之一二”，大学生随时都会在学习、生活、交友、恋爱、择业等方面遇到各种各样的困难。心理素质脆弱，尤其是缺乏自制力与挫折承受力的人，容易导致心理问题的发生。

（二）外在环境因素

1. 社会因素

人的心理品质的形成是与特定的社会条件相适应的。当社会生活条件发生变化，人不能做出相应的调整而出现社会文化关系失调时，就有可能导致心理问题发生。社会经济制度的巨大变革，多元化文化价值观念的冲击，社会的竞争激烈，以及知识更新快，成才周期缩短等因素，给大学生带来了巨大的心理压力。对于大学生来说，社会、家庭寄予他们很高的期望，这种高期望对大学生的压力也是巨大的。在这些巨大的压力之下，他们又常常觉得缺少社会的支持，因此自然会感到压抑、苦闷、茫然。

2. 家庭因素

家庭的影响主要包括家庭的氛围、父母的教养态度、家庭结构及家庭经济状况 4 个方面。家庭是人生的奠基石，父母是孩子的第一任教师，对学生的成长与成才的影响是长久而深远的。家庭的氛围是良好心理素质形成的前提，家庭成员间的语言及人际氛围，直接影响着家庭中每个成员的心理，对个性逐渐成熟的大学生影响更具有特别的意义。父母的教养态度和教育方法直接影响孩子的行为和心理，民主、平等而非命令、居高临下的，开明而非专制的，潜移默化而非一味娇宠的教养态度与教育方法有利于学生心理的健康发展。家庭结构的变化如单亲家庭、重新组合家庭等因素必然会对正在读书的大学生心理有一定影响。家庭经济状况不佳，特别是困难甚至贫困家庭的学生易产生心理不适感。

3. 学校因素

学校环境是大学生日夜生活的场所，因而校园文化对大学生心理健康的影响是直接而深刻的，体现在以下方面：

一是人际关系的复杂化。大学是集体生活，然而一些大学生常以自我为中心，容易造成人际摩擦。同时，大学生心理的闭锁性，在寻求友谊中表现出对他人的苛求、交流的被动性等会造成人际间的疏离；在人生观方面流露出消极性，如认为人是自私、虚伪的等，也妨碍着人际交往的进行。

二是学习生活的紧张化。大学生心理上的紧张和压力一方面来自繁重的学习任务以及需要应付的各种考试，另一方面来自同学之间的竞争以及社会责任感等。适当的紧张与压力对一个人成才是必要的，但如果超过一定限度，成为一种心理负担时，就会影响心理健康。

第三节　积极维护大学生心理健康

总体来说，大学生具有良好的心理品质和阳光心态，只要他们树立科学的健康观，学会积极寻求外界帮助，自觉维护和增进自身的心理健康，他们就有能力调节和处理成长过程中所遇到的各种压力和问题，成为社会和时代所需要的复合型人才。那么如何积极维护大学生心理健康呢？

一、掌握一定的心理卫生知识

（1）阅读相关的书籍、报刊，浏览网络信息等。

（2）认真学习心理健康教育方面课程，如听讲座、听报告会等。

（3）参加校内外各种心理健康方面的社团及实践活动，如心理沙龙、心理健康主题班会、心理剧表演、心理知识竞赛、525 大学生心理健康节教育月活动等。

二、对自我进行积极调整

1. 树立符合实际的奋斗目标

大学生要摆脱心理上的困惑，就要为自己设定一个远大的目标。当然，目标并非越大越好，大到做不到，目标本身就失去了价值和意义。这个目标，既要有能达到的把握，又存在适度的风险；既能通过自己的努力得以实现，又能在实现后使自己感到满意。

2. 了解自我，悦纳自我

一是学会多方面、多途径了解自己，不盲目自信，也不妄自菲薄。

二是学会从周围获悉对自我的真实反馈。如果大学生对于从周围同伴获取的有关自我的信息不能正确分析，就会造成自我认识误差，不能客观、正确地了解自我。

三是学会从社会生活经验中去了解自我，积极参加各种社会实践活动，在实践中锻炼自己的能力，并扩大自己的社会接触面，积累经验，增加自我了解。

四是学会热爱生活。五彩缤纷的生活是快乐的源泉，大学生不要用不切实际的标准来奢求生活，而要用合理的标准来对待生活，看待自己，做到“知足常乐”，唯有如此，才能始终保持心情的舒畅和精神的振奋。

五是避免用唯一标准来衡量自己。“人无完人，金无足赤”，每个人都不是十全十美、白璧无瑕的。要正确对待得与失，以免引起不必要的自卑和自我拒绝情绪。

3. 学会管理和调整情绪

一是培养乐观主义精神。积极乐观的精神能促使人保持良好的情绪状态，从而轻松、从容地应对生活。

二是学会合理宣泄。合理宣泄的方法很多，如向朋友、亲人或老师倾诉，伤心难过时不妨痛哭一场，如果不愿意找人诉说，也可以用文字发泄。当然，也可以参加一些运动，在运动中调节自己的情绪，疏泄自己的压力与不快。

三是培养自己的各种兴趣爱好。在大学阶段，学生可以根据自己的性格特点和条件，培养一些兴趣和业余爱好，积极参与有益活动，扩大自己的生活领域，丰富自己的精神生活，培养自己开阔的胸怀。

4. 建立良好的人际关系

一是培养优秀的个性品质。在了解自己的性格特征条件下，发展乐观、热情、诚实、宽容等良好的性格特征，努力克服和改造不良的性格特征。

二是与人交往时对他人期望不要过高，不要处处盲目与人竞争。坚持诚实、宽容和谅解的原则，学会包容别人。

三、寻求心理帮助

当你在生活中遇到困扰、挫折与打击，感到压抑、焦虑、绝望时，当你的心理压力过大无法自我调节时，接受心理咨询和心理治疗是最好的选择。

1. 什么是心理咨询

心理咨询是心理咨询师协助求助者解决各类心理问题的过程。心理咨询的完整概念为：心理咨询师运用心理学的原理和方法，帮助求助者发现自身的问题和根源，从而挖掘求助者本身潜在的能力，来改变原有的认知结构和行为模式，以提高对生活的适应性和调节周围环境的能力。

慕课：认识心理咨询

【拓展阅读】

对心理咨询的误解

◆ 心理咨询就是聊天，不如找朋友——咨询不是简单的聊天，而是有技术含量的“聊天”，咨询师的任务不是说服你，而是助人自助。

◆ 心理咨询就是浪费时间，没用——所谓磨刀不误砍柴工，有时候打开了心结，做事效率会高很多。

◆ 心理脆弱的人才会去心理咨询——求助是强者的行为，成功人士往往都懂得求助。

◆ 有问题扛一扛就过去了，不用去心理咨询——关注今天的心理健康就是为明天的健康买保险，不要等到问题很严重了才去解决它。

◆ 去找心理咨询师的人都是不正常的人——心理咨询面对的大部分工作对象是正常人，是那些希望获得更多成长，或在某方面表现更好的人，这部分工作对象和疾病一点儿关系都没有。

◆ 一个人得了心理问题就完蛋了，要躲他远远的——关注他人的心理健康就是为建设和谐生存环境做贡献，对他人伸出援助的手，表示接纳和尊重，就是在为自己的和谐生存环境做贡献。

2. 心理咨询适应的人群

心理咨询的主要对象可分为两大类：一是正常人群，遇到了与心理有关的现实问题并请求帮助的人群，或者是希望在某一方面做得更好的人群；二是心理问题，但是并非精神异常的人群。

心理咨询最一般、最主要的对象，是健康人群，或者是存在心理问题的亚健康人群，而不是人们常误会的“病态人群”。病态人群是指如精神分裂症、抑郁症等患者，是精神科医生的工作对象。

3. 哪些问题可以通过心理咨询解决

健康人群会面对诸如婚姻家庭、择业、亲子关系、子女教育、人际关系、学习、恋爱性心理、自我发展、情绪管理、压力应对等问题，他们会期待做出理想的选择，顺利地度过人生的各个阶段，求得内心平衡，以及自身能力的最大发挥和寻求良好的生活质量。这时他们就可以寻求心理咨询的帮助。

个体碰到的问题分为两种：发展性问题和障碍性问题。

发展性问题，就是在某一发展阶段遇到的问题，如果不能顺利完成这个发展阶段的任务，就可能会出现问题，这些问题是常人都可能会遇到的。每个人都需要适应发展阶段的任务，增进身心健康、提高生活质量、实现自我价值是心理咨询的宗旨。如生涯规划、恋爱关系、新生入学适应、人际关系等，这些都属于发展性问题。

障碍性问题，是人们在生活、学习、工作及各种人际关系中，出现的困难和烦恼，心理难以适应，导致较严重的心理障碍问题。

心理咨询主要解决的是发展性问题。心理咨询帮助来访者了解自己处在什么样的发展阶段，需要发展哪些心理品质，以及怎样发展这些心理品质，以便顺利地发展自己，以取得更大的成功。重点在帮助来访者更好地认识自己和社会，增强社会适应能力，充分开发潜能，促进人的全面发展，促进早日成功和成才。

四、做自己的心理咨询师

生活中每个人都会遇到一些心理困惑，因此应掌握一些心理调适的方法，帮助自己调出好心情，享受生活的快乐，成为自己的心理咨询师。

1. 善待自己的心灵

学习一些心理学知识，掌握一些心理调解方法，随时调适自己的心情，善待自己的心灵。

2. 在困惑中成长

人生永远不可能摆脱压力和困惑，人生之海总是因有波澜才有气势，生活之路总是因为有艰难的处境和挫折才有动人的故事。当我们经历每一次的困惑和烦恼时，若把它作为个人成长和发展的机会，我们就会积极面对，找到解决它们的方法，我们就能成长成熟了。

3. 换一种思考问题的方式

许多类似的心理困扰都与封闭、简单、绝对化的思维方式有关。如果我们不再固执地坚持自己惯有的思维方式，而采用开放、弹性的思维方式思考问题，也许烦恼会变成快乐。转换一种思考问题的方式，每一种困惑都可以找到解决的方案。

第四节　灰黑地带——精神障碍概述

大学生进入高校后，随时面临环境适应、学业压力、人际关系、恋爱情感和择业就业等一系列心理问题。这些心理问题一般可伴随大学生的心理发展而自己解决。但由于大学生社会阅历相对不足，独立生活经验欠缺，常常会在突如其来的严重心理问题面前束手无策。人的心理与精神，也和人的躯体一样，可能出现异常、障碍和疾病。躯体疾病有明显的躯体症状，如发烧 、呕吐等，大学生容易识别，并能主动求医；而对心理与精神疾病，同学们却不甚了解。因此，了解常见精神障碍的有关知识，珍惜生命，学会求助与预防，对预防和克服大学生常见精神障碍，提高生命质量，是很有必要的。

一、精神障碍不可怕：什么是精神障碍

【引导案例】

小强变“懒”了

小强是张政的室友，他最近心情很糟糕。也不知道怎么了，小强总觉得很压抑，整天茶饭不思，精神萎靡不振，明明就快考英语三级了，拿着复习资料就只知道发呆，看不进书，非常痛苦。虽然考试在即，但在别人看起来，小强并不着急。张政就觉得小强最近变懒了，变邋遢了。以前小强可是宿舍的学霸型人物，别人在玩游戏，他在戴着耳机背单词；别人在给女朋友打电话聊天，他在楼道里读英语。现在，他整天睡到吃午饭，起床脸也不洗，床上乱得一团糟，堪比同屋最懒的赵春的床。也不见他背单词了，成天都在床上待着，也不知道是睡着了，还是没睡着。张政觉得很纳闷，这小强到底是怎么了？

最后，小强被同宿舍的哥们儿送到了学校心理咨询中心。小强起初还不去，认为自己扛一扛就好了，可是扛了一个月也没扛好。咨询师怀疑小强可能得了抑郁症，需要去专科医院进行诊治，转介小强去市精神疾病专科医院。小强一听要去精神疾病医院，立刻摇头——“打死我也不去，等放假我回家休息一下就好了。”其实小强是被精神疾病专科医院给吓住了，认为自己的问题很严重，同时又觉得很丢人。张政说：“老师都让你去了，你就去吧，我陪你一起去。”

后来小强确实被诊断为中度抑郁，医生建议服药治疗，同时结合心理治疗。回到宿舍，小强拿着医生给开的药有点犹豫：“是吃还是不吃？我真的需要吃药吗？”

1. 什么是精神障碍

精神障碍，又称心理疾病或精神疾病，是一类具有诊断意义的精神方面的问题，特征为认知、情绪、行为等方面的改变，可伴有痛苦体验或功能损害。习惯上把焦虑症、强迫症、恐惧症、躯体形式障碍、神经衰弱以及恶劣心境称为轻型精神障碍。轻型精神障碍是个体对刺激的异常反应，即个体没有能力按社会认为适宜的方式行动，以致其行为后果对本人或社会是不适宜的。而精神分裂症、心境障碍、精神发育迟滞等则被称为重型精神障碍。重型精神障碍是一类具有诊断意义的精神方面的问题，以情绪、认知、行为方面的改变为特征，伴有痛苦体验和功能损害。

2. 关于精神障碍的错误观念

精神障碍很可怕——实际上，目前中国精神障碍的发病率为17.5%，其中严重精神疾病的发病率为1%~1.5%，只要配合治疗，大部分患者都能痊愈。

得了精神障碍很可耻，会被人笑话——在科学技术日新月异的今天，精神卫生知识也正在逐渐地深入人心，随着大众对精神卫生知识的逐步了解，接纳度也在逐步提高。

是因为自己脆弱才会得精神障碍——精神障碍的发病原因是比较复杂的，往往是遗传、社会和个体共同作用的结果。

只要扛一扛，就会过去——并非如此。如抑郁症患者脑内有多种神经递质出现了紊乱，并不是扛就能扛过去的。

治疗精神障碍的药物都有副作用，能不吃尽量不吃——吃或不吃，要遵医嘱，这样最有利于治疗。俗话说“是药三分毒”，往往我们对治疗身体疾病的药好接受，但对于精神疾病的药却难以接受。现在也有很多副作用很小的精神类药物。

只要症状好了以后，就可以不服药了——症状虽然有改善，但大部分精神障碍都需要巩固治疗，这样可以降低复发率，所以不要擅自停药，应遵医嘱。

【拓展阅读】

反精神病歧视

歧视是使用负面标签来定义一个有精神障碍或者其他不同于你的明显特征的人。因为害怕被歧视，个体会丧失寻求专业帮助的勇气。宁可自己扛着，也不愿意承认自己有精神疾病。

很多人正是因为害怕被人歧视，所以才不去就医，不求助，导致病情恶化。有研究表明，大学生寻求专业心理咨询的帮助有以下特点：在寻求他人帮助时，更倾向于向关系密切的人求助，只有当面临严重的心理困扰时，才倾向于向专业咨询求助；男生较女生更倾向于自己解决问题；来自农村的学生较来自城市的学生更倾向于自己解决问题。妨碍大学生寻求专业咨询帮助最主要的原因有两个：一是认为心理问题不能帮助自己解决问题，二是觉得去做心理咨询是一件丢人的事情。

因此当你身边有人有心理问题或者精神疾病时，你要做的是：接纳，支持，使用尊重的语言，对于那些表现出歧视的人，要予以制止。鼓励他们求助或者就医。

不能做的是：给别人贴上标签，比如弱智、神经病等；使用“疯子”等字眼；告诉对方没关系，没问题，扛一扛就好了。

心理健康专业人士估计，在任何一年时间内，每四个成年人中就有一个遭受某种类型的心理障碍或精神疾病，总体来说，大约三分之一的成年人在一生中至少经历过一次重大的心理障碍。所以减少对精神疾患的歧视，就会增加他们寻求帮助的机会。

二、精神感冒来袭：大学生常见精神障碍

随着社会的发展，竞争日益激烈，生活节奏越来越快，青年大学生正处在求学择业、恋爱、社会适应等重要的人生选择时期，面对的矛盾多，内心冲突大，情绪波动大，加之他们的心理调节能力还不完善，更容易产生各种精神障碍，在得不到及时有效的预防和干预下，甚至可能发展成为严重的精神疾病。

要预防心理疾病，大学生首先需要培养良好的品质和提高自身对挫折的认识水平和承受能力，建立科学的世界观和人生观，积极参加各项实践活动，丰富人生阅历；其次，通过对课堂心理健康知识的学习和对课外心理学知识的涉猎，理解基本的心理健康知识，掌握一定的心理调适方法，在遇到各种困惑时，能正确分析产生的原因，用自己所学，进行必要的自我调适，将一些不良的情绪消灭在萌芽状态，维护身心的健康；再次，在出现心理问题而自己又没办法调整过来的时候，应该主动寻求帮助，避免负性情绪的累积和逐渐加重；最后，对于患有精神障碍的大学生要从思想上正确看待疾病本

身，积极主动寻求医生的帮助，坚信疾病能够治愈，提高自己对治疗的依从性，改善治疗的效果。

大学生中常见的精神障碍包括：神经症、心境障碍、精神分裂症、人格障碍、性心理障碍等。下面介绍神经症、心境障碍及精神分裂症及其防治。

1. 神经症及其防治

神经症（Neuroses），以前也被称为神经官能症，是一组精神障碍的总称。其共同特征为：起病常与心理社会因素有关；发病前多有一定的素质和人格基础；症状主要表现为脑功能失调症状、情绪症状、强迫症状、疑病症状、多种躯体不适感等，这些症状在不同类型的神经症患者身上常常混合存在，没有发现脑和身体的病变。患者对疾病有较好的自知力，疾病痛苦感明显，有求治要求；社会功能相对完好，行为一般保持在社会规范允许的范围之内；病程大多持续迁延。

神经症在大学生人群中的发病率较高，但是至今没有准确的发病率统计数据。在高校心理咨询中，神经症这一精神障碍是排在首位的。在神经症中我们主要有焦虑症、强迫症、恐惧症、躯体形式障碍中的疑病症、神经衰弱等类型。疑为神经症要及时就医，进行心理治疗或药物治疗。

2. 心境障碍及其防治

心境障碍是以显著而持久的情感或心境改变为主要特征的一组疾病，包括躁狂抑郁双相情感障碍、躁狂症、抑郁症等，其中以抑郁症为主。

抑郁症（Depression）是一组以显著的心境低落为主要特征的心理障碍，也称为情感性心理障碍或情感性精神病，常伴有相应的思维和行为改变，个体的忧郁和厌世心理特点表现突出，常有凄凉感，唉声叹气，对人对事物失去兴趣，常头痛、心烦，多恐慌梦、乏力等。此病症严重时，人会感到强烈厌世，甚至有自杀念头。

抑郁症发作以情感低落、思维迟缓、意志活动减退和躯体症状为主。

情感低落主要表现为显著而持久的情感低落，抑郁悲观。个体终日忧心忡忡，郁郁寡欢，愁眉苦脸，长吁短叹。典型病例的抑郁心境具有晨重夜轻的节律特点，即情绪低落在早晨较为严重，而傍晚时可有所减轻。

思维迟缓主要表现为患者思维联想速度缓慢，反应迟钝，思路闭塞，自觉“脑子好像是生了锈的机器”“脑子像涂了一层糨糊一样开不动了”。表现为主动言语减少，语速明显减慢，声音低沉，患者感到脑子不能用了，思考问题困难，工作和学习能力下降。

意志活动减退主要表现为患者意志活动呈显著持久的抑制。表现为行为缓慢，生活被动，不想做事，不愿和周围人接触交往，常独坐一旁，或整日卧床，不想起来上班，不愿外出，不愿参加平常喜欢的活动和业余爱好，常闭门独居，疏远亲友，回避社交。

躯体症状主要有睡眠障碍，食欲减退，体重下降，性欲减退，便秘，身体任何部位的疼痛，阳痿，闭经，乏力等。

作为重型精神疾病，抑郁症的治疗原则是以药物治疗为主，心理治疗为辅。已有的抗抑郁药在临床上均已取得显著的疗效。对有明显心理社会因素作用的抑郁症患者，在药物治疗的同时常常需要进行心理治疗。支持性心理治疗，通过倾听、解释、指导、鼓励和安慰等手段，帮助患者正确认识和对待自身疾病，主动配合治疗。认知治疗、行为治疗、人际关系治疗、婚姻及家庭治疗等一系列的治疗技术，能帮助患者识别和改变认知歪曲，矫正患者不良的适应行为，改善患者人际交往能力和心理适应功能，提高患者解决问题的能力和处理应激的能力，从而能减轻或缓解患者的抑郁症状，调动患者的积极性，纠正其不良人格。另外，对于有严重自杀企图的患者及使用抗抑郁药治疗无效的抑郁症患者可采用电抽搐治疗。此方法见效快，疗效好。

3. 精神分裂症及其防治

精神分裂症（Schizophrenia）是一组病因未明的精神疾病，具有思维、情感、行为等多方面的障碍，以精神活动和环境不协调为特征。通常意识清晰，智能尚好，部分病人可能出现认知功能损害。多在青壮年发病，常起病缓慢，病程迁延，有慢性化倾向和衰退的可能，但部分病人可保持痊愈或基本痊愈的状态。

感知觉障碍。精神分裂症最突出的感知觉障碍是幻觉，以幻听最为常见。思维及思维联想障碍通常表现为妄想、被动体验、思维联想障碍、思维贫乏等典型症状。情感障碍主要表现为情感迟钝或平淡。情感平淡表现为表情呆板、缺乏变化，自发动作减少、缺乏体态语言；同时，患者对亲人感情冷淡，亲人的伤病痛苦对患者来说无关痛痒。

意志与行为障碍主要表现为意志减退和紧张综合征。意志减退指患者在坚持工作、完成学业、料理家务等方面有很大困难，往往对自己的前途毫不关心、没有任何打算，或者虽有计划，却从不施行。紧张综合征以病人全身肌张力增高而得名，包括紧张性木僵和紧张性兴奋两种状态，两者可交替出现，是精神分裂症紧张型的典型表现。

同样作为重型精神疾病，精神分裂的治疗主要采用药物治疗，并辅助加以心理治疗。药物治疗不但对幻觉妄想等阳性症状有效，对情感平淡、意志减退等阴性症状也有一定疗效。同时，心理治疗必须成为精神分裂症治疗的一部分。心理治疗不但可以改善病人的精神症状、提高自知力、增强治疗的依从性，也可改善家庭成员间的关系，促进患者与社会的接触。行为治疗有助于纠正病人的某些功能缺陷，提高人际交往技巧。家庭治疗使家庭成员发现存在已久的沟通方面的问题，有助于宣泄不良情绪，简化交流方式。

三、世人笑我太疯癫，我笑世人看不穿：精神异常的初步判断

有同学会问，那我如何才能知道自己或者他人精神是不是正常？一个普通人要怎么判断呢？有一些小的技巧可以帮助大家进行精神异常的初步判断。通常从以下四个方面进行。

1. 行为

行为是人们表现出的各种举止、反应，是判断是否有心理疾病最为直观和有效的判断指标。可以通过以下行为来初步判断某人是不是精神异常。

（1）当事人能否保持正常的学习、生活能力？

（2）当事人的行为活动是否与其身份相符？

（3）当事人是否表现出他人难以理解的言行举止？

（4）当事人的行为活动是否明显地减少或增多？

（5）当事人是否保持与周围人群的正常沟通？

（6）当事人是否表现出自杀意向、行为或制订自杀计划？

（7）当事人是否有威胁周围人群和环境的意向和行为？

2. 情绪

情绪是人的各种感觉、思想和行为的一种综合的心理和生理状态，是对外界刺激所产生的心理反应，以及附带的生理反应，如喜、怒、哀、乐等。情绪是个人的主观体验和感受。在情绪支配下，个体会产生各种行为，情绪本身也会影响到认知。可以通过情绪来初步判断是否精神异常。

（1）总体情绪感受如何？

（2）当事人的情绪反应是否和环境、诱因匹配？

（3）当事人是否存在消极情绪（忧伤、愤怒、焦虑等）？

（4）当事人的情绪是否稳定，是否存在波动，波动程度如何？

（5）当事人是否存在情感混乱的表现？

（6）当事人的情绪是否受其本人的控制，是否有失控的倾向？

3. 认知

认知是指人认识外界事物的过程，即对作用于人的感觉器官的外界事物进行信息加工的过程。潜在危机评估过程中的认知，指的是人的总体思维能力（分析能力、记忆力、注意力等）和个体对问题以及个人的看法。可以通过以下行为来初步判断是否精神异常。

（1）当事人对面临问题的解释如何，是否符合实际？

（2）当事人是否能够有效地解决所面临的问题？

（3）当事人的注意力水平如何，是否能够保持必要的注意力？

（4）当事人的记忆力水平如何，是否存在长期、短期记忆的损害？

（5）当事人的逻辑思维能力如何，是否存在思维混乱的现象？

（6）当事人的认知范围是否发生变化，是否过于狭窄？

（7）当事人的自我认知如何，是否存在自我怀疑、自我否定等现象？

（8）当事人是否存在强迫性思维等异常思维表现？

4. 生理表现

生理表现是指一些和心理问题相关联的，可以观察到的生理层面的表现。生理层面的判断包括以下内容。

（1）当事人的睡眠状况如何，是否有入睡困难、睡眠质量不高、早醒等症状？当事人的饮食状况如何，是否存在厌食、拒食、过度饮食、暴饮暴食等？

（2）当事人是否存在物质依赖表现，如吸烟、酗酒，或者借助其他物品来消磨意志等？

（3）当事人是否有身体不适等感受，如是否抱怨自己身体感觉不好，或其他症状等？

（4）当事人的总体生活节奏是否有明显改变？

注：这只是给大家提供一个初步判断的依据，并非因此而下定论，如果你或者他人有上面的异常情况存在，应该考虑求助心理咨询或治疗。通常情况下，如果这些异常情

况持续时间比较短，如几天、一周的时间，很快恢复正常，一般不用太在意，如果持续两周以上，则需要引起关注和寻求心理帮助。

想一想

小强在得抑郁症前后有哪些变化？

【拓展阅读】

得了精神疾病该怎么办？

得了精神疾病该怎么办？哪些是正确的做法？

一定要学会心理求助，心理求助是个体遭遇自己不能解决的严重心理困扰时，通过寻求周围社会支持系统的帮助以解除这些心理问题的过程，大学生心理求助途径包括：利用社会支持系统，如老师、家人、朋友等的帮助，求助专业心理咨询机构及专业精神治疗机构的帮助。如果怀疑自己得了精神疾病，一定要及时就医，以免耽误病情。如果被医生诊断为精神疾病，需要做的是：以精神科医生的诊断为主，遵医嘱服药；坚持服药，不要私自停药或者断药。

心理活动体验

活动一　我想有个家

1. 活动目的

让成员体会和感受个人和团体的关系，团体对个人的重要性，从而更愿意投入团体，增强团体的凝聚力。

2. 具体操作

（1）开始时让全体围圈拉手，充分体会大家在一起的感受。

（2）指导员说："变，4 人一组。"成员必须按照要求组成 4 人组，形成新家。以此类推，5 人一组，7 人一组等。

3. 分享

无家可归的人有孤独无助的感觉。人是社会的人，我们渴望被他人接纳，彼此关心帮助。离开了集体，我们会失去安全感。大家从五湖四海来到这里，组成了我们的新家庭。在这里，很多人是第一次离开父母，学院就是你的家。如果我们中间的哪位同学生病了，或是遇到困难了，希望大家要关心他、帮助他，这样相互支持帮助的家的感觉是很温暖的。营造一个温暖和谐的集体人人有责，在集体里我们可以获得支持、关心、归属、荣誉和安全感。

活动二　连环自我介绍

1. 活动目的

促进成员之间相识，拓展交往范围。

2. 活动时间

30 分钟。

3. 具体操作

（1）以6~8人为一组，大家围圈而站。

（2）从其中的一人开始，每人用一句话介绍自己。这句话中必须包括姓名、籍贯和性格爱好。

（3）当第一个人讲完后，第二个人必须从第一个人开始讲起。规则是：后说的人必须把前面所有的成员的信息包括进去。

（4）接下来，每位成员在自我介绍时都要把其余同组成员的信息都包含进去。

A：我是来自益阳喜欢读书的A。

B：我是来自益阳喜欢读书的A旁边的来自邵阳喜欢踢足球的B。

C：我是来自益阳喜欢读书的A旁边的来自邵阳喜欢踢足球的B旁边的来自娄底的喜欢唱歌的C。

活动三　七手八脚

1. 活动目的

培养小组成员的合作精神。

2. 材料

纸、笔。

3. 具体操作

（1）将成员分成若干个小组。

（2）请大家为自己的小组取个名字，设计一个小组口号。然后为小组创作一首组歌，要求组歌中应包含每个人的名字或用每个名字中的某个字也行。接着为自己的小组画一幅画，内容包括小组名称、小组组标、小组特点等。

（3）活动结束后，请大家欣赏每一个小组所画的画，每个小组上台展示给大家。

课外心理拓展

1. 书籍：《心理学改变生活》（第9版），伊斯特伍德·阿特沃特、卡伦·达菲著，邹丹，张莹等译，世界图书出版公司，2011

本书写给那些有兴趣在生活中应用心理学的知识和原理，更好地认识自己、更好地生活的读者。

心理学看似神秘，实则有迹可循。人作为个体参与社会，从小到大、从恋爱到结婚、从职场到生活，无数磕碰与烦恼，无数自省与调节，都有心理学的踪影。心理学渗透在生活的各个领域，影响和改变着我们的人生。

本书从个人、职场、商场、恋爱、家庭等方面，多角度、多层次地讲解了心理学对生活的巨大影响，结合大量真实心理案例，向读者传授了多种控制负面情绪、走出抑郁生活的实用心理调节技巧，再辅以丰富多样的人格测试和心理测验，帮助读者在轻松阅读中激励心智，增长智慧，让生活变得轻松自如。

2. 电影：《美丽心灵》

故事的原型是数学家小约翰·福布斯·纳什。英俊而又十分古怪的纳什早年就做出了惊人的数学发现，开始享有国际声誉。但纳什出众的直觉受到了精神分裂症的困扰——原来纳什的挚友查尔斯、查尔斯可爱的小侄女和威廉·帕彻都是纳什的幻觉。在妻子艾丽西亚的支持下，纳什受到了她那坚贞不渝的爱情和忠诚的感动，最终决定与这场被认为是只能好转、无法治愈的疾病作斗争。

处在病魔的重压之下，他仍然被那令人兴奋的数学理论所驱使着，他决心寻找自己的恢复常态的方法。通过意志的力量，他接纳他所出现的幻觉，与幻觉共存，他一如既往地继续进行着他的工作，并于1994年获得了诺贝尔奖。与此同时，他在博弈论方面颇具前瞻性的工作成为20世纪最具影响力的理论，而纳什也成了一个不仅拥有美好情感，并具有美丽心灵的人。

第二章　做更好的自己
——大学生自我意识

聪明的人只要能认识自己，便什么也不会失去。

——尼采

大多数人想改造这个世界，但极少有人想改造自己。

——托尔斯泰

人自诩为万物之灵，总想探究宇宙自然的奥妙。然而曾几何时，人类发现“自我”的存在才是谜中之谜。进入大学的同学们处于自我意识发展的重要时期，健全的自我意识是大学生心理健康的重要标志。“一个人真正伟大之处，就在于他能够认识自己”。那么，今天的“我”从哪里来?“我”又要到哪里去?现在就让我们走进自我意识，在这个广袤的世界中开启一趟自我发现之旅。

第一节　自我意识概述

一名青年向一位禅师求教：“大师，有人赞我是天才，将来必有一番作为；也有人骂我是笨蛋，一辈子不会有多大出息。依您看呢?”

“你是如何看待自己的?”禅师反问。

青年摇摇头，一脸茫然。

禅师说：“譬如同样一斤米，用不同眼光去看，它的价值也就迥然不同：在炊妇眼中，它不过做两三碗大米饭而已；在农民看来，它最多值1元钱罢了；在卖粽子人的眼里，包扎成粽子后，它可以卖出3元钱；在制饼者看来，它能被加工成饼干，卖5元钱；在味精厂家眼中，它提炼出味精，卖8元钱；在制酒商看来，它能酿成酒，勾兑后，卖40元钱。不过，米还是那一斤米。”

大师顿了顿，接着说：“同样一个人，有人将你抬得很高，有人把你贬得很低，其实，你就是你。你究竟有多大出息，取决于你到底怎样看待自己。”

青年豁然开朗。

一、自我意识及其心理健康意义

在宁静的夜晚，仰望天空，我们经常会扪心自问：“我究竟是怎样的一个人?”“在社会中、班级里我究竟处在什么样的位置?”“我行不行呀?”“别人怎样看待我呢?”“我应当成为怎样一个人?”“我怎样改变现状成为理想中的那种人呢?”通俗地说，这些都是自我意识的内容。

二、自我意识及其心理健康意义

1. 自我意识的含义

1890 年美国心理学家詹姆斯（William James）在《心理学原理》中最早把自我意识（self-consciousness）引入了心理学领域，并把它安排在了最重要的位置——“自我是人类心理宇宙的中心”。他还最先认识到自我的二元性，并建议使用不同的术语主我（I，指作为环境中主动行为者的我）和宾我（me，指作为经验客体的我）来区分自我的这两个方面。

詹姆斯将经验自我的不同组成部分分为物质自我、社会自我、精神自我三类，直接对应于今天我们所讲的自我意识的内容：生理自我、社会自我、心理自我。具体而言，生理自我是对自身生理状态的认识和评价，如对体重、身高、身材、容貌等体像和性别方面的认识，对身体的痛苦、饥饿、疲倦等感觉；社会自我是对自己与周围关系的认识和评价，如自己在朋友、同学、家庭、社会中所处的地位，自己与他人的关系；心理自我是对自身心理状态的认识和评价，如能力、知识、情绪、气质、性格、理想、信念、兴趣、爱好等。因此说，自我意识就是个体对自己的身心状况和对自身与别人以及与周围世界关系的认识和评价。

自我意识是一个结构复杂的心理活动系统，从形式上来看，自我意识又具有认知、情绪和意志三种心理要素。一是自我认识，属于认知范畴，主要涉及“我是一个什么样的人”“我为什么是这样的人”等问题，包括自我感觉、自我观念、自我分析、自我批评等。二是自我体验，属于情绪范畴，它以情绪体验的形式表现出人对自己的态度，主要涉及“我是否接受自己”“我是否满意自己”“我是否悦纳自己”等问题，包括自尊、自爱、自卑、自弃、自恃、自傲、责任感、义务感、优越感等。三是自我监控，属于对自我的意志控制，涉及“我怎样克制自己”“我如何改变自己”“我如何成为那种人”等问题，表现为自主、自立、自强、自制、自律、自卫等。以上三者之间的和谐程度以及与客观现实的吻合程度，决定了个体自我意识的健康状况。

如果说，自我意识是个体对自己的心理倾向、人格特征、能力以及自身社会价值的自我认识与评价，那么这只是对自我意识狭义的理解，相当于“自我意识”内容的“自我认识”部分。从广义上来说，自我意识是指一个人对自己的属性、状态、行为、意识活动的认识和体验，以及对自身的情感意志活动和行为进行调节、控制的过程。这才是对自我意识结构的完整诠释。

表 2-1　自我意识的内容与结构

	自我认知	自我评价	自我体验	自我控制
生理自我	对自己身高、体重、性别、外貌、衣着、痛苦、饥饿、疲倦等的认识	英俊、漂亮、有吸引力、迷人、自我悦纳等	占有感、支配感、爱护感等	追求身体的外表，物质欲望的满足等

续表

	自我认知	自我评价	自我体验	自我控制
社会自我	对自己的名望、地位、角色、义务、责任、力量等的认识	有名望、有地位的，受人尊敬的，被人接纳的等	责任感、义务感、优越感、成就感、自我效能感等	追求名誉地位，他人竞争，争取得到他人的好感或认可等
心理自我	对自己的智力、性格、气质、兴趣、理想、能力、记忆、思维等特点的认识	有能力，聪明，优雅，敏感，迟钝，感情丰富、细腻等	自信、自豪、自尊自恃、自傲或自卑、自责、自贱、自弃等	追求信仰，注意行为符合社会规范，要求智慧与能力的发展等

2. 自我意识的心理健康意义

自我意识是人对自身以及对自己同客观世界的关系的意识，是一种多维度、多层次的心理系统，是人格调控系统的核心。自我意识是人格的重要组成部分，是使人格各部分整合和统一起来的核心力量。同时，一切社会环境因素对人发生影响，都必须通过自我意识的中介而发挥作用，它在人格的形成和发展中起着不可缺少的重要作用。一方面自我意识制约着人格的形成发展；另一方面，它在人格的优化中发挥着强大的动力功能。健全自我意识具有促进人格发展，保持心理健康的多重意义。

精神分析理论的代表人物埃里克森（E. H. Erikson，1902）关于人格形成与发展的理论，实质上就是自我意识形成与发展的理论。埃里克森认为，人的自我意识发展持续一生，在人格发展的过程中，逐步形成的自我意识在个人及周围环境的交互作用中起着主导和整合的作用，人在发展的过程中都体验着生物的、生理的和社会的事件的发展顺序，按一定的成熟程度分阶段进行发展。在每一个心理社会发展阶段中，解决了核心问题之后所产生的人格特质，都包括了积极与消极两方面的品质，如果各个阶段都保持向积极品质发展，就算完成了这阶段的任务，逐渐实现了健全的人格，否则就会产生心理社会危机，出现情绪障碍，形成不健全的人格。奥尔伯特（G. W. Allport，1961）在健康的人格特征中也强调了自我意识的重要性①。

无论是东方还是西方的心理学家，在界定心理健康的标准时，都不约而同地将良好的自我认知作为心理健康的重要指标。例如，心理学家马斯洛（A. H. Maslow，1987）就把有充分的自我安全感，能充分了解自己和恰当估计自己的能力作为两条重要的心理健康标准；奥尔伯特认为健全人格应具备的特点包括扩展的自我、自我接纳与安全感；理查德（Richard，1997）博士在总结归纳前人大量关于心理健康的研究之后，提出心理健康的9条标准，其中三分之一以上都是关于自我意识的②。我国学者王登峰和林崇德

① Maslow AH, Lewis K J. Mas low′s hierarchy of needs［M］. Salenger Incorporated, 1987.

② RyanR M, Frederick C. On energy, personality, and health: Subjective vitality as a dynamic reflection of well- being［J］. Journal of personality. 1997, 65 (3): 529 -565.

也把“了解自我、悦纳自我”作为心理健康的首要指标[1]。

大学生自我认识、自我评价、自我控制如何，直接影响着大学生的社会适应、身心健康、成长和发展。因此，大学生具备良好心理素质的重要的标志之一就是对自我的接受和认可，即有成熟的自我意识和健康的自我形象。研究发现，自我意识越成熟、越完善的大学生，其自我认知、自我体验和自我控制越能够协调一致地发挥作用，他们会更加客观地认知学习与生活中遇到的挫折；会更加自我肯定、自我欣赏并能积极地进行自我协调和控制。也就是说他们表现出较强的自我调节能力，从而维持良好的心理健康状况。相反，自我意识不成熟的大学生，由于对自身片面的认识，无法客观地分析、评价自己以及生活中遇到的负面生活事件，往往会出现情绪反应过激，缺乏行动的动机等情况，因而他们的心理素质较差，心理健康水平也较低。

三、自我意识的形成与发展

1. 自我意识的形成与发展过程

个体的自我意识并不是生而有之，而是在个体发展与社会环境的交互作用中持续形成和完善的。研究表明，个体自我意识从发生、发展到相对稳定和成熟，需要二十余年。我国心理学家在前人研究的基础上，提出了自我意识是从生理自我到社会自我再到心理自我逐渐发展而来的：

（1）自我意识的萌芽：1~3 岁，生理自我发展的开始。生理自我是自我意识最初始的阶段。在儿童 1 周岁左右，他开始清晰地意识到自己是行为的主体，把自己和自己的动作、动作的对象区分开来。3 岁左右，生理自我基本形成，但依然会随着个体生理的逐步发展和成熟不断变化。这个阶段的标志性事件是儿童学会用“我”来指代自己，行为主动性不断增强，许多事情都要求“我自己来”。这一阶段，儿童按照自己的想法去解释外部世界，并把自己的想法、情感投射到外界事物上去，行为和意识的中心是“自我”，因此也被称为“自我中心期”。

（2）自我意识的形成：3 岁~青春前期，社会自我的形成。从 3 岁到青春前期（3~14 岁）是个体接受社会文化影响最深的时期，也是学习角色的时期。个体在家庭、幼儿园、学校中游戏、学习、劳动，通过模仿、练习等方式，慢慢认识到自己是社会的一分子，意识到自己在人际关系和社会关系中的作用和地位，逐渐形成各种角色观念，如性别角色、家庭角色、学生角色等，并学会调整自己的行为来适应社会的要求，社会规则、社会文化、社会期待不断内化，社会自我逐渐发展起来。在这个阶段，个体最为关注的是外部世界，因此也被称为“客观化时期”。

（3）自我意识的发展：青春期 10 年，心理自我的成熟。从青春期开始，个体开始进入生理和心理的急剧变化期，性意识开始觉醒，抽象思维能力显著提高。青少年开始逐渐脱离对成人的依赖，从成人的管制、监护下独立出来，呈现出自我意识的主动性和独立性，强调自我的价值与理想，并试图建立自我认同（selfidentity）。他们开始严肃地思考“我是谁?”“我从哪里来?”“我要往何处去?”这样的命题，心理自我逐渐形成。

---

① 林崇德．关于心理健康的标准［J］．思想政治课教学，2000，23（3）。

人的心理经历过上述发展时期，自我意识经过分化、矛盾、统一趋于成熟，个体开始清晰地意识到自己的内心世界，开始有明确的价值探索和追求，强烈要求独立，产生了自我塑造、自我教育的紧迫感和实现自我目标的驱动力。可以说，青年的世界观、人生观、价值观的形成与确立正是心理自我成熟的标志。个体在此阶段更加关注自己内心的体验、感受和想法，因此也被称为“主观化时期”。

在生理自我、社会自我和心理自我的发展过程中，三者互相联系、有机组合、完整统一，发展成一个人完善的自我意识，即自我同一性形成，主我和客我、理想我和现实我整合统一。然而，对自我本质的意识，不是意识到个体的生理特性，而是意识到个体的社会特性，意识到个体的社会角色，意识到个体在一定的社会关系和人际关系中的地位和作用，这是自我意识发展到成熟的重要标志。

2. 影响个体自我意识发展的因素

自我意识是神经系统的高度发展和个体与外界的相互作用相结合的产物。自我意识发生、发展与生理的发展密切相关，然而，生理的成熟和发展只是形成自我意识的前提，自我意识的形成和发展还有赖于个体参与社会生活、与他人相互作用。影响自我意识形成与发展的社会因素有社会经济地位、社会文化环境、家庭、他人的评价、参照群体等。可见，自我意识的形成受到个人的成长经历、生活环境、自我态度、他人评价等诸多因素的影响。并且自我的结构并不是一成不变的，而是随着个体的经验和心理发展而不断地发生变化的。

自我意识发展的信息来源，可以分为以下三个方面：

物理世界：物理世界为我们了解自身提供了手段。如果你想知道自己有多高、有多重，能跑多快、长得怎么样，你都可以运用物理世界中的线索来获得相关的知识。来自物理世界的信息，对于生理自我的形成和发展尤其重要。

社会世界：个体若想了解自己是一个什么样的人，常常需要同其他人进行比较，这个过程被称为社会比较。一般来说，我们倾向于和自己相似的人进行比较，这样所获得的信息是最为可靠的。获得自我认识的另一种重要方式是观察其他人对我们的反应，这种过程被称为反射性评价（reflected appraisal）。可以想象一下，当一个同学在台上进行演讲的时候，他注意到台下的其他同学都在聚精会神地听，他就有理由推断出自己是一个有吸引力的人。

心理世界：除了从外界寻求认识自我的线索以外，我们也可以向内部寻求答案。我们可以通过回忆自己在各种不同场合的情感体验，来了解自己是一个情感丰富的人还是一个冷静理智的人。这种直接考虑自己的态度、情感和动机的过程，被称为内省。但有心理学家认为，我们并不是总能够意识到自己为什么这么做、这么想。有时候，我们和其他人没有什么不同，只是自己行为的观察者，需要通过逻辑性的分析来解释为什么我们的行为会发生，这个过程被称为自我知觉或归因。比如，我为什么坚持在课余时间去图书馆学习？那是因为我喜欢阅读。我为什么这次考试成绩不太理想？那是因为我这次不够努力。

影响自我意识发展的维度如图 2-1 所示。

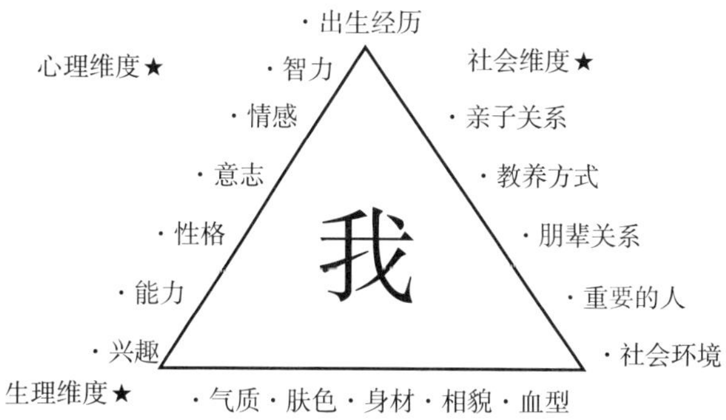

图 2-1　影响自我意识发展的维度

第二节　大学生自我意识的发展与问题

大学阶段是个体自我意识急剧增长，迅速发展和趋于完善的重要时期，确立自我认同感是青年期大学生的主要发展任务。大学生在自我意识发展过程中的问题是其阶段性特点所决定的，埃里克森的自我同一性理论中关于自我意识形成过程中的规律和特点，对于引导和教育大学生正确处理心理矛盾和冲突，最终实现自我、完善自我、超越自我提供了实践指导。

一、大学生自我意识的发展

1. 青年期大学生自我意识的发展变化

青年期一般指个体从十七八岁到三十五岁。这一时期的自我意识开始成熟，进入心理自我，个性逐渐形成。大学阶段是自我意识发展的重要时期，其自我意识的发展、变化主要表现在以下三个方面：

一是生理的自我。这一阶段的自我意识，是以身体需要为基础的。随着年龄增大、身体发育、阅历提高以及社会地位的变化，大学生形成了“成人化”的自我意识。“我的容貌、身材、风度是否优美？是否具有某种魅力？”大多数人会在这种意识的支配下，朝着美和健康的方向努力。但也有一些人，尤其是那些先天或后天落下残疾或留有某种缺憾的人，则会感到烦恼或自卑。

二是社会的自我。大学生自我实现的需要和愿望会越来越强烈。“我聪明能干吗？”“我是个高尚、有道德的人吗？”“我到底怎样做才能成为一个有用的人？”这些有关自己智力、能力和才干方面的探究，以及有关人格与品质的意识，是这一阶段青年人的显著特点。

三是心理的自我。大学生想象力的丰富、性生理的成熟、逻辑思维能力的发展等，会促使他们的自我意识趋于主观化，并形成自己在社会生活中的地位与威信等自我意识。到了大学的高年级，他们会对自己在整个世界和社会中所处的时空位置进行探究，从而寻找到自己的理想位置，探讨人生的意义和价值，形成一定的世界观和人生观。

这些变化渗透在生活的各个方面，会造成自我概念的混乱和不稳定，埃里克森用“同一性危机”这个概念来描绘青少年在这期间所经历的挑战。他们必须在过去、现在和未来的自我之间寻找连接点，将关于自己的各种想法（比如新的社会角色、来自各种渠道的矛盾信息）整合到统一和稳定的自我概念当中去，并决定他们是谁以及他们想要成为什么样的人。埃里克森认为，当青少年可以在职业、意识形态（包括宗教信仰、政治倾向和一般性的世界观）、性取向这三个主要的领域做出决定和承诺，他们就获得了“自我同一性”。对于当代中国的大学生来说，“自我同一性”的形成，就是在高考结束后面临的第一个重要挑战。

大学生自我意识的形成，是经过青年期整个期间的分化、整合过程之后得以最终实现的。自我意识的整合过程，是从“自我”明显地分化为“客体我”和“主体我”开始的。这种分化本身意味着大学生自我矛盾的加剧，造成对自我认识的接纳和排斥、肯定和否定的矛盾和冲突。客体我和主体我的矛盾冲突一旦激发，将导致大学生难以确立自我形象，也无法形成恰当的自我意识，从而引起自我评价能力低下、自我情感急剧波动和不能适当地自我接纳或自我排斥，并导致心理的不适应。通过自我接纳和自我排斥的过程，可以使大学生确定自己的存在价值，心理适应状况以及自我意识的发展水平。

2. 青年期大学生自我意识发展的任务

埃里克森提出，自我同一性的确立和防止社会角色的混乱是青年期的发展任务。自我同一性是关于个体是谁、个体的价值和个体的理想是什么的一种稳定的意识。每个人在青年时期都在探索并尝试去建立稳定的自我同一感，即自我认同感。埃里克森认为青年期自我同一感的确立是自我分化和整合统一的过程。

自我分化是把整体的我分化为“主体我”与“客体我”，其目的是达到主体我与客体我的统一。“自我”经过一段时期的矛盾冲突，主体我和客体我便在新的水平上协调一致，即自我的整合和统一。新的整合和统一主要是通过自我接纳和自我排斥的过程实现的。

自我接纳是对自我积极肯定的心理倾向。自我接纳是以积极的态度正确对待自己的优点和缺点，接受自己的长处和短处；以平常心面对自我现实；能根据自己的能力和条件，确定自己的理想目标。自我排斥是对自我消极否定的心理倾向，即否定自己，拒绝接纳自己的心理倾向。自我排斥与自我接纳一样，是自我意识发展过程中不可缺少的心理过程，是个体形成良好的心理品质所必要的心理过程。

青年期自我的发展经过自我分化，再通过自我接纳和自我排斥等过程之后，自我的发展便得到进一步深化和提高，在新的水平上达到整合统一，形成自我同一感。大多数青年人都能形成并确立自我同一感。

如果客体我和主体我之间的矛盾难以协调，青年便难以确立自我形象，也无法形成完善的自我意识。于是，他们在这个过程中会表现出明显的内心冲突，甚至引起自我情感的激烈变化，引发现实的“我”与理想的“我”之间的矛盾冲突，从而导致自我同一性扩散或社会角色混乱，并造成自我同一性危机。有学者马西亚（James Marcia）归纳出青年们解决同一性危机的四种方式：

（1）同一性确立。体验过各种发展危机，经过积极努力，选择符合自己的社会生活目标和前进的方向，以达到成熟的自我认同。

（2）同一性延续。正处于体验各种同一性危机之中，尚未明确做出对未来的选择，但是正在积极地探索过程中，处于同一性探索阶段。

（3）同一性封闭。在还没有体验同一性困惑的情况下，由权威代替其对未来生活做出选择。这实际上是对权威决定的接纳，属于盲目的认同。

（4）同一性混乱（扩散）。无论是否经历过同一性危机，或是否进行过自我探索，他们并没有对自己的未来生活抱有向往或做出什么选择，他们不追求自己的价值或目标。这也称为角色混乱。

在现实生活中，正是自我意识的分化与矛盾所带来的痛苦不断促进大学生寻求解决方法以求得自我意识的统一，即自我同一性。自我同一主要指主观我和客观我的统一、自我与环境的统一、理想我与现实我的统一，也表现为自我认识、自我体验、自我调节的和谐统一。按照心理健康的标准，不管以哪种途径完成自我同一性，只要统一后的自我是完整的、协调的、充实的、有力的，就是积极和健康的自我意识。

二、大学生自我意识发展中的问题

在自我意识的发展成熟期，大学生通过积极的自我观察、自我探索和自我思考对自己有了更深的认识，他们开始从多角度审视自我、调整自我，并向理想自我靠近，建立"自我同一性"。虽然不断进行着自我意识的调整、整合，但大学生在处理各种自我矛盾时，由于身心尚未发展成熟，他们在经历心理煎熬的过程中，往往面临着因自我意识偏差而产生的诸多情绪和行为问题。

1. 过度的自信（自负）与过强的自卑

大学生的自我评价存在的主要问题是走极端，要么评价过高（自负），要么评价过低（自卑）。自信是大学生的优秀品质，有助于大学生的自我实现。但自信过度就会导致自负，缺乏自信就会产生自卑。自负是一种虚假的自信，即相信自己是天才而不再努力。自负是一种自我欺骗，是自卑的另一种表现形式。自卑与自负二者的平衡点是自信，即一个在自信的上线，一个在自信的下线。过度的自信（自负）与过强的自卑都会影响大学生心理的健全和完善，是不容忽视的自我意识问题。

自负的大学生过高地估计自己的价值与能力，表现出很强的优越感，自命不凡，骄傲自大，看不起别人，听不进师长的教诲和同学的意见，回避或否认自己的缺点，人际交往模式和生活态度属于"我好，你不好"型，较难与他人达成妥协和谅解，最终会陷入孤独和郁闷。与自负相反，有的大学生过度自卑。自卑是由于自我认识偏差等原因形成的自我轻视和自我否定的情绪体验。过度自卑的大学生一般有以下心理缺陷：缺乏稳定的自我形象，喜欢封闭自己，伪装自己；特别敏感，特别容易受挫折；倾向于超脱现实而陷入幻想世界，缺乏社会活动的积极性，有严重的孤独感；缺乏竞争意识，回避那些必须领导他人或服从别人领导以及竞争性强的工作等。

自信心来源于积极的自我肯定和自我悦纳，它不是自欺欺人，而是实事求是。自信心包括个人对于周围环境体验到的价值感、成功感和归属感，也是平衡自我心态的突出表现。

提高自信心，本质上就是使人通过改变对不利环境的认识来增强对自我的良好感觉。

【技能学习】

每天记录下自己的一个优点，或者成功的一件事情，可以是很小的优点或者事情，如“今天我给同学带饭了，我很热心”“我今天学会做 PPT 了”。刚开始做和记录的时候，可能会有些困难，慢慢就会习惯。坚持记录两个星期，两个星期以后再回顾自己的这些优点，看看会有什么发现。

活动总结：自卑的人在生活中往往聚焦于自己的缺点和不足，不习惯去看自己好的方面，尤其让自卑的人去找自己优点的时候，刚开始都会觉得非常困难。当真的从具体的事情入手，从小的点点滴滴出发，可能会发现其实自己身上也是有很多优点的，只是平时这些优点都被自己忽略了。将这种新的习惯保持下去，自卑感会一点一点消除。

还有一个方法就是自我暗示、自我美化。每天对着镜子中的自己进行练习。首先要微笑着面对镜中的自己，然后暗示自己“我真棒”“我觉得自己很好”“我喜欢我自己”等，也可以想一些其他积极的语言。

活动总结：自我美化是一种积极的自我暗示，当开始做这个活动的时候，感受一下自己，有没有觉得自我感觉比以前好了？长期坚持做这个活动，能够慢慢改变对自己的消极观念。

【拓展阅读】

阿德勒——超越自卑的心理学家

阿尔弗雷德·阿德勒出生于奥地利维也纳郊区小镇的一个富裕的家庭，并在维也纳长大。他的父亲是一名犹太商人，主要做谷物生意。在 6 个孩子中他排行老二，他的哥哥 Sigmund 是个典型的模范儿童。阿德勒是一个直到 4 岁才会走路的体弱多病的孩子，他患有佝偻病，无法进行激烈的体育活动。

5 岁时的一次遭遇几乎改变了他的一生。那年，他患上了致命的肺炎，医生认为他快死了，家人也不抱什么希望。但几天后，他竟奇迹般地康复了。这场病加上他 3 岁时大弟弟的死亡使他萌生了要当一名医生的愿望，他要用这个生活目标去克服童年的苦恼和对死亡的恐惧。

阿德勒 5 岁时上小学，9 岁时上中学。刚上中学的时候，由于他数学不好而被老师视为差等生，老师因此看不起他，并建议他的父亲让他去当一名制鞋的工人。当然，他的父亲拒绝这样做，这事也刺激了好强的阿德勒，促使他努力学习，在数学上有了很大进步。中学毕业后，阿德勒如愿以偿，进入维也纳医学院，系统学习了有关心理学、哲学的知识，并受到良好的医学训练。

看到阿德勒的成长经历后，有人不禁要问：这是一个什么样的心理学家？他的成长经历与他后来的心理学观点有什么联系？正是阿德勒从小有这样的成长经历，他才从中总结出了一些心理学的规律。

阿德勒认为自卑感是人们在追求更加优越的地位和完美的人生过程中必然会出现的

心理体验。阿德勒对于自卑，最初的理解主要局限在生理机制上。他认为儿童主观上的自卑感常常是由生理上的缺陷引起的，带有依附、服从、软弱的品质。这种自卑任其发展下去儿童就会成长为弱者。相反，如果其带有侵略性、自由、勇敢、充满活力的品质，发展下去儿童就有可能成功。由生理机制引起的自卑可能会导致个体从生理上进行补偿：一种情况是集中所有力量发展功能欠佳的器官机能；另一种情况是转而发展其他器官的机能进而以其他器官的优势技能来弥补有缺陷的机能。

后来阿德勒发现每个人都有不同程度的自卑感，而我们没有人能长期忍受自卑之感。我们会采取某种行动来解除自己的紧张状态。假使一个人已经气馁了，他仍会努力摆脱这种紧张感，只是他采取的方法不能使他有所进益。自卑在某种意义上而言是通往成功的道路，因为只有我们发现了自己所处的地位是自我希望加以改进的，我们才能促使自己更加努力，如科学的兴起正是因为人类感到自己的无知。

超越自卑是推动个人获取成就的主要推动力。一个人正是感到自卑，才会千方百计地去寻求补偿，否则他就会得心理疾病，甚至失去生活的勇气。阿德勒相信心理治疗和儿童教育的目的是给人提出目标定向，这种目标就是追求优越。因此，羡慕别人、胜过或超过别人、征服别人等都是这种追求优越的人格体现。人生的主导动机就是追求优越。后来阿德勒把追求个人优越改为追求一种优越而完美的社会。

不过，追求优越的结果却有两重性。它既可以激励人追求更大的成就，使人的心理得到积极的成长，也会由于追求个人优越而忽视社会和他人的需要，从而产生“自尊情结”，使人变得缺乏社会兴趣，妄自尊大。

2. 过分的自我中心与盲目的从众行为

大学生自我意识发展中的第二大问题是：自我意识过强与自我意识太弱所表现出来的过分以自我为中心与盲目从众行为。

人的自我意识发展过程中，处于生理的自我意识阶段就出现了自我中心。新生儿一切以生理自我为中心，为的是获得生理需要的满足。大学生自我意识发展进入心理自我发展高级阶段，若仍然停留在生理自我中心的水平上，就已经是心理问题。当大学生的自我中心倾向与个人主义、自私自利等不健康思想和过强的自尊心、唯我独尊等心理特征结合时，就会强化自我中心，变成过分注重和强调自己，忽视他人及与他人的关系，形成只顾自己不顾别人的自我意识缺陷。以自我为中心的大学生在追求自我设计、自我完善、自我实现的自我意识发展中，往往只注重个人价值的追求和实现，而忽视其社会意义，走脱离社会自我设计的道路。

与大学生过分的以自我为中心相反的另一种自我意识问题是盲目的从众行为。从众是个体在群体的影响和压力下，放弃自己的意见而采取与大多数人保持一致的自我保护行动，是一种普遍的社会心理和行为现象。比如，学习从众、消费从众、恋爱从众，以及赌博从众、入党从众、择业从众在大学校园相当普遍。缺乏分析，不独立思考的一概服从多数，随大流，是消极的“盲目从众”。盲目的从众行为，反映了部分大学生自我意识弱化，独立性较差，缺乏个体倾向性的世界观、人生观、价值观。具有过强的从众心理的大学生有害怕孤独、缺乏自信等不良心理特征，加之传统的“听话”“服从”的教育，会导致在现实生活中丧失自我，缺乏主见，遇到问题束手无策，影响心理健康发展。

3. 行为上低自制力与情绪上迷茫焦虑

自我控制是自我意识的关键环节，是对自己行为、思想和言语的控制，以达到自我期望的目标。良好的自制力意味着既善于激励自己勇敢地去执行采取的决定，又善于抑制那些不符合既定目的的愿望、动机、行为和情绪，需要个体将“知”与“行”有机结合。而心智正处于发展阶段的大学生往往缺乏坚强的意志力，自我控制的能力比较低。很多同学虽然深知“我应该做什么?”“我应该成为怎样的人?”“我可以选择如何去做”等自我控制的核心内容，但却无法成功地激励自己果断地付出行动，无法有效地抑制违背理想的行为或情绪。大学生的低自制力主要表现在：无法按照开学制订的学期计划安排规律的作息和自修，往往坚持了一个星期就放弃自我约束和自我监督；无法鞭策自己为阶段目标付出持久的努力，比如有的人想提高英语听说能力，但做不到每天进行早读和听力训练；无法抵御外界的诱惑，例如复习阶段被室友怂恿打网游；无法控制和调适自己的情绪波动，对挫折耿耿于怀，产生强烈的自卑感，等等。

随着自我意识的发展，大学生自己的“自我”理论也进行着确立和整合。在这一过程中，对于自我理论中的一些核心概念，如“什么是我最重要的特质?”“什么是我未来的目标?”等问题，大学生并没有明确的答案，他们尚未发掘出自己最大的优势，也没来得及进行长远而可行的人生或职业规划。在空闲的时间里，他们思考自己的未来，但往往思而无获，因为大多数大学生心中并没有长期的计划，人生目标也没有完全确定；面对新闻媒体有关激烈职场竞争的大量报道，他们觉得自己即将迎来的职业生涯充满了太多变数和不确定，因为他们并没有看到自己超过他人的特质和优势。这样的思考和顾虑充斥在自我意识发展的过程中，让大学生感到不安、迷茫和焦虑，对未来很没把握，对自己也没有信心。

从以上的分析我们可以看到，大学生自我意识发展过程中出现的失误、偏差是心理还不成熟的表现，这是由其身心发展状况和成长背景决定的，并不是某个人的缺点，而是所有大学生或多或少都要亲身经历的，是整个年龄阶段的特征。因而是普遍的、正常的，但也是必须调整的。只有认识到这一点，才有可能去面对它、正视它，并争取解决它，以达到自我真正的统一、强大和健康。

第三节　大学生健全自我意识的培养

一位哲人曾经说过：一个自我意识尚未觉醒的人，不是一个完整意义上的人；一个自我意识不成熟的人，不是一个真正健全的人。那么，进入大学的我们，如何才能从“觉醒”到“成熟”，不断提升自我意识，以至做到“更好的自己”？我们可以通过自我认识、自我体验和自我调控三个方面的自我教育来加强。

一、“人贵有自知之明”——正确的自我认知

“人贵有自知之明”，全面而正确的自我认知是培养健全的自我意识的基础。印度智者吉杜·克里希那穆提说：“你可能很聪明，可能博览群书，并且很会引用他人的说辞，

但如果你不认识自己，你永远不可能超越肤浅的层次。”印度谚语还说：“认识你自己，就能认识整个世界。”正确认识自己的途径通常有以下几种：

第一种：比较法。比较法是指通过与他人比较而认识自我。他人是自己的镜子，与他人交往是个人获得自我观念的主要来源。在与他人比较中认识自己的优势和不足，从而能够吸取他人所长以补自己所短，缩短主观自我与客观自我的差距。比较虽然是认识自己的重要方法，但是通过和人比较认识自己应该注意确立一个合理的参照体系，明确一个合理的立足点。如果比较参照系不恰当，可能还会产生消极的结果。比如，来自农村的大学生，如果认为自己条件不如别人，一开始就置自己于次等地位，自然影响心态和情绪，而应在大学毕业后看行动后的成绩才有意义。还有的大学生比较时关注的可能是身材、家世等不能改变的条件，没有实际比较的意义。

第二种：内省法。“吾日三省吾身”，内省法是通过我与自己的关系来认识自我，通过反省分析来了解自己的方法。反省的“镜子”有三面：一是自己眼中的我。个人实际观察到的客观的我，包括身体、容貌、职业、性格、能力等。二是别人眼中的我。1902年，心理学家库利提出了“镜中我”的概念（即通过他人对自己的评价来了解自我）。“镜中我”是一个隐喻，说的是社会好似一面镜子，人们可以从这面镜子中看到自己。在这面镜子面前，我们尽可能地以别人的眼光来审视自己行为的合体性与合理性。三是自己心中的我。对自己的期许，即理想的我。

第三种：实践检验法。社会实践是人的自我意识产生和发展的重要条件，通过活动的效果来了解自己。一是通过自己的成功经验了解自己。通过自己所取得的成果、成就，从做事的经验中了解自己，也是一种学习。二是通过自己的失败经历认识自我。对聪明又善用智慧的人来说，成功或失败的经验都可以促使他再成功，因为他们了解自己，有坚强的人格特征，善于学习，因而可以避免重蹈覆辙。三是通过自己的成败经验中获得的自我意识。不经一事，不长一智。成败得失，其经验的价值也因人而异。因此一个能够从自己的成败经验中获得自我意识的人，并对所获得的自我意识细加分析和甄别，那么，他才有成功的希望。

在正确认知自我的基础上，大学生还应学会客观评价自己：运用辩证唯物论的思维方式，坚持一分为二地看待自己；善于发现自己的优点和潜力，正视自己的缺点和不足；多多听取师长和朋辈的评价意见；等等。

二、“天生我才必有用”——积极的自我悦纳

提升自我意识的第二个方面是提升自我体验的水准，重点在于做到积极悦纳真实的自我。积极悦纳自我是无条件地接受自己的一切，包括自己满意的、不满意的，优势和劣势等方面，笃信“天生我才必有用”。具体包括三方面：第一，接受自己的全部，无论优点还是缺点，无论成功还是失败；第二，无条件地接受自己，接受自己的程度不以自己是否做错事有所改变；第三，喜欢自己，欣赏自己，体会自我的独特性，在此基础上体验价值感、幸福感、愉快感与满足感。最终达到相信自己存在的价值，认可自己的能力，并在行为上表现出一种与环境和他人积极互动的心理定式。

积极悦纳自我的实现途径：

一是要正确剖析自我，增强自信。要学会做自己的朋友，以慷慨和诚实的态度列出自己的优点和缺点，理智与客观地对待自己的长处与不足，冷静地看待得与失。承认自己的不完美，不加任何条件地接受自己的全部缺点和优点，既努力扬长更注意补短，相信自己是有价值的人。

二是要确立能力为本的奋斗目标。能力提高了才有自信的本钱，才能真正自强起来。当前人才的需求标准已由“学历本位”让位于“能力本位”。因此大学生在设计自我发展的方向时，首先要考虑的是自己如何才能被社会承认和接受，求得生存和发展。为此大学生在校期间一方面要努力学习文化知识，同时要尽可能地参加各种活动，培养自己的能力，这样自信才不会是空中楼阁。

三是要进行内省或归因训练，增强自信。一般来说，把成功归因于能力和努力等可控的因素可以增强自信，信心来源于实力。把失败归因于自我努力不够，以后积极努力便可避免失败、增强自信，最终才可能取得成功，进而积极悦纳自我。

在美国一间黑人教堂的墙上刻着这样一句话：“在这个世界上你是独一无二的一个，生下来你是什么这是上帝给你的礼物，你将成为什么这是你给上帝的礼物。”每个人身上都有着无数的闪光点，重点在于寻找你自己的闪光点并将其构成亮丽的人生风景线。

三、“做更好的自己”——有效的自我控制

自我控制是主动定向改造自我的过程，也是个体对待自己的态度的具体化过程。健全自我意识和完善自我的根本途径是进行有效自我控制。如何达到有效自我控制，元认知监控不失为一种科学的管理策略。

【拓展阅读】

元认知（metacognition）

美国儿童心理学家弗拉威尔（J. Flavell，1967）曾指出，元认知通常被广泛地定义为任何以认知过程和结果为对象的知识或是任何调节认知过程的认知活动，即对认知的认知。元认知的实质是人对认知活动的自我意识和自我调节。能够达到元认知层次的自我意识是人的意识的最高形式。它以主体及其活动为意识的对象，因而对人的认识活动起着监控作用。

关于元认知的结构包括三方面的内容：一是元认知知识，即个体关于自己或他人的认识活动、过程、结果以及与之有关的知识；二是元认知体验，即伴随着认知活动而产生的认知体验或情感体验；三是元认知监控，即个体在认知活动进行的过程中，对自己的认知活动积极进行监控，并相应地对其进行调节，以达到预定的目标。

元认知知识、元认知体验和元认知监控三者是相互联系、相互影响和相互制约的。元认知知识有助于人们在实际的认知活动中对活动进行有效的监控，指导人们自觉地、有效地选择、评价、修正和放弃认知的任务、目标和策略。同样，它也能引起有关自身、任务、目的的各种各样的元认知体验，帮助人们理解元认知体验的意义和它们在行为方面的含义；元认知体验对元认知知识和元认知监控具有非常重要的作用。通过各种

元认知体验，人们可以补充、删除或修改原有的元认知知识，即通过同化和顺应机制来发展元认知知识。而元认知体验有助于人们确定新的目标，修改或放弃旧的目标，有助于激活认知策略和元认知策略。元认知监控一方面是通过元认知知识、元认知体验、认知目标与行动（策略）之间的相互作用而进行的，另一方面人们的元认知知识又大多来源于人们对认知活动进行监控、调节的实际过程。善于对认知活动进行自觉或不自觉监控的人，自然会有更多的元认知体验和经验，从而具有更多的元认知知识，这就是说，认知活动中元认知监控水平制约着人们的元认知知识的获得与水平。对于元认知体验，它总是与认知活动相伴随，离不开人们对认知活动的监控过程。总之，元认知的这三个方面是相互依赖、相互制约的，三者的有机结合便构成了一个统一整体——元认知。

元认知监控是主体在进行认知活动的全过程中，将自己正在进行的认知活动作为意识对象，不断地对其进行积极、自觉地监视、控制和调节。在准确了解自我意识的过程中，元认知监控主要有以下几方面的作用：一是在元认知知识和元认知体验的基础上制订计划，有目的、有步骤地提高自我意识的认知能力和水平；二是实行控制，及时评价、反馈认知活动进行的各种情况，发现认知活动中存在的不足，并据此及时修正、调整认知策略；三是检查结果；四是采取补救措施。

元认知监控包括检查是否理解、预测结果、评价某个尝试的有效性、计划下一步动作，测查策略，确定适当的时机和努力、修改或变换策略以克服所遇到的困难等。概括起来，包括以下三个方面：

（1）计划，即根据认知活动的特定目标，在一项认知活动之前计划各种活动，预计结果，选择策略，想象出各种解决问题的方法，并预估其有效性。

（2）监视，即在认知活动进行的实际过程中，根据认知目标及时评价、反馈认知活动的结果与不足，正确估计自己达到认知目标的程度、水平；根据有效性标准评价各种认知行动、策略的效果。

（3）调节，即根据对认知活动结果的检查，如发现问题，则采取相应的补救措施，根据对认知策略的效果的检查，及时修正、调整认知策略。一般来说，元认知监控与认知目标、认知课题和情境等因素密切相连。

处于青年时期的大学生，他们自我的发展与社会的发展往往存在很多矛盾。在改变不了周围环境的情况下，只能理智地选择对自我的调整。因此，根据大学生自我意识发展的特点，设计、输入正确的元认知知识，使其头脑中获得一套相对发达的元认知系统；通过培养大学生元认知的调控能力，对其生理素质、心理素质、社会文化素质及其相互关系进行调控，实现人与环境的良性互动，使其自我意识获得良好的发展，最终形成和谐积极的完美人格。

人本主义心理学认为，人具有一种本能，这种本能总是促使人朝向自我完善和自我实现的方向发展。正像歌曲《改变自己》的歌词所写：“一点点改变有很大的差别，你我的力量也能改变世界……我可以改变世界，改变自己，改变隔膜，改变小气，要一直努力努力，永不放弃才可以改变世界，改变自己。”只要你渴望改变，追求更好的自己，永远都不会晚，永远都有可能！因此，充分实现自己的人生价值，“做一个更好的我”，不断超越自我，应成为大学生健康发展的座右铭。

思考题

1. 自我意识与心理健康有何关系？
2. 联系实际谈谈当前大学生自我意识存在哪些问题，如何解决。
3. 结合目前你想具备但还未具备的品质，你打算怎样完善自我？

心理活动体验

活动一　我是谁——独特的我

1. 活动目的

认识自我，悦纳自我。

2. 活动场地和要求

教室和室外均可，纸和笔。

3. 具体操作

填写下列句子：

假如我是一种花，我希望是：________________，因为：________________。

假如我是一种动物，我希望是：________________，因为：________________。

假如我是一种乐器，我希望是：________________，因为：________________。

假如我是一种水果，我希望是：________________，因为：________________。

假如我是一种颜色，我希望是：________________，因为：________________。

假如我是一种交通工具，我希望是：________________，因为：________________。

假如我是一种树，我希望是：________________，因为：________________。

4. 小组分享与讨论

能否找到一个与自己完全一样的同学呢？

5. 老师总结

我们都是独立的个体，都有自己的特点，要了解自己，喜欢自己。

活动二　天生我才

1. 活动目的

通过练习，帮助学生了解自己的长处，珍惜自己的潜能，学会自我欣赏、自我肯定，学会欣赏别人，增加自信。

2. 活动准备

每人一张“天生我才”练习表，一支笔，每个小组 8~10 人。

3. 具体操作

（1）请每位学生填写下面的“天生我才”练习表，完成下面的句子。

我最欣赏自己的外表是：

我最欣赏自己对朋友的态度是：

我最欣赏自己对求学的态度是：

我最欣赏自己对家人的态度是：

我最欣赏自己做事的态度是：

我最欣赏自己的性格是：

我最欣赏自己的一次成功是：

我最欣赏自己的是：

（2）小组成员分享。

（3）小组讨论。

你是否认为每个人都有长处？理由何在？

当你做了一件事，如帮助一位盲人安全过马路或考试成绩很理想时，你会欣赏自己的行为吗？

当你做了一件事，如一次重要的约会你迟到了或考试你不会回答问题你会怎样看待自己？会责怪自己吗？为什么？

4. 活动总结

每个人都有长处，都有值得自己或别人欣赏的地方。对于优点应该欣赏、珍惜、继续发扬，对于缺点应了解并改善。这个团体活动的目的是希望同学们在认识自我、悦纳自我、与人沟通和交往方面有显著改善，同时更乐于关怀他人，更有责任感。

活动三　优势取舍

1. 活动目的

认识自己身上最重要的 5 种优势，通过留与舍的决定，让学生更加珍惜自己的优势。

2. 活动材料

A4 纸每人一张，笔若干。

3. 具体操作

（1）请同学们写出自己认为最重要、最引以为豪的 5 种优势，请注意自己思考，不要交流。

（2）删除第一个优势，并想清楚删除的理由。

（3）删除第二个优势，并且要想清楚以后再删除，因为一旦删除以后就意味着你将永远失去你的优势。

（4）删除你的第三个优势和第四个优势。

4. 讨论

（1）请同学们在每次删除之后描述一下自己的心情。

（2）你最后留下的是什么？说说你这样选择的理由。

（3）你该如何对待你的优势和你的宝藏？

5. 活动总结

（1）人总是在失去某件东西的时候，才能体会到它的珍贵。

（2）失去的时候才知道自己曾经是多么富有，我的优势对我是多么重要。

课外心理拓展

1. 书籍《自我》，乔纳森·布朗著，陈浩莺等译，人民邮电出版社，2004

推荐理由——关于自我研究的学术大餐。

如果你想对自我心理有更深入的了解，这本书就一定要看。所有读者都能在本书中得到综合了哲学、社会学和心理学知识的有关自我的思想。它的材料是新颖的，研究方法是严谨的，表达方式是引人入胜的。这部著作可以作为社会心理学或人格心理学选读材料，或者是自我专修课的主要教科书。在哪种情况下，读者都会满意地品尝到一道值得一试的学术大餐。

2. 电影：《跳出我天地》，又名《舞动人生》

推荐理由——突破重重障碍，努力做最真实的自我。

比利·艾略特是个矿工的儿子，他每天除上学之外还要照顾生病的奶奶，还要在放学之后练习拳击，尽管他的拳击课上得一塌糊涂。比利的未来差不多已经定了：和他的爸爸和哥哥一样上学、练拳击，然后成为家乡的一个矿工——如果不是偶然遇到了芭蕾舞女教练威尔金森夫人。威尔金森夫人发现了比利的芭蕾舞潜质，全心全意地培养比利，还鼓励他去报考伦敦的皇家芭蕾学校。比利仍然懵懵懂懂，但是他发现，自己在芭蕾中得到了难以形容的激情和快乐。为了真正走上芭蕾之路，他必须克服三重阻碍：父亲、钱和皇家芭蕾学校的考官们——父亲一向坚决认为：芭蕾是没有男子气的运动，只能属于女孩子；煤矿工人们正在罢工，家里的经济情况面临危机；而在遥远的陌生的伦敦，考官们会欣赏这样一个愣头愣脑的乡下孩子吗？最终比利克服了重重障碍，成为一名舞蹈家。

第三章　大学生人格培养

你的心若改变，态度就会改变，态度改变则习惯改变，习惯改变则性格改变，性格改变则人生改变。

——亚伯拉罕·马斯洛

每个人都有他隐藏的精华，和任何别人的精华不同，它使人具有自己的气味。

——罗曼·罗兰

我们经常听到这样的一句话：态度决定一切，性格决定命运，细节决定成败。其中“态度”是性格的核心，“细节”是性格的行为方式。由此可见性格对人的发展的极端重要性。其实大学生的诸多心理问题是由性格，亦即人格方面的原因产生的，而其中又与同学们对待人生、对待社会的态度紧密相关。大学生要想具有健康的心理就必须具有健全的人格。了解人格形成的基础 、人格健全的基本要求、人格偏差的基本类型、个体人格与社会人格的有机联系以及怎样才能培养健全的人格等，对大学生的发展有着非同寻常的意义。

第一节　人格及大学生的人格特点

当你进入大学，开始大学生活，有时静下心来回想起高中最要好的朋友时，脑海里立刻浮现出这个好友的音容笑貌，他的脾气和性格特点以及某些独特的行为表现。这个朋友给你的整体印象就叫作“人格”。通俗地讲，所谓“人格”就是一个人的外貌、气质（脾气）和性格给他人的整体印象。当然，还有些未必表现在外的思想和心理的隐秘的东西。

“人格”这个词，在我们日常生活中用得很广，常常听说某某人的人格高尚，某某人的人格卑劣。这种人格的定义是从道德的观点出发给予人的一种评价，只能代表心理学中人格的一部分含义。此外，法学中的“人格”一词，亦有其特指的含义。

“人格”一词来源于拉丁文 persona，原意为戏剧演员所戴的“面具”，用以表现剧中人物的角色和身份。把“面具”指义为人格，实际上说明人既有表现于外的给人印象的特点，也有些外部未必表现的东西。在有些著述中，人格又称为“个性”，但实际上二者是有区别的，“人格”包含了个体中所具有的共性和个性的方面，“个性”则主要指人格中个体突出的特征或个性明显的方面。

有关人格的定义，国内最权威的表述是：个体特有的特质模式及行为倾向的统一体。通俗地说，就是个体所具有的气质、稳定的态度和行为模式的统一体，其中有与群体相一致的部分，也有个体特有的部分。人格是共同性与差别性的统一，即个体人格与社会人格（个体人格的社会性因素）的统一。如果说某人“个性很强”，就是指个体特有的那部分人格特点很突出或是很特别。

总之，心理学中的人格，是指一个人的气质特征、稳定的态度和行为模式等心理特征的总和。这个“总和”不一定是均等地表现出来，可能某一方面的表现很突出，就成为个体的“个性特征”。作为一名大学生，了解和把握人格的特性是非常重要的。人格的特性如下：

（1）独特性。个体人格是在遗传、环境、教育及个体经历等因素的交互作用下形成的。人与人没有完全一样的人格特点。所谓“人心不同，各有其面”，这就是人格的独特性，但是，人格的独特性并不意味着人与人之间的个性毫无相同之处。在人格形成与发展中，也有社会因素的作用，包括人与人之间在心理、行为上相同的方面，如每个民族、阶级和集团的人都有其共同的心理特点。从这个方面而言，它是个体人格与社会人格的统一体。

（2）稳定性。个体偶然表现出来的心理倾向和心理特征并不能表现他的人格。俗话说，“江山易改，禀性难移”，这里的“禀性”就是指人格。当然，随着生理成熟和环境变化，人格也有可能产生或多或少的变化，这是人格可塑性的一面，正因为人格具有可塑性，才能培养和发展人格。人格是稳定性与可塑性的统一。

（3）统合性。人格是由多种成分构成的一个有机整体，具有内在统一的一致性，它受自我意识的调控。人格统合性是心理健康的最重要指标。当一个人的人格结构在各方面彼此和谐统一时，他的人格就是健全的。否则，可能会出现适应困难，形成人格偏差甚至人格障碍。

（4）功能性。人格决定一个人的生活方式，甚至决定一个人的命运，因而是人生成败的根源之一。当面对挫折与失败时，坚强者能发愤拼搏，懦弱者会一蹶不振，这就是人格功能的表现。

据此我们可以认为：人格是个体在适应环境的过程中所表现出来的系统的独特的反应方式，它由个人在其遗传、环境、经历、成熟和学习等因素交互作用下形成，并具有很大的稳定性。

一、气质、性格与行为模式

“气质”指人的心理活动的动力特征。气质是遗传的，是神经系统的生理功能。它主要表现在心理过程的强度、速度、稳定性、灵活性及指向性上。个体情绪体验的强弱，意志努力的大小程度，感知或思维的快慢，注意力集中时间的长短及转移的难易，以及心理活动是倾向于外部事物还是倾向于自身内部，等等，都是气质的表现。

“性格”是人对现实的态度和行为方式中比较稳定的心理特征，是后天形成的。诸如诚实或虚伪，勤劳或懒惰，自豪或自卑，勇敢或怯懦，果断或优柔寡断等都属于性格特征。每一个人都有这样或那样的性格特征，有些是和他人相似的，有些是个人独有的，有些是积极的，有些是消极的。一个人的个性特征交织在一起就构成了他的性格。

“行为模式”是个体行为活动发生、进行和完成的某种固有方式。稳定的行为模式叫作习惯，性格往往通过行为模式来表现。人的外貌也是行为模式的一部分，长相和穿着打扮，成为个体人格最表面的成分。在当代社会，人们越来越注重自己的外貌。手术整容、讲究穿着打扮几乎成为时尚，各种各样的“潮人”可以说是层出不穷。这是社会的一种进步。但如果只追求人的外在表现而忽视人格的内在修炼，则难免会舍本逐末了。

1. 气质是性格的基础

气质与性格是紧密相连的。气质是性格的基础，是遗传的，是很稳定且难以改变的。性格是后天形成的，是稳定的，但相对气质而言则容易改变一些，但改变的难度仍然较大。

在现实生活中我们常会看到，有的人生来好动，有的人生来好静；有的人脾气温和，有的人性情暴躁；有的人动作麻利，有的人行动缓慢，等等，以上的区别就是心理学所称的气质区别。

现代心理学把气质定义为：气质是表现在人们心理活动和行为方面的典型的、稳定的动力特征。有这样几个特征：

第一，气质是个体心理活动和行为的外部动力特点，主要表现在心理活动的速度、强度、稳定性、指向性方面的特征。

第二，气质作为人的心理活动的动力特征，它与人的心理活动的内容、动机无关，即气质特点一般不受个人活动的目的、动机和内容的影响，具有较强的稳定性。

第三，气质受先天生物学因素影响较大，即先天因素占主要地位。气质较多地受神经系统类型的影响。

第四，气质具有相对的可塑性。气质虽然具有先天性，但并不意味着它完全不发生变化。在生活环境和教育条件的影响下，在性格的掩盖下，气质可以得到某种程度的改造。

人的气质是有明显差异的，这些差异属于气质类型的差异。对气质类型的划分，有不同的见解，因而形成不同的气质理论。最早对气质加以分类并被后人广泛应用的是希波克拉底对气质的分类。古希腊医生希波克拉底最早提出气质概念并把人的气质分为四类：多血质、胆汁质、黏液质、抑郁质。四种基本气质类型在情绪和行为方式以及心理活动方面有不同的典型表现：

胆汁质。这类人反应速度快，情感和行为产生得迅速、强烈，有很明显的外部表现。性情开朗、热情、坦率，但脾气暴躁，好争论。情感易于冲动但不持久。精力旺盛，经常以极大的热情从事工作，但时常缺乏耐心。思维具有一定的灵活性，但对问题的理解具有粗枝大叶、不求甚解的倾向。意志坚强、果断勇敢，注意力稳定而集中但难于转移。行动利落敏捷，说话速度快且声音洪亮。

多血质。这类人行动具有高反应性，情感和行为发生、变化快但较为温和，易于产生情感，但体验不深，善于结交朋友，容易适应新的环境。语言表达力和感染力较强，表现活泼，表情生动，有明显的外倾性特点。机智灵敏，思维灵活，但常表现出对问题不求甚解。注意力与兴趣易于转移，不稳定。在意志力方面缺乏忍耐性，毅力不强。

黏液质。这类人反应性低，情感和行为迟缓、稳定，缺乏灵活性。情绪不易发生也不易外露，很少产生激情，遇到不愉快的事也不动声色。注意力稳定持久，但难于转移。思维灵活性较差，但比较细致，喜欢沉思。在意志力方面具有耐性，对自己的行为有较大的自制力。态度持重，好沉默寡言，办事谨慎细致，不鲁莽，但行为和情绪都表现出内倾性。

抑郁质。这类人有高感受性，情感和行为都相当缓慢柔弱，情感容易产生，体验深刻，隐晦而不外露，易多愁善感。富于想象，聪明且观察力敏锐，善于观察他人观察不到的细微事物，敏感性高，思维深刻。在意志方面常表现出胆小怕事、优柔寡断，受到挫折后常心神不安，但对力所能及的工作表现出坚忍的精神。具有明显的内倾性特点。

其他对气质的分类还有德国精神病学家克雷奇默（E. Kretschmer）提出的“体型说”，美国生理学柏尔曼（Berman）提出的“激素说”，日本学者古川竹二等人提出的“血型说”，美国心理学家巴斯（A. H. Bass）提出的“活动特性说”及俄国生理学家巴甫洛夫提出的“高级神经活动类型说”等，对此有兴趣的同学可以自己查阅了解。

气质对人的影响，在个体心理发展早期阶段表现明显，虽然随年龄增长而略有变化，但基本上是稳定的。气质贯穿在心理活动和行为方式中，对人的各种活动都有一定的影响。

气质对人的发展的影响我们要明确以下几个方面：

第一，气质本身没有好坏之分。它表现了人的神经系统的某种特性，只表明一个人心理活动的动力特征，不涉及心理活动的方向和内容。每种气质类型都有积极的和消极的方面。个体在任何一种气质的基础上，既可以发展良好的性格特征和优异的才能，也可能发展不良的性格特征和限制才能的发展。

第二，气质不决定个体活动的社会价值和成就的高低。气质虽然对性格与能力等有一定的影响作用，但不能决定人的社会价值与成就的高低。事实上，在社会活动家、科学家、作家等卓越的人物中，都可见各种气质类型的典型代表。任何一种气质类型的人都有可能发挥自己的才能，对社会做出贡献。

第三，气质影响人的活动方式与效率。在各种实践领域中，气质虽不起决定作用，但它对人的工作方式有影响，并在一定程度上影响人的工作效率，因此在职业的选择上，考虑气质因素是十分重要的。

气质特征为一个人从事某种工作或职业提供了可能性和有利条件。气质与职业活动的关系表现在两方面：一方面要使自己的气质特征适应工作的客观要求；另一方面组织在选择人才和安排工作时，要考虑个人的气质特点。

性格与气质的区别主要表现在以下三个方面：

第一，从起源上看，气质是先天的，一般对个体发展的早期阶段有直接影响，主要表现为神经类型的自然表现。性格是后天的，是人在实践活动中与社会环境相互作用的产物，反映了人的社会性。

第二，从可塑性来看，气质的变化较慢，可塑性小。性格的可塑性较大，环境对性格的塑造作用是明显的，性格的改变相对较易。

第三，气质是人行为的动力特征，与行为内容无关，因而气质无好坏善恶之分。性格主要是人行为的内容，表现为个体与社会环境的关系，因而性格有好坏善恶之分。

性格与气质是相互影响的，主要表现为：

（1）气质对性格的影响。气质赋予每个个体的活动以一定的外貌。例如，同样是“骄傲”的性格特点，胆汁质的人可能直接说大话，甚至口出狂言，让人一听就知道他骄傲；而多血质的人很可能把别人表扬一通，最后表达略比别人高明一点，骄傲得很婉转；黏液质的人骄傲起来则可能不露声色。

（2）性格对气质的影响。性格在一定条件下可以改造某些气质特征。譬如，胆汁质和多血质的人适于当外科医生，但前者易轻率，后者缺耐心。如果经过专业的学习与训练，他们都能成为合格的外科医生，在实际工作中，这两种不同气质特征都可能经过意志努力而改变。所以，在气质基础上形成什么样的性格特征，在很大程度上取决于性格当中的意志作用。

2. 性格是人稳定的态度和行为模式

性格是人对现实的态度和行为方式中比较稳定的心理特征的总和。性格是个体在社会实践活动中所形成的对人、对事、对自己的态度以及与之相适应的习惯化了的行为方式。性格一词从来就有道德评价的意义。因为，一个人的为人，他做什么和怎么做，必然要直接或间接地影响到他人，所以也必然会得到一定的道德评价。

性格表现在个体对现实的态度和在一定场合下采取的行动，也是最能表现个性差异的心理特征。所以说，性格是人格或个性中具有核心意义的部分。

性格具有非常复杂的结构，它包含着许多特征，这些特征大体可以概括为四个方面：

第一，对现实和对自己的态度的性格特征。包括对他人、集体和社会，对劳动和工作以及对自己的态度的特征，如忠实、坦率、勤劳、谦逊、自私、狡诈、自信、自满、自豪或自卑等。

第二，性格的意志特征。包括对行为目标明确程度、对行为自觉控制水平的特征，以及在紧急或困难的情况下表现出来的意志特征等，如有目的性、纪律性、主动性，以及镇定、果断、勇敢等。

第三，性格的情绪特征。包括情绪对人的行为活动的感染程度和支配程度，以及情绪受意志控制的程度，如有的人热情，有的人冷漠等；也包括情绪的稳定性、持久性方面的性格特征，如情绪的稳定或起伏波动等；还包括主导心境方面的性格特征，如有的人经常精神饱满、欢乐愉快，是乐观主义者，有的人抑郁消沉，多愁善感，是悲观主义者等。

第四，性格的理智特征。包括表现在感知方面的特征，如倾向于采取用整体或分析的观察方式，感知的速度和精确性等；表现在思维方面的性格特征，如思维的敏捷性、独创性、深刻性和逻辑性等。

尽管人们的性格各不相同，但许多心理学家在长期研究的基础上力图给性格加以分类。瑞士心理学家荣格根据其活力倾向于人自身或外部环境，把性格分成两大类：外倾和内倾。具体可分为八种类型，即外倾思维型、内倾思维型、外倾情感型、内倾情感型、外倾感觉型、内倾感觉型、外倾直觉型、内倾直觉型等。

另一种观点是按心理功能来划分性格类型。它根据智力、情感和意志三种功能在人身上所占的优势，把性格分为理智型、情绪型和意志型。理智型性格的人，通常以理智衡量周围发生的事物，并以理智支配自己的行为，他们的智力机能相对于情感和意志来说占有优势；情绪型性格的人，行为易受情绪的左右，他们的心理机制的情感占优势；意志型性格的人，具有明确的行动目的和较强的自制能力，他们的意志明显比理智型性格的人和情绪型性格的人占优势。

除此之外，还有一些其他分类，如生物学的类型论，文化—社会学的类型论，等等。

【拓展阅读】

中国古代的金、木、水、火、土“五行人格”

中国最早的医学典籍《黄帝内经》的“五行人格”，是结合了古代的五行哲学思想和中医医理，并依据社会日常生活做出的人格类型归纳。它们之间是相生相克，相互依存，可以转化的。“五行人格”至今在我国民间仍有较为广泛的影响。

金形性格的人。有英雄豪杰、仗义疏财，讲究礼义廉耻、性格好强、刚愎自用的特点。特征：行动稳重，外表严肃，刚毅果决，内心热情，待人耿直，重情重义，办事认真，秉公执政；比较保守，心高气傲，脾气古怪，不容易接近。

木形性格的人。有仁慈宽厚、心地善良，正直刚正、性格倔强、质朴清高的特点。特征：执着不服输，正直刚直，脚踏实地，处事正经、一丝不苟，谨言慎行，坚强有骨气；主观性和自尊心强，清高自信，孤僻，容易紧张，易产生压抑和郁闷之气。

水形性格的人。多忧多虑，足智多谋，好思索，坐不住，易变动，性情容易急躁。特征：好动健谈，行动敏捷，灵活多变，能刚能柔，软中有硬，以柔克刚，刚柔相济，语言清和；忧愁烦闷，易恐，自以为是，心思郁结，脾气多犟，易出祸端。

火形性格的人。待人彬彬有礼，有谦让之风，神采奕奕，性急而聪明的特点。特征：性情刚烈，易动感情，性急如火，热情爽快，待人耿直，善交朋友，尊老爱幼，见义勇为；缺乏冷静，说话太急，语音激昂，言语荒诞，有始无终。

土形性格的人。有言行一致，说一不二，忠孝至诚，严守信誉的特点。特征：有韧劲和耐力，做事坚持不懈，对人和善友好，不喜争名逐利，待人忠厚老实人缘好；性情慵懒，开拓进取心不是很强；喜静不爱动，容易失去良机。

人的性格是后天形成的。个体在自己性格的形成过程中不是消极被动的，随着年龄的增长，逐渐扩大了与社会的交往，在社会的影响下，青少年会对不同的性格有所评价，并从模仿逐渐过渡到某种程度的追求。青年人走向社会，为了适应日益广泛的生活领域，就需要而且确实也能更深刻地对自己的性格有所认识，并主动改变自己的某些性格特征。培养优良的性格，是教育的一个重要组成部分，它具有重大的社会意义。

性格与行为模式的关系：一般来说，性格与行为模式是相对应的关系，即怎样的性格就表现为怎样的行为模式。但在人的社会生活中却不一定都是这样的，如果个体生活的环境与他的性格相冲突，有的人很可能选择表现为环境要求的行为模式，从而把自己的性格掩盖起来或因此而改变了自己的性格，如有些肩负特殊使命（如间谍）或特殊目的的人。如果个体的行为模式与环境要求差距过大，就会产生适应不良的问题。在这种情况下，是改变自己，还是改变环境，是个体不得不面临的痛苦的选择，因为习惯的力量是十分强大的。而这正是许多人经常感到十分纠结的问题，尤其是社会经验不足的青少年群体。

3. 性格与人的发展

性格主要受后天环境的影响而形成与发展，带有价值观的成分。性格一旦形成，就具有相对的稳定性，并在很大程度上影响着一个人的命运。正是由于性格对命运的重要影响，所以要改善自己的生存状态，成功地规划好自己的人生，不仅仅要提高自己的实力，如学历、专业能力，更重要的是改造自己的性格。因为要改变现状，就得改变自己，要改变自己，先得改变我们看待外界的观点。观念是态度与行为的根本，观念决定行为，行为形成习惯，而习惯左右着我们的成败。成功其实是习惯使然。人本主义心理学家马斯洛说：你的心若改变，态度就会改变，态度改变则习惯改变，习惯改变则性格改变，性格改变则人生改变。

每个人都形成了各自的行为模式或者说习惯，习惯从本质上反映了一个人的内涵和素质，而成功者恰恰就是在人生的历程中，不断反思自己，不断摒弃个人习惯中的一个个坏毛病，不断总结提高自身水平，才能一步一步走向成功。所以，要想提升自己的人格，就必须由内而外全面造就自己。现代社会竞争激烈，越来越强调职业生涯设计，无论是做一个平民百姓，还是做一名管理者，都要做好自己的人生规划。

美国心理学家特尔曼从 1921 年开始对 1528 名智力超常儿童进行了几十年的追踪研究，其研究结果表明：性格与成就的关系大于智力与成就的关系。特尔曼对在 800 个男性中成就最大的 20%与成就最小的 20%进行了比较研究，发现这两组人在智力方面没有什么差异，而最显著的差异在于他们的性格。成就最大的这组人的性格特征是：有理想、谨慎、有进取心、自信和不屈不挠，在最后完成任务的坚持性等方面，也都明显高于成就最小的那一组人。

有专家分析国内 100 名优秀企业家发现，无论是创业型企业家还是守业型企业家，在性格上，100%都倾向于坚强、果断、坚毅、开朗，而懦弱、犹豫、封闭的性格较少。坚强的性格能使企业家经受住挫折和打击；果断的性格增强了企业家决策的胆略和魄力；坚毅的性格保证了企业家实现既定目标的坚韧性；开朗的性格扩展了企业家的感染力。因此，坚强、果断、坚毅、开朗是企业家的性格，只有具备了这些性格的人，才有可能成为真正的企业家。

行为科学研究得出结论：习惯构成性格。一个人一天的行为中大约只有 5%是属于非习惯性的，而 95%的行为都是习惯性的。即便是创新，最终也可以演变成习惯性的创新。由此，足见习惯的力量。一切的想法，做法，最终都必须归结为一种习惯，这样才会对人的成功产生持续的力量。另一个研究结论是：对于一般行为来说，21 天以上的重复会形成习惯；90 天的重复，会形成稳定的习惯。即同一个动作，重复 21 天就会形成习惯性动作。同理，同一个想法，重复 21 天，或重复验证 21 次，就会变成习惯性的想法。所以，一个观念如果被验证了 21 次以上，它十有八九已经变成了你的信念。

二、个体人格与社会人格

个体人格与社会人格这二者在个体身上是不能分割的，是个体在人格结构中的两个侧面。具体说，社会人格就是个体人格中所具有的社会性，是与大多数人相似的为他人所认可和接纳的人格特质；而个体人格是个体所表现的独特的人格特质，或称之为“这个人”的“个性特征”。一言以蔽之，个体人格与社会人格就是一个人的人格的“个性”与“共性”（社会性）这两个侧面。

著名心理学家卡特尔（R. B. Cattel）对人格特质进行分析，提出了人格可以分“个别特质”和“共同特质”，即人格特质具有个体性和社会性。著名哲学家、心理学家弗洛姆（E. Fromm）对人格的社会性有经典的表述：“团体的每一个分子都共有的一些人格结构为‘社会人格’。个人人格是指个人所具有的全部特征。而社会人格则仅包括一部分特征，这些特征是一个团体中多数分子的人格结构之基本核心。在一指定的社会秩序中，如何诱导人类的精力，使其成为一种有生产性的力量，那么我们便得研究社会人格了。”由此可见社会人格对个体和社会的双重发展是多么重要，所以大学生的人格培养要同时注重人格两方面的协调发展。

1. 个体人格与心理健康

国内外的研究表明，健全人格是各种人格特征的完美结合，表现为以下几方面的特点：

（1）内部心理和谐发展。人格健全者的需要和动机、兴趣和爱好、智慧和才能、人生观和价值观、理想和信念、性格和气质都向健康的方向发展。他们的内心协调一致，言行统一，能正确认识和评价自己的所作所为是否符合客观需求，是否符合社会道德准则，能否及时调整个体与外部世界的关系。如果一个人失去他的人格内在统一性，就会出现认知扭曲、情绪失控、行为变态等问题。

（2）能够正确处理人际关系，发展友谊。这样的人在人际交往中显示出自尊和他尊、理解和信任、同情等优良品质。那些嫉妒心很强的人，很难想象他们能在互惠的基础上与人合作；傲慢自大的人也绝不会虚心地倾听别人的意见。人格健全者，在日常交往中既不随波逐流，也不孤芳自赏，能够使自己的行为与朋友、同事、同学协调一致。

（3）能把自己的智慧和能力有效地运用到能获得成功的工作和事业上去。他们在学习、工作中被强烈的创造动机和热情所推动，并且与他们的能力有效地结合起来，从而使他们勇于创造，善于创造，经常有所发现，有所发明，有所建树。成功又为他们带来满足和喜悦，并形成新的动机和兴趣，使他们能够得到良性发展。

人格健全或心理健康的标准众多，影响最为广泛的有奥尔伯特的“成熟者”模型、马斯洛的“自我实现者”模型和“五因素人格”模型。这里简单介绍“五因素人格”模型（“大五人格”）。

国际上经过半个世纪的努力研究，在20世纪末对“五因素人格”模型五个维度的认识逐渐趋向一致，各维度的描述性特质归纳如下：

（1）外倾性。正面表现为健谈，好表现，面部表情丰富，并喜欢做出各种姿势；果断，好交友，活泼，富有幽默感；容易激动，好刺激，趋向于好动，乐观。负面表现为沉默寡言，呆滞。

（2）宜人性。正面表现为善于为别人着想，似乎总是在与别人互动；富于同情心，直率，体贴人。负面表现为充满敌对情绪，不友好，给人不信任感，缺乏同情心。

（3）责任感。正面表现为行为规范，可靠，有能力，有责任心；似乎总是能把事情做好，处处让人感到满意。负面表现为行为不规范，粗心，做事效率低，不可靠。

（4）情绪性。正面表现为情绪理性化，冷静，脾气温和，有满足感，与人相处愉快。负面表现为自我防卫，担忧；情绪容易波动，易产生负面情绪，还易产生非理性的想法，难以控制冲动，在压力状况下抗压效果比他人差。

（5）开放性。正面表现为对新鲜事物感兴趣，尤其是对知识、各种艺术形式和非传统观念的赞赏；勤于思考，善于想象，知识丰富，富于创造性。负面表现为自我封闭，循规蹈矩，喜欢固定的生活和工作程式，不善于创造性思考。

2. 社会人格与人的发展

个体人格特质中要有机地融入社会人格的要素，要有明确的社会人格意识，大学生需要注意以下几点：

（1）在大学生个体人格的培育过程中，有一种普遍的现象，即大多数人只是从自我人格出发，而忽视了与社会人格要求的有机联系。这种“闭门思过”或“闭门造车”式的“人格修养”的结果是不适应社会发展对个体人格的要求的。人格是个体的人与社会互动的产物，是人在社会生活实践过程中对自我人格心理的反思的结果。个体人格必须与社会人格常模经常对照，根据社会要求对自己的人格缺陷或人格偏差不断加以改进和矫正，才具有真正意义上的健全人格。不然，自认为自己的人格是正常的，而走入社会后，就会发现矛盾重重。许多大学生的人格心理矛盾就是这种主观与客观的差距造成的。在心理健康教育过程中，必须自始至终强调社会人格的观念，经常分析社会人格常模，然后将个体人格与其进行比较分析。

（2）社会人格是发展变化的。历史上中国的社会人格有一些严重的缺陷，鲁迅先生称之为“民族的劣根性”，严重地阻碍了社会生产力的发展。在20世纪下半叶尤其是改革开放以来，中国社会人格发生了巨大变化，我们在把个体人格与社会人格进行联系比较的过程中，也必须“与时俱进”，才能紧扣社会人格的主脉络。

（3）社会是复杂的，社会人格也是复杂的。社会进步了，但历史上不良社会人格残余仍会积淀于现实社会之中。大学生由于社会实际经验还很有限，如果不加以仔细甄别，那么在个体人格与社会人格的“接轨”过程中，其效果与理想人格可能会恰恰相反。这是要引起大学生高度注意的。

三、当代大学生的人格特点

大学生处于人格的“再造期”或“夹生饭”阶段，是人格发展的一个非常重要的时期，虽然大学生中人格障碍者所占比例极小，但是，作为一个正在成长中的特殊青年群体，大学生在人格上还是有一些明显的偏差的。了解这一时期大学生的人格特征，是非常必要的。

1. 当代大学生的人格优势特征

大学生的人格优势特征是相对而言的，即其中有着矛盾的方面，对这些人格特征教育者应该是引导而不是压制甚至扭曲，这是高校的教育工作者需要特别注意的问题。

（1）乐于表现自我，自我意识很强。大多数当代大学生是独生子女，成长过程中的心理定式理所当然使他们有着以自我为中心，乐于表现自己、证明自己，愿意展示自己的才华和才能，甚至有些“自私”的行为模式。由于这种心理定势，他们习惯于把自己当成“中心”，而较少考虑到环境和他人对自己的要求。

（2）思想开放独立，人格高扬且“叛逆”。当代大学生有着强烈的独立意识，新时代的他们眼界开阔，敢问、敢说、敢闯。社会经济和资讯的高速发展使得他们发育得更早，显得更早熟，知道得更多，对事物都有独立的看法和想法。他们觉得自己已经具备了独立自主的能力和初步的社会处事能力，不希望父母、老师来为自己包办一切。同前辈们相比，他们有着自我人格高扬的特点，同时也明显表现出新时代大学生“叛逆”的人格特征。

（3）追求自我设计，注重心理发展。社会改革需要当代大学生自我设计发展方向和前途，使得他们把追求自我成就放在了非常重要的位置，他们需要认真考虑自己有关个体发展的各个方面，能够深入全面地了解自我的长处与不足。因此，他们关注自己的心理发展和人格健全，主动积极地要求专业人员的心理辅导，努力发掘自己的心理潜能，以便能使自我得到最佳发展。这已成为各类高校非常普遍的现象，也使得心理学近些年来在高校普遍地兴盛起来，心理辅导开展得如火如荼，但仍然远远不能满足大学生的需求。在中国教育发展史上，这是一个前所未有的好现象。

2. 当代大学生的人格缺陷与不足

由于当代大学生的人格优势特征本身表现出的双面性，他们的人格也存在着某些方面的缺陷与不足。

（1）人格独立性较差。中国的大学生，不管男女或城乡家庭，从小学直到大学毕业，经济上全部依赖家庭，且由于客观上需要长期适应“应试教育”的生活模式，所以虽然他们表面上表现得人格高扬，但实际上他们的人格独立性仍然是较差的。近年来，伴随改革开放与观念的转变，越来越多的大学生通过“打工”“家教”“勤工助学”等活动在经济上逐渐达到一定程度的独立，导致人格独立性有所提升。这是一个可喜的发展变化。

（2）社会人格发展明显滞后。十几年的校园学习生活，使大学生无法较深入地融入社会，因而对社会的认识与感受比较肤浅。相比起来，农村青年、工人青年、中学毕业生，年纪较小就融入社会，感受了人生的酸甜苦辣，因而社会人格发展较早、较好。这就是为什么近些年来用人单位不愿意接受刚从大学校园毕业的大学生，而需要有两年工作经验的人的根本原因所在。

（3）开拓与创新的精神不足。这首先与中国的教育方式有关。中国的教育重“灌输”而不重“探究”，重“接受”而不重“发现”，重“共性”而不重“个性”。这种教育方式使知识成为无须证明就应理所当然加以接受的教条，成为束缚人而不是解放人、让人变得更自由的东西。这必然扼杀了学生的首创精神。关于这个问题近些年来讨论很多，同学们可以自己找资料探索和思考。

(4) 在社会改革进程中困惑较多。中国的大学生由于改革开放所带来的各种变化，如文化的多元化、价值观念的多元化、较多的选择机会（如自主择业而不是组织安排），因而也就具有了较多的困惑。近些年来，大学生罹患精神疾病和自杀的实例不断增多，恰好是这一现象的真实写照。

第二节 人格偏差的类型与表现

心理健康与人格障碍或人格偏差的关系是复杂的，神经症如焦虑症、抑郁症、强迫症、恐惧症等对心理健康的影响是非常明显而直接的，其直接原因是神经症是“自知的”，当事人具有强烈的求医求治的要求。但人格偏差大多是“不自知的”，即使别人指出问题，往往自己也不愿承认，且人格偏差矫正的难度也很大。所以，人格偏差对心理健康的影响对于大学生来说是一个非常重要的问题，值得每一个大学生认真对待。

一、大学生常见的人格偏差

处于青年早期的大学生，其中一部分有人格偏差是很“正常”的。但对此必须要引起高度重视，如果对人格偏差熟视无睹，最终形成为人格障碍的可能性就会大大增强，将会对这部分大学生的未来发展造成不可估量的损失。

1. 人格偏差的含义

“人格偏差”的含义是个体的人格适应有问题，但还未定型，只要加强认识，是很有可能成为正常人格的。这样看待大学生的人格问题，对大学生的人格培育是有益的。由于大学生年龄刚20出头，属于正在受教育的特殊群体并处在“人格再造期”，且其人格问题也没有医学标准的人格障碍那么典型，因此把大学生的人格问题视为“人格偏差”较为妥当。当然，那些极少数典型的人格障碍者除外。

俗话说：“金无足赤，人无完人。”几乎所有的人都存在着某种程度的人格偏差，但这种“偏差”只要不影响其生活、工作和社会交往，都可以看作是人格正常的。大学生要认定自己是否有人格偏差，至少要满足这几个条件：①在思维、情绪或行为模式方面，至少在某一方面与群体有显著差异，这种差异是经常可见的。②在人际关系上明显不和谐，且经常发生冲突或是异常冷淡。③感觉自己的学习、生活或是发展受到“莫名”的影响，经常有令人不愉快的感受且又没有明显的事由。

2. 大学生主要的人格偏差及表现

大学生主要的人格偏差及表现如下：

(1) 自卑引起的人格退缩或自负引起的人格膨胀。

前者表现为：对自己有不满、鄙视、否定的情感。总觉得自己不行，把弱点无限放大。怀疑别人看不起自己，在任何场合都不敢表现。做什么事总是瞻前顾后，生怕出现坏的结果。胆小不敢与人交往。感觉自己越来越弱。自我意识弱化。有的好幻想。对社会有莫名的恐惧感。

后者表现为：总觉得自己相当不错，才华横溢、才能出众或是太靓太帅，周围的人都在崇拜倾慕自己。盛气凌人，总是指望他人为自己服务，而自己又不愿意付出。感觉自己鹤立鸡群，高傲看不起人。人际关系恶劣，但总认为是别人对自己羡慕嫉妒恨。自我中心突出，自恋情结明显。

（2）社会疏离与“过度社会化”。

前者表现为：性情孤僻，有的是想与人交往但由于胆怯而不敢交往，有的是主观上不愿意与人交往。在公共场合中有恐怖心理，想躲得越远越好。总担忧别人在关注自己，而自己的表现又会让人看不起。忧郁、紧张、恐怖的心境总是挥之不去，心境恶劣是常态。

后者表现为：年纪轻轻就以“过来人”自居，有玩世不恭的态度，认为人生苦短不如及早行乐。生活方式上总想开风气之先，装扮新潮。社会交往过度。对社会上的新怪东西趋之若骛，追逐心态强烈。在学校违纪违规成为常态，对批评教育甚至处罚毫不在乎。

（3）过度焦虑或“看破红尘”。

前者表现为：对人对事心理警觉度高，总是处于担忧和紧张之中。休息睡眠少，质量差。对前途总是处于莫名的担忧之中，对社会对自我的感觉都不好。心理敏感度高，好幻想易做白日梦。容易纠缠于琐事与细节，心胸难以开展。总感觉“墨菲定律”如影随形。忧愁心境是常态。

后者表现为：对人生有悲观态度或是宿命论观念，觉得人生几十年“就那么回事”。严重者悲观厌世，无拼搏奋斗之志，有得过且过之意。有的幻想命中能巧遇贵人，福从天降，不劳而获。情感冷淡，对人对事缺乏热情更无激情。

（4）自我中心或过分依赖。

前者表现为：自小形成了凡事只为自己着想，从不考虑别人或团体。精于计算，显得自私。总是用自己的标准去衡量别人，以己之心度人之腹。有的自视甚高且防范心重，缺乏热情，没有知心朋友甚至根本没有朋友。人际关系冷淡，总觉得别人根本不了解自己。从没有感恩之心。苦恼愤懑的心境是常态。

后者表现为：无主见，让别人为自己做大多数的重要决定。无独立性，很难单独进行自己的计划或做自己该做的事。人际交往或做事情总是很被动，自我评价较低。害怕孤独，总想依附“强者”，而当这种关系终结时感到很悲伤因而易受伤害，总感觉“伤不起”。

（5）冲动暴躁或麻木不仁。

前者表现为：遇到冲突就爆粗口甚至亮拳头，不考虑后果。思维直接，为人直率，因而很容易伤害别人。思维狭隘，很少考虑过程和全局。处事简单，不瞻前顾后，容易出问题。人际关系表面上一般，实际上缺乏知心朋友。

后者表现为：由于自小的环境因素或生活经历，缺乏情感表达的途径和形式，社会情感尤其缺乏。对人对事冷漠，面部毫无表情甚至让周围的人感到害怕。内心也想与人交往，但总感觉别人都在排斥和看不起自己，长期苦恼。独来独往，形影相吊。

（6）急躁马虎与拖沓延误。

前者表现为：遇到任务或事情，图快不图质量，甚至马虎敷衍。心里放不得事，性子急。说话不经脑子思考，甚至信口开河。表面似热心、积极，实则责任心不强。做事无计划，反思能力差。容易出现差错。

后者表现为：面对生活或工作中必须做的事情、必须解决的问题，心理上总是有意无意地回避，不主动及时地去处理事情，不果断地去解决问题，成为一种牢固的心理习惯和行为习惯。每做一件事就拖延，而且在拖延中有心理负担，感到痛苦和着急。有的高校曾做过相关调查，发现半数以上的大学生认为自己“存在拖延的症状”。

还有其他的人格偏差，不在此一一列举。

人格偏差可能是单一存在，也可能是交叉的或混合的，如“人格退缩+社会疏离”，“自我中心+人格膨胀”，等等；或是某种偏差表现多一些，某种少一些，要具体分析其表现特征。

矫正人格偏差没有固定的良方，因为每个同学的经历、家庭、教育环境和所受的社会影响都有差异，原因可能是各种各样的。因此，认为自己有“疑似人格偏差”的同学，除了自我对照分析之外，找心理咨询老师寻求专业方面的帮助，是大有裨益的。

二、大学生人格偏差的成因

了解大学生人格偏差产生的原因，有利于人格偏差的矫正。

人格偏差的成因是多方面的，是由生理、心理、社会文化或主观能动性诸多因素共同作用形成的。

（1）遗传因素和脑发育因素。有一些证据表明，正常人格部分是遗传的，但对人格问题还没有取得满意的遗传证据。这个方面对大学生而言主要是冲动型人格偏差，重者需要到医院进行生理检查。

（2）心理因素。在人格发育过程中，儿童早期的环境和家庭教育被认为是非常重要的因素。如单亲儿童、父母过分放纵或过分严厉，对儿童人格的发展有直接的不良影响。父母亲的不良人格会在儿童发育过程中使儿童获得与一般社会标准不符的行式。此外，特别是在学校受教育期间教育环境是否正常，对人格能否正常发展有着异常关键的意义，在大学的心理咨询中发现，相当多的人格偏差是在中小学期间开始形成的。

（3）社会文化因素。如家庭在社会中的地位、家庭的经济状况、个人生活成长的社会文化环境、所接受的大众传媒的影响以及受教育的机会与条件等。现在，社会文化因素对人格形成的影响越来越受到人们的重视。

（4）个体主观因素。大学生在分析人格偏差形成过程中，特别要注意：外部归因与内部归因都是人格偏差的形成条件，不能只着眼于外部归因，把责任推给社会或家庭，应着重于内部归因，主要从自我方面挖掘根源，才能找到解决人格偏差的“钥匙”。

第三节　大学生人格培养的途径和方法

大学生正处于“人格再造期”，要抓住这个有利时期，在正确的理论指导下，深入全面地理解自我，了解社会，把握自我与社会适应要求的差距，不断改进自己的人格，使自己的人格适应社会要求。升华价值观是培养健全人格的基础和核心，改进思维方式是培养健全人格的必要途径，而积极行动并持之以恒才能真正收到实效。

一、基本思路与方法

对“人格问题”诊断必须十分审慎，切勿轻率，要特别注重以下几点：

（1）不能让自己用医学标准的人格障碍来贴标签对号入座，一般不要认定为典型的人格障碍，可名为人格偏差或性格偏差。而人格偏差是大多数人或多或少都会有的。

（2）大学生的人格偏差是发展过程中的问题，是可以矫正的，不宜刻板看待。人格偏差或性格偏差可追溯至少儿时代，追根溯源有利于人格问题的解决。

（3）所谓人格偏差是相对的，只要未影响正常的学习、工作和生活，就不宜归为“人格问题”，而是追求人格进一步完善的问题。

（4）不宜把由认知方面的问题如道德观、价值观和人生观而产生的心理冲突统统归结为人格问题，也不能把人格问题反过来统统归结为认知问题，尽管几乎所有的人格偏差都与主体的认知密切相关。

对大学生人格偏差矫正的基本方法是：

（1）要认识到自己的人格有偏差。由于人格问题往往是不自知的，所以，此点最难。

（2）深入分析人格偏差的形成过程，找准问题的根源。

（3）从人格的个体性和社会性两方面进行人格的全面分析，看哪方面是主要问题。从这些年的情况来看，大学生人格的社会性严重缺乏是最典型的人格偏差。当然，个体之间有差异，所以应具体情况具体分析。

（4）解决问题要从态度和行为两方面同时入手，目前，在心理学领域和职场用人中，五因素人格模式是经常被采用的，它具有个体人格和社会人格的主要要素。大学生人格偏差的行为矫正可按照五因素人格模式的要素进行操作（参见本章后的“心理活动”作业）。

（5）需要特别强调的是，人格偏差的形成有一个相当长的时期，所以人格的矫正也需要较长的时间。只要有长期坚持的信心和坚韧的毅力，是可以达到预期的目标的。

二、升华价值观

对于价值观与心理健康的关系，在心理咨询领域，国内目前有两种不同的观点：一派主张在心理咨询过程中要“保持价值观中立”，另一派则主张“价值观介入”。但无论如何，在大学生的心理健康教育过程中是需要价值观介入的，而且通过价值观的升华来培养大学生的健全人格还应是工作的重心。道理很简单，大学生的心理健康教育是人的全面发展教育的一部分，它与医学心理咨询的工作是有一定区别的。在当今多元价值观并存的社会中，大学生的价值观出现摇摆不定、模糊不清的现象是经常可见的。所以，心理健康教育工作不能对价值观问题“袖手旁观”，关键是采用什么样的方式与方法来正确引导和升华大学生的价值观。

1. 了解升华价值观在培养健全人格中的意义

社会判断一个大学生人格是否正常，主要是看他是否已经成长为一个具有成熟的社会意识、社会观点、社会态度和道德立场的社会人，他的性格是否符合大多数人的行为模式。可以从以下几方面了解升华价值观在培养健全人格中的意义。

（1）价值观是健全人格的核心因素。人格的核心是性格，性格的核心是态度，态度的核心是价值观。因此，升华价值观在培养健全人格中的作用，其重要性怎么强调都不过分。

（2）价值观的确立与稳定是人格健全的基本标志。判断一个人的人格是否健全主要看他是否已经成长为一个具有成熟的社会意识、社会观点、社会态度和道德立场的社会人，即看他是不是已经有了明显而稳定的社会定向和道德定向，并依此去行动。只有当一个人形成和确立了稳定的价值观，并在此基础上确定了明确的社会和道德定向时，我们才能说他的人格是较为健全的。

（3）个体表现出来的稳定的行为模式是性格的最明显标志。价值观的确立与稳定的行为模式是人格健全的外部表现。个体的行为模式或生活方式最能体现他的人格特质。个人已确立和稳定了的价值观决定他做什么或不做什么、追求什么或不追求什么，因而直接支配和调节着他的行为模式。可以这样说，一个人有什么样的价值观，就会有什么样的行为模式。正是由于个体价值观的形成与确立，才能更好地调整自己的行为模式，使之更加完善和稳固。

（4）个体价值观的确立与稳定是人格成熟的重要标志。人格的发展过程在一个人的整个生命历程中都在进行，它是一个不断完善的过程。价值观不仅在人格的形成过程中有重要意义，而且在人格的继续发展和完善中也有重要作用。

2. 检查价值观在人格培养中的各项功能

（1）检查个体价值观的定向功能。价值观规定了一个人的行为取向和追求目标，从而也决定了他的发展方向。人们总是追求符合自己价值观的东西，摒弃违背自己价值观的东西，也总是做自己认为有价值的事，不做自己认为无价值的事，因此检查自己的价值观是否符合社会的主流价值观就显得尤为重要。

（2）检查个体价值观的解释功能。价值观是对外部世界的一种内在解释系统。个体在认识、评价事物和关系时，不仅要从外界事物本身的属性出发，往往还要从自己的价值观出发，受其指导和调节。一个人的认识和思想也许不符合外界事物的规律，但却往往符合他的价值观。有时候，人还会仅仅从自己的价值观出发，有意无意地歪曲客观事实和外部规律。一个人对事物的认识和理解是否正确，与他的价值观是否正确有很大关系，所以检查自己价值观的解释功能是一项经常要做的事情。

（3）检查个体价值观的过滤功能。个体在现实生活中无时无刻不在面临着选择，以确定接受什么样的影响。在人的选择活动中，价值观起着重要的过滤作用。符合个体价值观的外部影响容易为他接受，而违背其价值观的外部影响则较难被他接受，甚至会遭到抵制和反抗。价值观就好像人的心理体系中的一个过滤器，周围现实生活的各种影响，都要经过它的筛选和过滤，才能对人发生作用，它保证了人的选择性。所以检查自己价值观的过滤功能也是一项经常要做的事情。

（4）检查个体价值观的调节功能。无论什么人都自觉不自觉地以他的价值观来规范和约束自己的社会行为和活动方式。价值观作为人的本质的稳定的态度体系，并不一定都能为个人所意识到，有的人能够以一整套理论表明他的价值观，并自觉地依之去行动，但不少人并不能够向人们表明他的价值观，或者根本就不知道自己有什么样的价值观，但是他们却不自觉地按自己的价值观去行动了，他们的行为实际上就说明了他们的价值观。因此不管是有意识的，还是无意识的，人的行为和活动总是受其价值观调节的。所以检查自己价值观的调节功能是否处于觉醒状态、是否真正有效也是不可忽视的。

（5）检查个体价值观的操作功能。大学生的价值观要具体化。大学生还没有正式走入社会，也没有正式进入职场，所以价值观就有可能空洞或不切实际。要升华自己的价值观，就一定要明确社会要求大学生具备哪些方面的东西，自己将从事的职业有什么社会价值和个人价值。这就是价值观的具体化或操作功能。只有做到了价值观的具体化和可操作性，才能说真正实现了价值观的升华。

（6）检查和防范个体价值观的反向功能。人有什么样的价值观，他就会倾向于把自己塑造成什么样的人格。如果从极端个人主义出发，一味地强调个人的自由和利益，单纯从个人的利益、自由出发进行价值选择，就会发展出不健康的、软弱无力的、低劣的人格品质，甚至误入歧途。历史上和现实生活中，这样的例子并不少见。所以防范个体价值观的反向功能也是一项不得不经常要进行的艰巨任务。

三、改进思维方式

大学生的思维方式与其人格偏差是有紧密关联的，如偏执型人格退缩、人格膨胀；被动攻击型过度焦虑、“看破红尘”；依赖型和心境恶劣型自我中心等人格偏差，就与当事人的思维方式有着紧密联系。改进思维方式和心理策略，有利于大学生健全人格的形成。

人格障碍或人格偏差的矫正，迄今为止仍然是国际难题。其根本问题就是神经症是自知的，有躯体症状，当事人有求治要求；而人格障碍或人格偏差没有躯体症状，是不自知的，对此如果没有深入的认识就谈不上主动进行矫正。一般来说，通过学习心理卫生知识并进行认真分析，是完全可以达到自知程度的。大学生通过对自己人格的全面分析，可以知晓个体人格心理哪些方面是好的，应该继续发扬；哪些方面是不好的，应该设法加以改进。对大学生长期心理健康教育的实践经验表明，通过改进思维方式和心理策略来矫治人格偏差，收效快，效果好。那么，大学生如何改进自己的思维方式和心理策略呢？

1. 正确认识自己

想要正确认识自己，首先思路得改，思路决定出路。大学生要勇于解剖自己。大多数人有一个非常坏的习惯就是自我感觉良好（或相反），不考虑如何改变自己。不断地“否定”（扬弃）自己才是自信的表现，是一种优秀的人格品格，也是人格健全培养的必备品格。大学生要认识到自己并不是“天之骄子”，当然更不是社会的弃儿。每人都是平常而平凡的人。从日常生活中的大量观察可知，凡自认为不平凡的人就会有不正常的表现。相对而言，自卑的人也会不正常。自负与自卑形成了人格偏差两极的不同表现特征。每个人都有自己的长处，也有自己的短处，要善于发挥所长而补其所短。不因所长而自负，不因所短而自卑，就会充满自信，人格也就会较为正常。

2. 客观面对现实

现实社会异常复杂，真善美与假恶丑、公平公正与诸多不合理的现象同在。如果纯粹用理想的观点来看待社会现实，就会充满烦恼、沮丧和愤懑，就会怨天尤人，就会在日常生活中表现出许多变态反应。对社会认识过度理想化或持敌对态度的人易产生人格偏差，因为这些人的思维方式与社会大多数人是不一样的。大学生仍处于理想化时期，面对社会百态，既要坚持正义，又要实事求是。持比较客观的态度，才会心理平衡，自然会人格正常。

3. 增强事业心责任感

有抱负有事业心的人人格一般比较正常。因为这些人整天忙于学习和工作，没有时间去关注别人对自己的评价与态度，因而也就没有时间去“自寻烦恼”。而那些抱负水平低的人由于心理能量过剩，自然而然会关注很多无关信息，对别人关于自己的评价和态度异常敏感，久而久之就会对外部刺激做出过度反应，最终形成人格偏差。人生、事业与成就都必须经历一个较长的过程。正常人会把大部分精力投入这个过程之中，但有些人完全不是这样，他们不注重过程，只关注结果，还自以为“看破红尘”，既懒于奋进又愤愤不平。那些“看透社会”或“看破红尘”的人常与社会格格不入，必然导致人格变态。大学生应把主要精力放在学习和对未来事业追求的过程之中，那么对每一小步前进都会感到由衷的喜悦，就会不断有成就感。努力奋进，顺其自然，人格自然会趋于健全。

4. 避免过分计较过度分析

过分计较利害得失的人易导致变态。此类人纯粹是以自我为中心的，因此大学生不可患得患失，要有拿得起放得下的宽阔胸襟和气魄，自然就会心态平和，人格正常。过多地进行自我心理分析的人也易导致心理不正常。普通人的专业心理知识非常有限，如果过多地进行自我心理分析，只会导致死钻牛角尖，往往空耗时间而于事无补。正确的方法是一旦认定方向、确定策略之后，就要付诸行动并持之以恒。总之，有抱负、有追求、热爱生活、热爱社会并且积极行动的人，其人格都比较正常。

四、培养良好习惯

改变行为模式，培养良好习惯是培养健全人格最为直接的路线。培养良好的行为习惯要注重以下几个方面。

1. 有解剖自己的勇气

许多大学生心理咨询案例表明，想要健全自己的人格，必须要有一个端正的态度，敢于分析自我，善于分析自我（在专家指导下）。敢于直面自我人格的真实面目，由于人格问题往往是“不自知”的，那就需要多观察多比较，多方面听取别人对自己的评价，逐渐加深对自我的认识，才能了解自己人格的“真面目”，为培育健全的人格创造前提条件。

2. 有社会适应的观念

大学生在校期间要通过各种途径了解社会。社会是复杂多变的，适应方式也应当复杂多变。适应方式的贫乏与反应的单一性，“以不变应万变”，自作主张，行为完全自控而不接受他控，自我调节能力又差，这些表现正是人格偏差的一种特色。社会本身有其健康、健全与合理的一面，也有其病态与不合理的一面。社会本身是五颜六色的，社会不制造人格偏差，只为人格的形成与发展提供可选择的行为方式与生活方式。因此可以说，一个人是要人格健全还是要人格障碍或人格偏差，实际上是人的发展的一种选择。社会适应的观念会使大学生较快地具有良好的社会人格特质。

3. 有坚持不懈的精神

正确认识自己的人格问题之后就要有坚强的意志力来克服和矫正自己的人格偏差。健全人格的养成需要一个较长期的过程。坚持不懈，必有喜人的收获；浅尝辄止，可能收效甚微，甚至落入周而复始的“人格怪圈”。

大学生的人格改进，重在实践中探索，必须使自己行动起来，在社会互动中发现自己的人格偏差或人格缺陷，在社会互动中检验人格改进的成效，在社会互动中使自己的人格逐步走向健全。

思考题

1. 谈谈个体人格与社会人格的区别和联系。
2. 何谓健全人格？健全人格具有哪些特点？
3. 试论价值观与培养健全人格的关系。
4. 如何矫正人格偏差，培养健全人格？

心理活动体验

分析自己的人格特质、优缺点，并提出改进方法

你可以根据下列的五大人格因素，找到你对应的优缺点，列出条目，然后逐项提出针对性的发扬优点、改进不足的具体方法。这样坚持，你的人格将会大有改进。

1. 外倾性

正向：热情的、爱表现的、健谈的、善社交的、精力旺盛、开朗的、果断的、坦率的

负向：保守的、害羞的、退缩的、缄默的、孤独的、不合群的

2. 宜人性

正向：同情的、和蔼的、有感情的、热心的、慷慨的、信任的、友好的、助人为乐的

负向：挑剔的、冷漠的、不友善的、好争辩的、多疑的、刻薄的、易怒的

3. 责任感

正向：负责任的、计划的、有效率的、可依赖的、认真的、刻苦的、细心的

负向：粗心的、无秩序的、无计划的、浮躁的、马虎的、懒惰的

4. 情绪性

正向：稳定的、冷静的、满足的、不情绪化的、平静的、安全的、自在的

负向：紧张的、情绪化的、忧虑的、敏感的、冲动的、不稳定的、沮丧的

5. 开放性

正向：兴趣广泛的、有想象力和独创性的、有洞察力的、聪明的、智力高的

负向：平庸的、兴趣狭窄、狭隘的、刻板的、创造性差、缺乏好奇心的

课外心理拓展

1. 书籍：《马斯洛说完美人格》，马斯洛著

马斯洛是美国著名心理学家。全书汇集了马斯洛核心的人本主义思想智慧，马斯洛在本书中探讨了健全的人格和健康的关系，他认为我们每个人都有一种内在的本性，在某种程度上是“自然的、内在固有的、大自然赋予的”，并且通常是善的。一个人的这种基本核心一旦遭受否定或被压抑，他就会生病。他强调如果能允许内在本性来引导我们的生活，那么我们就会变得健康、成功，并且因此而幸福。

2. 电影：《黑天鹅》

本电影通过挑选天鹅舞演员的故事揭示了女主角人性中顺从与阴暗共存的一面。在芭蕾舞《天鹅湖》排练的过程中，因前领舞 Beth 离去，总监 Thomas 决定海选新领舞，且要求领舞要分饰黑天鹅与白天鹅。Nina 在排练过程中从那个循规蹈矩的顺从者，一步步触碰到自己内心所隐藏的激烈的阴暗面，然后撕裂结痂，直击心中的真“恶”，并与之反抗，展现了人性中善恶截然分开所带来的心理折磨。

第四章　成为主动的学习者
——大学生学习心理

喜欢读书，就等于把生活中寂寞的辰光换成巨大享受的时刻。

——孟德斯鸠

学问是苦根上长出来的甜果。

——李嘉图

第一节　学习相关理论与大学生学习特征

学习是伴随人类生活始终的一项活动，正是因为有了学习，人类才在物种的进化中，获得这得天独厚的优势，实现自身生命的不断超越。作为一名大学生，不仅需要努力学习，更重要的是要学会学习，学会高效率地学习。那么什么是学习，大学生学习有哪些特点呢？

一、什么是学习

目前，国内对学习的界定没有统一的标准，一般来说，学习是个体获得经验、引起行为变化的过程。理解学习应注意把握以下要点：

（1）个体行为有变化才是学习的体现。

（2）这种变化是后天习得的，不包括成熟和先天反应所引起的变化。

（3）这种变化也不是药物、疲劳等引起的，因而也是相对持久的。

学习分为广义的学习与狭义的学习两类，广义的学习包括人类的学习和动物的学习，指人和动物在生活过程中，凭借经验而产生的行为或行为潜能相对持久的变化。狭义的学习是指学生在学校里的学习。学生的学习是人类学习的一种特殊形式，它是在教师的指导下，有目的、有计划、有组织进行的过程，其目的是在相对集中的时间内系统地掌握科学知识和技能，开发智能，培养个性，形成一定的世界观与道德品质。

二、学习的相关理论

1. 认知学习理论

认知学习理论强调个体学习的内部心理过程，注重内部心理结构、认识结构对学习的影响，在这方面具有代表性的观点有苛勒的顿悟说、布鲁纳的发现学习、奥苏泊尔的接受学习论。

（1）苛勒的顿悟说。顿悟说是德国心理学家苛勒提出的一种学习理论。他认为学习是知觉的重新组织，知觉经验变化的过程不是尝试错误的渐进过程，而是突然顿悟的结果。这种顿悟是个体借助问题情境中的各种事物之间的关系，对整个情境、对各事物间的整体关系产生理解即形成完形的结果。

（2）布鲁纳的发现学习论。美国著名的教育心理学家布鲁纳认为学习的实质是学生主动地通过感知、领会和推理，促进类目及其编码系统的形成的过程。他强调学习是掌握知识结构，也就是学习事物之间是怎样相互关联的。布鲁纳提倡发现学习，主张教师在教学中要创造条件，让学生通过参与探究活动发现基本原则和规则。

（3）奥苏泊尔的接受学习理论。奥苏泊尔根据学习材料和学习者已有知识之间关系的不同，把学习分为机械学习和意义学习，意义学习是指新知识与学习者已有认识结构中的知识能建立一种实质性的联系，即新知识与学习者原有知识之间能建立合乎逻辑的有意义的联系。

奥苏泊尔认为，学生在课堂教学中的学习应以有意义的接受学习为主，他认为新知识与已有知识之间可以构成 3 种关系：上位关系、下位关系和并列结合关系。同时，他还提出了影响已有的知识对新知识的获得和保持的 3 个因素：一是原有知识对新知识的可利用性，二是新旧知识之间的可辨别性，三是原有知识的稳定性。

2. 行为主义学习理论

行为主义者认为，学习就是形成刺激与反应之间的联结。他们的基本假设是：行为是学习者对环境刺激所做出的反应。他们把环境看成是刺激，把有机体的行为看成是反应，认为所有行为都是习得的。行为主义学习理论应用在学校教育实践上，就是要求教师掌握塑造和矫正学生行为的方法，为学生创设一种环境，尽可能在最大程度上强化学生的合适行为，消除不合适的行为。

美国心理学家约翰·华生在 20 世纪初创立了行为主义学习理论，后在桑代克、斯金纳的影响下，行为主义学习理论在美国占据主导地位长达半个世纪之久。斯金纳更是将行为主义学习理论推向了高峰。他提出了操作性条件作用原理，并对强化原理进行了系统的研究，使强化理论得到了完善。斯金纳根据操作性条件作用原理设计的教学机器和程序教学曾经风靡世界。

（1）华生的观点。华生认为，人类的行为都是后天习得的，环境决定了一个人的行为模式，无论是正常的行为还是病态的行为都是经过学习而获得的，也可以通过学习来更改、增加或消除。他认为查明了环境刺激与行为反应之间的规律性关系就能根据刺激预知反应，或根据反应推断刺激，达到预测并控制动物和人的行为的目的。他认为，行为就是有机体用以适应环境刺激的各种反应的组合，有的表现在外表，有的隐藏在内部。在他眼里，人和动物没什么差异，都遵循同样的规律。

（2）斯金纳的观点。他认为心理学所关心的是可以观察到的外表行为，而不是行为的内部机制。他认为心理学必须在自然科学的范围内进行研究，其任务就是要确定实验者控制的刺激与有机体反应之间的函数关系。当然他不仅考虑到一个刺激与一个反应之间的关系，而且考虑到了那些改变刺激与反应的关系的条件。

3. 建构主义学习理论

构建主义学习理论把学习看成是学习者通过新旧经验间的相互作用构建自己的经验

体系的过程。它强调学习的主动性，即学习是学习者主动建构的过程，强调学习的情境性，即学习情境必须有利于学生对学习内容的意义建构；强调学习的社会性，即学习者以自己的方式构建对于事物的理解，不同的人看到的是事物的不同方面，不存在唯一的、标准的理解。建构主义从上述学习观出发，提出一些教学方法，包括随机通达教学、自上而下的教学、情境性教学、支架式教学等。

三、大学生的学习特点

高职学生的学习与本科学生的学习相比，既有相同之处，又有它独有之处。本科阶段主要是系统的理论学习，而高职学生既要学习一定的专业理论知识，还要学习一定的专业技能，根据社会对技能型人才综合素质的要求，学生按照自身的特点和兴趣选择相应的学习内容，采用多种学习方式建构自己的知识与技能体系，以适应社会的需要。总体来说，主要有如下几个特点。

1. 职业性

高职院校学生的学习职业性是指高职院校学生的学习有一定的职业定向性与专业指向性，实际上是一种针对性很强的专业学习。这种职业性是随着社会对本专业要求的变化和发展而不断深入的，知识不断更新知识面也越来越宽，技能要求越来越高。适应当代社会发展的既高等分化又高度综合的特点，确立更具体、更细致的专业目标是高职学习的显著特点。

2. 自主性

培养高职院校学生“学会学习”是现代教育的主流思想，它要求学生既善于从课堂学到知识，又能充分利用学校的实验实训条件、场地仪器设备、图书资料、学习环境、网络等手段积极主动地学习，有意识地培养自己多方面的才能，学会自我学习，掌握学习方法和提高学习能力。大学期间必须学会自学的本领，因为自学能力已成为决定高职院校学生学习效果的主要因素，是适应大学学习自主性的一个重要方面。同时，大学生在校期间通过自主学习，总结、摸索一套适合自身特点的自学方法，毕业后才能不断地吸取新知识，进行创造性的工作。

3. 广泛性

广泛性反映了高职院校学习的多层面、多角度的特点，表现为高职院校学生在学习过程中不仅可以通过各种途径和渠道吸收知识，而且可以依据广泛的兴趣去探求课程之外的知识。除了上课时间之外，学生有较多时间自由支配，既可以在学校为其提供的各种条件下进行广泛学习，如在图书馆、阅览室查阅资料，通过参加学术报告、知识讲座、专题讨论、社会调查等活动获取知识和信息，也可以通过实验、实训、社会实践获得技能。众多形式为学生从不同层次、不同角度学习知识创造了条件。

4. 选择性

选择性是指学生对学习内容具有一定程度的自由挑选权。虽然学生入学后重新选择专业的机会不多，但是学校为学生开设了大量的选修课程，学生可以依据自己的兴趣特长，在学科方向课程内容方面进行灵活选择。

5. 实用性

高职院校的人才培养目标是为社会提供应用型、技能型人才，应该说高职教育更侧重实用性。高职院校学生通过几年的在校学习，不仅学习了较为系统的专业理论，而且更重要的是掌握了相关专业的基本技能，如获得了本专业与相关专业的技能等级证书。一般来说，高职院校的学习更加契合我国现阶段对技能型人才的要求。

6. 探索性

高职院校的学生不仅要掌握专业知识技能，而且随着对专业的不断深入了解，还应对本专业的各个领域进行探索，对一些问题提出自己的新观点、新见解、新方法和新工艺。

第二节　学习与心理健康

学习是现代人赖以生存的必要条件，学习能促进人的全面发展。如何对待学习，怎样学习，学习什么，学多少等与学习有关的因素，也会对心理健康有不同性质、不同程度的影响。

一、学习对心理健康的积极影响

学习对大学生的心理健康和心理发展有重要影响。学校的学习是指学生在教育情境中和教师指导下，通过掌握间接经验而产生比较持久的能力或倾向的过程。

（1）学习能发展智力，开发潜能。人生来就有各方面的发展潜能，但这些潜能必须通过学习才能发挥出来。一个人的智力也是在学习过程中不断发展的。心理卫生学认为，一定的智力水平是心理健康的基础，而潜能的开发程度则反映了心理健康的水平。

（2）学习能带来满足，创造愉快。心理学专家认为，献身于某些引人入胜的工作，是实现心理健康的基本条件。乐于学习的学生常常能从学习中找到乐趣，每当学习、工作中取得成绩时，就会发现自己的价值和尊严，就会有一份喜悦和满足。而当遇到不如意的事情时，若能埋头学习，把消极情绪升华为学习的动力，就能忘掉苦恼，并能从取得的成绩中得到安慰。因此，大学生积极主动地学习有利于维护心理健康。

（3）此外，大学生的学习活动还有助于纠正错误的认知观念，发展正确的认知方式；有助于发展健康的情绪和高级情感；有助于培养健全的人格，改善个性品质，提高自己的适应能力；有助于建立和谐的人际关系等。这些都能对心理健康产生积极的作用。

二、学习对心理健康的消极影响

学习既能对心理健康产生积极的、有益的影响，又能对心理健康产生消极的影响。如在学习活动中，学生如果期望值太高，负荷过重，将会使心理压力过大而引起身体和心理的不适应；如果学习难度过大，容易使人产生畏难情绪，甚至失去信心；如果学习方法不当，则会事倍功半，使学习积极性受挫；如果学习的内容不健康，会严重污染大学生的心灵；如果劳逸结合不当，忽视了必要的休息娱乐，则会导致过度疲劳。这些情况会直接或间接地影响大学生的心理健康。

三、心理健康对学习的影响

学习是一种非常复杂的心理现象，它不仅与感知、注意、记忆、思维、想象等认知过程直接相联系，还涉及人的动机、情绪、态度、意志、个性等各种非智力因素。因此，不能简单地在学习与智力之间画等号，不能武断地认为，学生的智力好、智商高，学习成绩就一定好；反之，也不能由学习成绩的好坏来推断学生智力的高低。经过“过五关、斩六将”，通过严格选拔而进入高校的大学生，就普遍意义而言，其智力起点比较高，智力的个体差异较小。按理说，他们的学习成绩应该相差不大，但事实却不是这样。同一班级或同一年级的大学生的学习成绩差别比较大，有的成绩优秀，而有的则对学习感到吃力。为什么会出现这种状况呢？原因是多方面的，其中心理健康状况的影响就是一个重要原因。心理学研究表明：心理健康状况对大学生的学习有着重要的影响，心理健康状况良好，对学习有很大的促进作用；反之，若心理健康状况不良，甚至有心理疾病，则会不同程度地妨碍大学生学习，阻碍大学生潜能的发挥，严重者甚至无法学习。

研究发现：大学生的学习成绩与智商两者之间并没有对等关系，有的大学生虽然智商不高，但学习成绩突出，有的大学生智商很高，但学习成绩平平，甚至较差。对于具备一定智商基础的大学生来说，学习动机、学习兴趣、情绪、态度、意志、个性等心理因素对学习更具有影响力，因此，良好的心理健康状况，对于大学生的学习有很大的促进作用。反之若心理健康状况差，入学后极易产生心理障碍，阻抑潜能的发挥，严重者甚至无法学习以致被迫休学、退学。

第三节　大学生常见的学习心理问题与调适

对大学生来说，学习是天职，是大学校园永恒的中心话题。学会学习必须学会调适学习心理问题。下面针对大学生中常见的学习心理问题做一些分析和探讨，并提出有针对性的建议，让大学生能做到“我的学习我做主”。

一、学习动力缺乏与调适

案例：小枫是一名大三学生，入校时成绩在班上居于前列。但小枫生性好玩，中学时老师和父母管得紧，成绩还不错。进入大学后，大学的宽松环境让贪玩而缺乏目标的小枫陷入了网络成瘾的泥潭。老师和同学尽力教育帮助，甚至辅导员老师在征得其同意后收管了他的笔记本电脑。但是小枫仍然想方设法、节衣缩食上网吧，每周大半时间都泡在网吧里。小枫经常逃课，精神消沉萎靡，作息严重不规律，健康都受到了损害，功课落下很多，到大三时已有六门功课不及格。远在千里之外的父亲只好暂时放下工作，请假一个月来学校监督儿子准备期末考试。小枫非常自责、内疚，很想根除网瘾却总是难以自律。他认为是因为进大学后没有明确的奋斗目标所以导致大学学习动力不足，另外缺乏自律也是一个重要原因。

1. 学习动力缺乏的表现

（1）厌倦学习、逃避学习。进大学前 12 年甚至更长时间的高强度学习让学生进入大学后有一种“船到码头车到站”的感觉，厌倦学习，没有动力。不愿上课，千方百计逃课；上课无精打采，下课生龙活虎；作业拖拉，考试投机取巧甚至作弊。

（2）成就欲望低，无抱负和理想。这些学生无求知欲和上进心，没有压力，没有紧迫感。很多学生入大学前的学习与生活都是由老师与父母所掌控的，自己没有规划与追求，进入大学宽松的环境中，无所适从，无所事事。

（3）学习动机功利化。读大学仅仅为了未来的一份好工作和高薪水，功利目的在大学生的学习动机中盛行，以至于校园中“为了追求真理”而探索钻研、刻苦学习的学生少之又少。就如一位社会学家所讲的，在这样一个学历社会、证书社会里，如果大学学历不意味着体面的工作和丰厚的薪水，那么如此费心进行学习的人就微乎其微了。

（4）无明确学习目标。有些学生以考上一所大学为追求目标，进入大学后就没有了人生规划与发展方向。学习无计划，过一天是一天，做一天和尚撞一天钟。

2. 学习动力缺乏的原因

（1）“高考后遗症”。在基础教育阶段，无论是学校还是家长，基本以高考指挥棒来评价教育的效果。学生在高考指挥棒的指挥下，“书山有路勤为径，学海无涯苦作舟”，长时间浸泡在题海、作业之中，很少有学生能发自内心地体会到学习的乐趣。他们在中小学阶段所有的坚守都是为了一个目标：进入一所令自己满意的大学。一旦进入大学后，很多大学生会觉得我已经累了十二年甚至更长时间了，我已经学得非常疲惫了，我的目的达到了，我想休息、娱乐了，因此缺乏深远的学习动力。

（2）目标定位不清。很多大学生不明白“我是谁”，不清楚在大学期间“我需要什么”，缺乏大学规划与生涯规划，只好瞎打瞎撞。另外，学习动机不正确，社会责任感不强，自我意识不成熟，自我效能感缺乏，学习方法不当，态度不端正，毅力不够，对专业不感兴趣等。

（3）新的“读书无用论”影响。全社会尚未真正形成尊重知识、尊重知识分子的良好氛围，知识分子的社会地位和经济地位尚未彻底改善；大学生择业机制尚不健全，就业中不合理、不公平现象依然存在。这影响到部分家长和大学生轻视大学学业，认为读了大学跟中学毕业早日打工挣钱没有实质性差别，新的“读书无用论”促使他们缺乏深远的学习动力。

（4）学校原因。学校没有尽早给学生做专业规划、专业发展方向教育，使学生不了解所学专业、更不了解所学专业以后的发展前景。此外，专业设置过细，口径过窄，一定程度上脱离社会需要，导致择业困难，学用脱节，用非所学，课程设置不合理，教学内容陈旧，方法刻板、单一，教学效果不佳；教学管理不严，教学条件跟不上等，也使大学生学习动力不足。

3. 学习动力的有效激发

（1）明确大学学习目标。大学生首先要问自己一个问题：“我为什么上大学？”以前或多或少是在父母与老师的安排与期望下考入了大学，进大学后就应当为自己的人生与前程奠定一个坚实的专业基础。只有学生很清晰“这是我的大学”“我需要一个这样的大学”时，学习才会保持正确的方向和保有不竭的动力。当然，学习目标的设置也应恰当，过低过高都不行，过高达不到，易失去信心；过低不费力，又起不到激励作用。要想使自己的学习保持高涨的积极性，为自己设置适当的学习目标是非常重要的。一般来说，那些具体的、短期内能实现的，难度中等的目标可以有效激发学习的积极性。我们在学习中可以有长远目标或总体目标，但在具体的学习中可以将长远目标或总体目标分成多个具体或近期的子目标，每完成一个子目标就会获得一种成就感或成功感，随着成功机会的增多，我们的自信心也随之提高，学习的积极性就会被激发并保持。

（2）培养学习兴趣。我们常说“知之者不如好之者，好之者不如乐之者”。培养学习兴趣，需要大学生多读、多听、多看、多动手、多参与。多读与专业相关的书籍、报纸、杂志，把握学术动态；多听学术报告会，了解学术动态和本学科当前最新研究成果；多看一些学术成就展览，以激励兴趣；多动手参加实验活动，亲自动手操作，在操作中将理论联系实际，并增长技能；积极参加学校各种科技文化活动，包括各种小发明、小创造活动，有条件的还可参与教师的科研项目，锻炼科研能力。大学生要基于对科学知识与技术的学习、研究和创新，基于对真理的追求、对知识的好奇等内在动机进行学习研究，而不是完全基于获得学历证书、获得外在奖励等外在动机来进行学习研究。只有这样，学习才能拥有持久而深远的动力。

（3）进行积极归因。归因理论告诉我们，当我们把一件事情的成功归因为我非常努力、把失败归因为我努力不够，而不是把成功归因为我很聪明或者运气很好，也不是把失败归因为我不够聪明以及运气差，这样归因可以让大学生认识到学习的成败是掌握在自己手中的，学习的好坏取决于自己努力的程度。德韦克（Carol Dwerc，1973）曾对一些数学成绩差又缺乏自信的学生进行归因训练。在训练中，让学生解答数学题，当他们成功时，告诉他们这是努力的结果；而当他们失败时，告诉他们这是因为努力不够。经过一段时间的训练，学生不仅学习努力，而且增强了学习信心，提高了成绩。另外，香克（D. Schunk，1984）的研究发现，在归因训练中，一方面让学生感觉到自己努力不够，把失败的原因归结为努力因素；另一方面及时反馈学生努力的结果，这能让学生感觉到自己的努力是有效的。这样能让他们从无助感中解脱出来，通过坚韧不拔的努力获得学业成就。大学生能考上大学，说明他们的智力水平和学习能力是没有问题的，当学生在学习上暂时遭遇困难时，引导学生从努力程度、学习方法、学习态度等方面找原因，有针对性地进行改进，训练学生把学习的成败掌握在自己手中。

（4）增强自我效能感。自我效能感是指一个人感到自己能够胜任和有效的感觉。学习者的自我效能感是学习者对自己能否成功完成某一任务能力的主观判断，这种主观判断是随着学习者在学习中获得成功概率的增长而增长的。如果一个学习者能从简单任务开始，不断积累小成功，并逐渐增加任务难度，就会提高对自己能力的判断。当自我效能感增强了，有了充分的自信心后，即使遇到一些挑战性的任务或遇到暂时的失败或挫折，我们也能保持积极进取的学习状态。况且自我效能感还是可以迁移的，在某一学科获得的自我效能感的增强，在许多条件下也可以迁移到其他学科。

【拓展阅读】

巴金的读书方法

著名作家巴金的读书方法十分奇特，因为他是在没有书本的情况下进行阅读的。读书而无书的确算得天下第一奇了，这到底是怎么回事呢？巴金说："我第二次住院治疗，每天午睡不到一小时，就下床坐在小沙发上，等候护士同志两点钟来量体温，我坐着一动也不动，但并没有打瞌睡，我的脑子不肯休息，它在回忆我过去读过的一些书，一些作品，好像它想在我的记忆力完全衰退之前，留下点美好的东西来。"他的读书法就是静坐在那里回忆曾经读过的书。

这样读书有许多好处：

(1) 不受条件限制，可以充分利用时间。巴金举了两个例子：一个是苏联卫国战争期间列宁格勒长期被德军包围的时候，有一位少女在日记中写着"某某日，《安娜·卡列尼娜》"一类的句子。当时没有电，也没有蜡烛，整个城市实行灯火管制，她不能读书，而是在黑暗中静坐回忆书中的情节。托尔斯泰的小说帮助她渡过了那些恐怖的黑夜。另一个例子是他自己在十年内乱中的亲身经历。他说："如果那时候允许我照自己的意思写日记，我的日记中一定写满了书名。人们会奇怪，我的书房给贴了封条，加上锁，封闭了十年，我从哪里找到那些书来阅读？他们忘了人的脑子里有一个大仓库，里面储存着别人拿不走的东西。"这两个事例说明，在一切不具备正常读书条件的情况下都可以"读书"。

(2) 温故而知新。通过回忆，人们可以将过去读过的书拿出来一点点地咀嚼，能进一步消化吸收。每回忆一次都会有新的理解，新的认识，新的收获。

(3) 能够不断地从已读过的书中吸取精神力量。巴金说："我现在跟疾病作斗争，也从各种各样的作品中得到鼓励……即使在病中的我，没有精神阅读新的作品，过去的精神财富的积累也够我这有限余生消耗的。一直到死，人都需要光和热。"

二、学习效率低下与调适

案例：小乔是一名大三学生，从进大学以来学习一直很努力，除了吃饭、睡觉外，几乎所有时间都在学习，成绩也不错。最近临近期末考试，他突然感觉十分疲劳，连拿笔时都觉得手很沉，脑子也不太好使了，常感觉心慌、气短，食欲变差，睡眠也受到严重干扰。学习时他总是提醒自己要专心、提高效率，可就是无法集中注意力，记忆力下降，思维混乱，反应迟钝了很多，为此疲惫、烦躁，一点小事就能惹他发脾气。

1. 大学生学习效率低下的表现

学习效率低下的最重要表现是学习疲劳，这就是学习疲劳的案例。学习疲劳是指学习者由于学习过度或学习方法不当而产生的学习效率逐渐降低，并伴有渴望停止学习的现象。学习疲劳包括生理疲劳和心理疲劳，一般来说，生理疲劳相对心理疲劳要容易恢复一些，但大学生的学习疲劳以心理疲劳最为常见。

(1) 生理疲劳。生理疲劳是指生理机能上的失调，包括肌肉疲劳和神经疲劳。极度的生理疲劳可能造成肌体受损及神经功能紊乱，小乔拿笔都觉得手很沉，以及食欲变差，睡眠受到严重干扰等就是典型表现。出现上述现象的原因是大学生学习内容过多、学习时间过长。

（2）心理疲劳。心理疲劳是指学习者主观上感觉疲劳，表现为对学习感觉疲倦，情绪紧张、不安、烦闷、易怒，精神涣散、注意力不集中，导致学习积极性和学习效率大大减退，甚至造成学习困难。

2. 大学生学习效率低下的原因

导致大学生学习效率低下的原因是多方面的。

（1）自学能力欠缺。小学、中学单纯应考的学习模式，使相当一部分学生习惯了在老师和家长的安排下按部就班地学习，其自主学习能力没有得到有效训练。当他们进到大学，大学强调的不只是知识学习更强调思维训练，更强调其学习自主性和自学能力，他们会感觉束手无策而高度焦虑，只好以多年来形成的苦读习惯应对大学的学习任务，这显然是力所不及的，从而导致疲劳战术和学习效率低下。

（2）时间管理能力有限。大学的学习科目涉及公共课和专业课，还涉及知识学习、技能训练和综合能力培养，所以妥善、高效管理好时间是提高学习效率、避免学习疲劳的重要前提。有些大学生在这方面的独立性和管理能力非常有限，导致学习效率低下。

（3）用脑方法不当。学习疲劳的出现不完全是件坏事，疲劳是大脑皮层的一种保护性抑制，它对我们的大脑有保护作用，这种保护性抑制让我们的大脑不会被过量外界信息伤害。如果我们到了如此疲劳状态还不注意休息，疲劳得不到及时恢复，仍强迫大脑继续保持兴奋，长此以往会导致大脑的兴奋与抑制过程失调，甚至导致神经衰弱。其实，面对学习疲劳，小乔只要能引起注意，适度休息，并参加一些体育活动，增加一些放松方式进行调节，合理安排学习时间，学习疲劳问题就能解决。

3. 学生学习效率低下的改善

（1）学会科学用脑。有些大学生在学习过程中没有掌握用脑的科学原则，过度滥用或过于松懈，从而使大脑或过于疲惫或过于松懈，严重影响了学习效率。科学用脑对大学生高效率的学习是非常重要的。

人脑具有特殊的多元网络结构，它由1400亿个脑细胞组成。这些脑细胞相互之间通过生物电联系，构成数以亿计的节点，这些节点就是可以储存信息的生理单元，人一生中大约可以储存一千万亿个信息单位，相当于美国国会图书馆总藏书量的50倍，约为5000万册图书的信息总量。从生理学角度看，人脑虽然只占体重的1/50，却要耗费整个人体血液中1/4的氧气：人脑完全浸泡在血液中，拥有心脏泵出血液的1/5，它在运动中消耗的是人有限的体力和精力，需要时间才能得以补偿和恢复。脑科学研究发现，人在放松状态下，大脑能够诱发出α脑波，在这种状态下，人的身心能力耗费最少，脑部所获得的能量较高，运作就会更加快速、顺畅。现代科学积极倡导α波为人们学习与思考的最佳脑波状态，道理便在于此。

其次，大脑两半球功能不同。大脑左半球和逻辑思维有关，主管智力活动中的计算、语言逻辑、分析、书写及其他类似活动：右半球和形象思维有关，主管想象、色彩、音乐、幻想等活动。如果大学生学习时长时间只运用一侧大脑半球，很容易会导致疲劳。所以，根据大脑两半球的分工来交替使用大脑，可以有效延缓大脑疲劳。

此外，大脑功能的兴奋与抑制交替。正是由于人脑构造的有限性，决定了人的高级神经系统活动的基本规律是兴奋和抑制的相互转换。大脑兴奋时必然伴有能量的消耗，从而使大脑皮质抑制，这时大脑处于“休息”状态，进行能量的补充和储备，为下一个兴奋做准备。遵循这一规律就要求大学生要科学用脑，从而使学习有张有弛，有节有序，也更有效。

（2）进行有效的时间管理。时间管理对每个人来说，都是一个重要的人生课题。对于我们大学生来说，由于学习、工作中活动都很多，若时间安排不好，常常顾此失彼，会产生被动和对自己的不满，心中时常充满焦虑，所以我们必须学会管理好自己的时间。怎样较好地管理自己的时间呢？使用时间馅饼图，可以协助我们整理自己的时间分配情况，并在此基础上合理安排学习时间。

接下来我们进行一个心理活动体验：绘制时间馅饼图，看我们的时间都去哪啦？

操作：请根据你的思考先绘制一张最理想的“时间馅饼图”，而后再请你尽量回忆在过去的一周中参加的各项活动，包括花在各项工作、学习、家庭、朋友身上的时间，参加各种进修、兴趣爱好、身体锻炼、休闲活动等，然后根据每项活动所投入时间的多少按照百分比分配在这张时间馅饼图中。

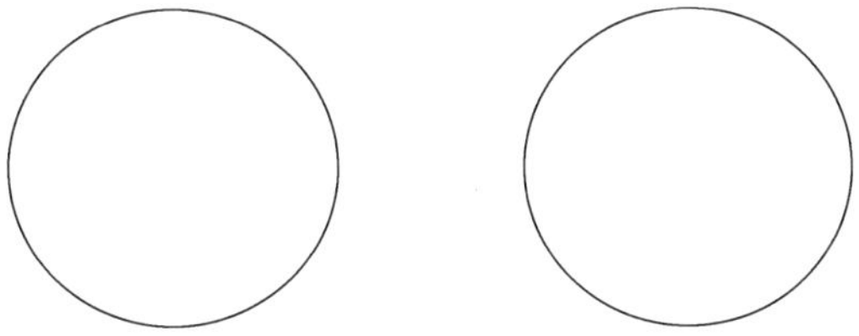

最理想的时间馅饼图　　实际的时间馅饼图

完成时间馅饼图的绘制后，请思考下面的问题：

①你对照一下自己做的那张“时间馅饼图”，看看你是否将自己的时间用来实现自己定下的大学目标。

②最理想的“时间馅饼图”的分割与你目前实际的时间分配状况之间有何差别？是什么原因造成这种情况？能不能进行改变？如何进行改变？

我们来看下大家的作品展示……

总结：在进行时间管理时，你得记住时间管理的一个重要原则：你应当将时间耗费在某些事情的唯一理由就是为了实现自己的近期和长期目标。

三、学习动机过强与调适

学习动机是指个体发动或维持其学习活动，并使其朝向一定目标进行的内部动力。它是影响学生学习的一种重要的非认知变量。学习动机对学习具有激活作用、指向作用和维持作用。虽然学习动机对学习起发动、维护和推进作用，但并不意味着学习动机强度越大，学习效果就越好。心理学研究认为，学习动机过强，不论是内部的抱负和期望过高，还是外部的奖惩诱因过强，都会使学生专注于自己的抱负和外部的奖惩，而不是专注于学习，实际上阻碍了学习。

1. 学习动机过强的表现

（1）成就动机过强。急于取得成就并超过他人，部分大学生的学习是以战胜竞争对手为乐趣，并非以在真理探索道路上有所前进而快乐。

（2）奖惩动机过强。对奖惩考虑过多，往往是被动学习，以考试为中心，紧紧围绕老师转，上课小心翼翼记笔记，下课认认真真对笔记，考试前辛辛苦苦背笔记。这类考生往往考分较高，但大多学得呆板，应变能力差。所以我们应摆脱封闭式学习方法，拓宽思路。

（3）学习强度过大。每天学习时间过长，不善休息，常处于过度疲劳状态。

由上可见，学习动机过强并不见得能带来好的学习效果，“过犹不及”，太强的学习动机反而造成了学习效果的低下。

2. 学习动机过强的主要原因

一是对自己能力认识不足，估计过高，抱负超出自己实际水平。二是自尊心过强，过分看重荣誉。三是补偿心理，这类大学生除学习外，大多无其他特长。四是性格原因，这类大学生一般性格内向、沉默寡言，不善交际。

3. 学习动机过强的自我调节

（1）遵循耶基斯-多德森定律。一般情况下，动机越强烈，工作积极性越高，潜能发挥得越好，效率也越高；与此相反，动机的强度越低，效率也越差。因此，工作效率是随着动机的增强而提高的。是否我们的动机强度越高效果就会越好呢？心理学家耶基斯（R. M. Yerkes）和多德森（J. D. Dodson）研究发现，动机强度与工作效率之间并不是线性关系，而是倒 U 形的曲线关系。中等强度的动机会带来最好的学习效果，因而是最佳动机水平。学习动机强度过低，学生对学习的态度冷淡、涣散而懈怠，学习效果当然不好；反之，学习动机强度过高，学生心情过分紧张，无法集中注意力，会导致知觉范围变窄，思维活动呆板，学习效果也不会好。可见，动机的最佳水平不是固定的，依据任务的不同性质会有所改变。在完成简单的任务中，动机强度高，效率可达到最佳水平；在完成难度适中的任务中，中度的动机强度效率最高；在完成复杂和困难的任务中，偏低动机强度的工作效率最佳。

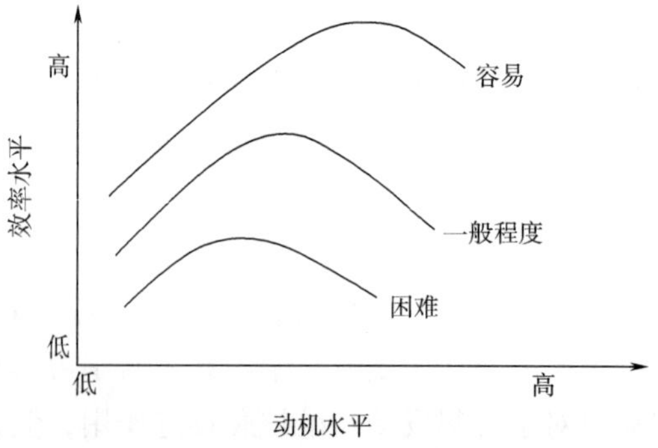

动机-效率曲线图

（2）适当参加竞争。心理学研究发现，竞赛是激发学生学习动机的有效手段。心理学家切普曼（Chapman）和费德（Felde）做了对比实验：把被试者分成两组，一组为竞赛组，一组为非竞赛组。而后进行数学练习，共训练十天，每天十分钟。竞赛组每天的成绩都被登记在统计表上，作为诱因，而非竞赛组则只做练习，不登记成绩。实验结果：竞赛组的成绩明显高于非竞赛组。这说明在教学中适当开展竞赛活动，对于激发学习动机是必要的，有利于提高学习积极性，培养学习兴趣，有利于智能开发。当然，我们也要注意：过于频繁的竞赛活动会导致过度紧张，加重学习负担，反而影响学习效果。

（3）认知内驱力统领学习。认知内驱力又叫作认知的动机，是以求知作为目标，以了解、理解要解决的知识为目的的求知欲望。这种内驱力不是指向各种奖励，而是指向学习任务，因而在学习中具有稳定性、持久性、内驱性。内驱力包括好奇心和求知欲两方面因素。好奇心是求知欲的先导，求知欲是好奇心的升华。当大学生的学习以求知、求真为动力时，其作用是深远而持久的，用认知内驱力来统领大学生的学习，其动机不会因一时兴起而动机过强，也可以避免三分钟热度过后的动机太弱或动机缺乏，它能让大学生在追求真理的道路上坚持不懈。

四、考试焦虑与调适

案例一　小敏，大三女生，复习准备考研的压力很大，临近考试了，很想复习但又根本无法静心复习，压力迫使她不断以吃零食的方式来排解，每晚可以吃一斤多饼干、甜食等，直至吃到自动呕吐为止。在一个月时间里，小敏的体重增加了 15 斤。

案例二　小宇，在同一段时间里考托福、考 GRE、考研，天天都在复习，疲劳、紧张得不得了。考托福前，小宇几乎通宵失眠，整夜听见心跳，考听力时有几个题因为紧张听懵了，自我感觉心跳有如地震。但等考试全部考完以后怎么听也听不到心跳了，还连睡了 17 个小时才醒来。

1. 考试焦虑及其表现

考试焦虑是一种特殊的、由整个考试情景引起的神经紧张状态。考试焦虑也是一种对考试的恐惧，对考试的担忧。考试焦虑包含两种成分，一为忧虑性，一为情绪性。忧虑性包含较多的认知成分，情绪性主要指与之相伴随的情绪体验及身体反应。

心理学有关的研究认为，考试焦虑反应是后天“习得”的，它与早期的经验有关。过去的经历和体验作为不良情感记忆被保留下来，并通过认知过程的定式思维加工引起应试者情绪的波动，这种波动的最直接结果是导致注意力分散和记忆力减退，严重干扰了逻辑思维过程。这种心理上的紊乱，使应试者不能集中于考试的内容，整个考试情境将变得富有威胁性，应试者将不得不把注意中心转移到对基本情感的保护上来。处于这样一种被动防卫状态，人的知觉变得狭窄，思想慌乱，无所适从，不能连贯地分析问题，容易产生极端的念头。所有这些最终集中为自我评价的过度消极，自我怀疑和自卑感，夸大自己的无能和失败，从而对考试顾虑重重，失去信心，形成严重的考试焦虑症。

考试焦虑常常在焦虑者的情绪、认知、身体和行为上有所表现。

（1）情绪上：担忧、焦虑、烦躁不安。

（2）认知上：注意力不集中，记忆力下降，看书效率低，思维僵化。

（3）身体上：头痛、食欲下降、恶心、失眠、困倦、思维迟钝、躯体器官疼痛、拉肚子等。

（4）行为上：坐立不安，手足无措，或抽烟酗酒、沉溺网络、不停诉说、暴饮暴食、闷睡、不吃不喝也不睡只低头发呆，甚至伴有强迫症状（强迫性检查、分析）等。

具有高度考试焦虑的学生在考前出现明显的生理心理反应，如：过分担忧、恐惧、失眠健忘、食欲减退、腹泻等症状；在临考时心慌气短、呼吸急促、手足出汗、发抖、频频上厕所、思维肤浅、判断力下降、大脑一片空白；还有的学生在考场上出现视动障碍，如：看不清题目、看错题目、丢题落题、动作僵硬、手不听使唤、出现笔误等。

2. 考试焦虑形成的原因

（1）客观因素。来自教师、家长和社会的压力，考试的重要性，难易程度，竞争程度等。现在整个社会都特别甚至有些过度关注学生的重大考试，如大学英语四级、六级、计算机等级考试，专升本考试、GRE 考试、雅思考试、研究生入学考试等，凡此种种，会给学生带来较大的心理压力，可能是父母、老师和社会所没有意识到的。

（2）主观因素。

个性：神经类型属于弱型的人，如敏感，易焦虑，过于内向，缺乏安全感和自信心者，做事追求完美等，易产生考试焦虑。

过去经历：如果把过去考试失败归结为自己不聪明、能力差，就会对自己失去信心，面临考试时就会紧张焦虑。

复习准备情况：复习准备不足，对考试没有把握。80%的人考试焦虑是由复习准备不充分引起的。

对考试的看法：成绩不好等于不聪明、没优势、没本事；等于被人看不起，对不起父母。考试好是改写人生命运的唯一途径。这样的信念很容易带来大的考试压力。

如何在这种“以考试论高下”的社会背景下适应、生存和很好地发展，这是一种生活智慧，大家都需要这种生活智慧。面对诸多考试，有些学生采取对抗一切的态度，考试成绩很差、跟不上学校的要求，但也有不少学生采取了适应社会现实的态度，并力争在各种考试压力下获得最佳发展。

3. 考试焦虑的调控策略

考试焦虑是可以克服的，我们可以通过认知矫正、行为矫正和运用恰当的应试策略来克服考试焦虑。

（1）认知矫正。考试焦虑有比较明确的焦虑对象，而且认知评价活动在产生焦虑过程中扮演了重要角色。通过理智分析的方式找到导致考试焦虑的核心思维来予以认知和改变，可在一定程度上减轻或控制焦虑，这种方法叫作理智战胜情绪疗法。

理智战胜情绪疗法的关键在于，首先能对自己的情绪有较好的认知，其次要能找到影响自己情绪的最核心的棘手思维，然后在找证据时能尽量穷尽导致棘手思维、负面情绪的支持性证据，在你不断找寻到不支持自己产生负面情绪的证据，也就是你能不断找到让自己快乐起来的证据时，心情就会在这个分析过程后得到很大的改善。在使用理智战胜情绪的疗法时，你一定要用纸笔把内容写下来，因为如果我们只是借助头脑思考而不动笔，我们的思维会很混乱，负面情绪也会很混乱，而当我们借用纸笔把它们写下来时，这个过程就是一个理智思维的过程，它有利于澄清混乱的情绪和混乱的思维，从而使我们的理智战胜情绪。

（2）行为矫正。当我们遭遇考试焦虑时，我们采用系统脱敏的方法来进行行为矫正以减轻焦虑。系统脱敏是将放松训练等与条件反射原理结合运用的一种行为疗法。基本方法：当患者出现焦虑和恐怖反应时，同时引起一个与之对抗的肌肉放松反应，以使患者原来的不良反应强度减弱，即交互抑制。将交互抑制按等级排列，从弱到强，渐次实施，直至最终消除患者的不良反应，即系统脱敏。

做考试焦虑的系统脱敏训练时，首先要对考试焦虑的程度做一个焦虑等级划分：A. 听说我不认识的某些人需参加一次考试；B. 一个同学告诉我，他要参加一次正规考试；C. 任课老师宣布，三天内将进行一次小测验；D. 任课老师宣布，两周内将进行考试；E. 我是临考前约 10 天，开始为初试而做准备的；F. 现在距离考试还有一个星期，我复习得还很不多；G. 明天就要考试了，今晚我觉得准备得还不充分；H. 我正在去考场的路上；I. 我看见其他应试者陆续到来；J. 我看见一个人忧心忡忡，正在匆匆背诵；K. 监考老师到了，我等得发急，脑子也好像失去了知觉；L. 我拿到了考卷，开始做之前，我把卷子仔细看了一遍；M. 我中断考试，考虑自己怎样才能比其他人做得好；N. 我从眼角看监考老师，他就在我附近走动；O. 我被一道试题难住了；P. 我看见有人在我之前答完题，交了试卷；Q. 时间就到了，我根本做不完了；R. 考试后我与别人交谈，发现自己的某些答案与他们不一样。

治疗时，先要考试焦虑的同学做放松训练，待全部放松程序完成后，让他按假定焦虑等级依次想象，若不紧张，肌肉呈松弛状态，便可转入下一个情形。若感到紧张就做一次放松训练。依次类推，直至不感到紧张为止。

（3）应试策略。

第一，考前准备。

首先是考前时间管理。要明白每个人的学习风格不一样，不要盲目与他人比较。应制订适合自己的复习计划，根据自己各科的基础和学习现状，制定相应不同的分数目标，有策略地复习。时间管理的心理意义在于一方面可以消除心理上的不确定性。人对确定的东西、掌握得住的东西才会有安全感、才不会慌乱。另一方面可以避免忙乱。事情多不是问题，乱才是问题。

其次是考前失眠问题。可运用森田疗法——顺其自然，为所当为。考前人人都会紧张、焦虑，而且相当多的人考前一晚都睡不好，有不少人考前失眠，甚至是通宵失眠，所以你并不特别倒霉，也没有太与众不同。

再次是考前紧张不起来的处理。有部分学生说，很多人是考前紧张得不得了，可自己在大考前怎么也紧张不起来，表现为神经兴奋抑制，头脑发木，激不起最后一搏的劲头。造成这种现象的最主要的原因是考生经过较长时期的苦读，在生理和心理上都有些疲惫不堪，大脑接收的信息过多和负荷过重，造成了一种保护性的抑制。这时要注意适度地休息和锻炼：交换一下复习的形式，避免单调机械的刺激产生的厌烦心理，还可进行心理承受能力的训练。

第二，考试中的应对策略。

首先应微笑面对。进到考场时，无论你多么紧张，都要面带微笑，表现出一种自信。

其次应把握正确的答题原则。“四先四后，一快一慢”，即先做易题后做难题，先做熟悉题后做生疏题，先做有把握题后做没把握题，先做相同类型题后做相异类型题；审题要慢，做题要快。

再次应有效应对考场上的心理性噪声。有些学生总爱在考后抱怨说，监考老师的脚步声、周围同学的翻卷子声和叹气声，以及考场外发出的某种声音，干扰了他们的思路，其实这是一种心理性噪声。心理性噪声，越注意越干扰，你就会越感到不安。

最后是考试时碰上不会的题或想不起的知识的应对。可运用酸葡萄心理效应（我不会是因为题目比较难，我不会别人也不会，这道题分值也不大要紧）、线索联想、利用隐性记忆、接受事实并合理决策来应对。

第三，考后总结。

首先应考完一门彻底了却一门，不对答案。其次应了解主观感觉考砸一两门是正常情况，事实上未必如此。

【拓展阅读】

记忆法

1. 趣味记忆法

兴趣与记忆的关系是非常密切的。对学习材料和要记的东西本身的直接兴趣，是推动人们进行有效记忆的内在动力。当人们兴致勃勃、津津有味地专注于吸引自己的事物时，大脑就会进入高度兴奋的状态，而且不容易出现疲劳和兴奋转移。这种状态自然有助于增强记忆效果。运用趣味记忆法要尽量把学习材料弄得生动、形象、新颖，把学习过程搞得活跃、有趣、新奇。

具体方法是：

（1）把某些学习材料编成便于记忆的故事、歌诀，或赋予其具体的、直观的形象。

（2）围绕学习材料组织专题讲座、答辩会和各种知识竞赛。

（3）对于兴趣索然而又需要记忆的知识要“突破一点”，以期引发全面的兴趣。

（4）用诱导的方法调动兴趣，并以适当的进度维持兴趣。

运用兴趣记忆法要注意培养久远性兴趣。因为优良分数的刺激、教师的鼓励、讲授得生动有趣、考试日期的逼近，也会使学生尤其是低水平学生表现出暂时的兴趣。我们既不能一笔抹杀这类暂时兴趣，也不能以此为满足，而要着力于诱发学生对知识本身的兴趣，这就是久远性兴趣。有了这种兴趣，即使诱发兴趣的客观条件消失，学生仍会有兴趣去记忆知识。

2. 联想记忆法

联想记忆是利用识记对象与客观现实的联系，已知与未知的联系，材料内部各部分之间的联系来进行记忆。由于客观事物是相互联系的，各种知识也是相互联系的，因而联想是一种基本的思维形式，也是记忆的一种方法。记忆的主要机能就是在有关经验中建立联系，联想越活跃，经验的联系就越牢固。如果人们能经常地形成联想和运用联想，就可以增强记忆。

联想是有规律可循的，主要包括接近律、类似律、对比律、因果律等。运用联想记忆要注意两点：一是要选择好联想的中介物（即选择好联想的通道）。这是记忆的关键，选择得好会“豁然开朗”，一下子联想到某种材料或解题的方法，问题就会得到解决；选择得不好，有时十分简单的问题也会“卡壳”，百思不得其解。二是要注意知识的积累。因为联想是新旧知识建立联系的产物，先学的知识越牢固、旧知识积累得越多，就越容易产生联想，也就越容易理解和记忆新知识。

3. 图示记忆法

图示记忆法是通过图形识记来增强记忆的方法。它以象征性的图形提示出抽象的概念、原理或事物的本质特征，使人能直观地感知知识材料。它还以简单的线条、简洁的文字或简明的数字使复杂的、不易表述清楚的识记材料变得直观明了，使知识材料简要概括、一目了然。图示分为直观图示和逻辑关系图示两种。

设计直观图示的步骤主要有：

（1）根据要记忆的概念或原理选择一个易于用图形表示的例子。

（2）抓住例子与概念、原理的相似点设计图形。

（3）组织说明图形的文字。

逻辑关系图示又可分为演绎图示、归纳图示和关系图示，其设计步骤是：

（1）找出理论所包含的知识点。

（2）把理论中的各知识点的内在联系用简单的文字、线条表示出来。

设计图示要注意：

（1）要有严密的科学性，所设计的图示一定要准确地反映所要识记的内容。

（2）要有直观性、形象性，借以给大脑留下深刻的印象。

（3）要简明扼要，文字要简洁，线条要简单，使人一目了然，易于记忆。

（4）要鲜明生动，线条的粗细、虚实，图形的大小、形状一定要醒目，易于回忆。

4. 列表记忆法

列表记忆法是指以列表的形式把相关材料进行对比，从而记忆其特点和材料之间联系的方法。列表记忆法的主要特点是条理清楚、一目了然，便于进行比较和分析。列表有多种形式，主要有比较表、统计表、一览表、说明表、系统表等。

编制列表的主要步骤有：

（1）根据记忆的需要首先对材料进行分类，看其适合编制成哪一类图表。

（2）查找和归纳材料之间的主要特征，比较其异同。

（3）按不同类型表格的规格和形式编制表格。

（4）在编制成表格的基础上，把材料的主要内容填到表中。

5. 概括记忆法

概括记忆法是指对所要记忆的材料进行提炼，并抓住关键性内容进行记忆的方法。这种方法的特点是删繁就简、高度浓缩，能提高记忆效率。

概括记忆法适合记忆内容较复杂、较系统、较深奥的知识。此外，它要求记忆者必须具备较强的思维能力和概括能力。运用概括记忆法的具体方法有：

（1）用语缩略。对于较长的词语、名称、概念原理通过本方式予以简化和省略。

（2）内容凝聚。对于内容繁杂的材料，学生们可以有意识地从中找出关键性的字眼，并将这些字眼作为记忆的“中介”，以引起对材料内容的全面再现。

（3）重点提示。把材料进行综合归纳，将重点列出来作为记忆的提示。

6. 提纲挈领法

提纲挈领法是指将主要内容编成提纲进行记忆的方法。运用这种方法时要找出知识的内在联系，把它条理化。记忆时不仅要善于把知识串成线，还要善于编织成网。提纲挈领法的特点是具有较强的直观性、概括性和条理性。写提纲就是要写出材料的主要脉络，即对材料进行综合分析、概括提炼。经过自己的分析，用自己的语言写过提纲的内容是比较容易记忆和保持的。运用提纲记忆法的步骤如下：

（1）分析，即对识记材料的了解过程。先看材料的提要和目录，弄清章节之间的关系，再看前言和后记，了解材料发表的背景和意图。

（2）综合，即对识记材料的概括过程。在对文章划分段落的基础上，写出段落大意，概括出主题思想，进而抓住文章的主要内容。

（3）概括表述，即提纲的成型过程。用自己的语言把经过分析、综合而概括出的提纲列出来。

编写提纲进行记忆要注意以下几点：

（1）量材而用。记忆时要根据识记材料的分量决定是否编写提纲。

（2）分清主次。记忆时要以主干为纲，次要为目。

（3）及时复习。运用提纲进行记忆时要多看几次，多读几次，才能牢记不忘。

PQ4R 学习法

PQ4R 学习法的名称是用 6 个英文单词的首字母组成的，代表着学习材料时应遵循的 6 个步骤。第一，预习（preview，P）。在开始新一章的学习时，最好的方法是不要马上就读，而是先花几分钟时间大致看一遍。注意下各节标题，大写的或黑体的术语，以便形成一个总体的认识。同时，也要考虑这章讨论的是什么问题，材料是怎样组织的以及它与前几章有什么联系等。第二，提问（question，Q）。在阅读每一节之前，先停下来问问自己它都包含什么内容以及应当抽取哪些信息。如本章中有一节的标题是“人格”，你可以改成这样一些问句，什么是人格？人格对我们有什么影响？第三，阅读（read，R）。阅读课文，并试着回答自己前面提出的问题。第四，复述（rehearsal，R）。在读课文时，试图予以理解，默读并想出些例子，把教材和已有的知识联系起来。第五，回忆（recall，R）。在学完一段后，试着回忆其中所包含的要点，回答自己提出的问题，对不能回忆的部分再阅读一遍。第六，复习（review，R）。学完一章后，复习所有内容，找出各内容和各节间的联系，目的是考察作者如何组织材料，一旦掌握了篇章的组织结构，单个的知识就容易记住了。在学完所有内容以后进行休息和放松。

具体来说，PQ4R 学习法的步骤主要包括：

(1) 浏览。快速浏览材料，对材料的基本组织、主题和副主题有一个初步的了解。注意标题，找出你要读的和要学习的信息。

(2) 设问。阅读时自己问自己一些问题。根据标题用“谁”“什么”“为什么”“哪儿”“怎样”等疑问词提问。

(3) 阅读。阅读材料，不要泛泛地做笔记，试图回答自己提出的问题。

(4) 反思。通过以下途径，试图理解信息并使信息有意义：①把信息和你已知的事物联系起来；②把课本中的副标题和主要概念及原理联系起来；③试图消除对呈现的信息的分心；④试图用这些材料去解决联想到的类似的问题。

(5) 背诵。通过大声陈述和一问一答的方式，反复练习，记住这些信息。你可以使用标题、画线的词和对要点所做的笔记来提问。

(6) 回顾。积极地复习材料，主要是向自己提问。当你肯定自己答不出来时，重新阅读材料。

思考题

1. 什么是学习？大学生学习的特征是什么？
2. 如何有效激发学习动力？
3. 考试焦虑的调控策略有哪些？

心理活动体验

活动一　学习经验分享

目的：交流学习方法，分享学习经验

操作：

1. 同学们每人写出自己学习中存在的一至两个问题和多条经验。

2. 每6位同学就近组成一个小组，每个同学在小组中交流自己的学习问题，共同分享经验，并讨论每个同学的问题的解决方法。

3. 每个小组派1名代表总结小组同学的学习经验、问题及解决问题的方法，在班上交流，大家共同分享团体活动成果。

活动二　考试焦虑测验

测试说明：请根据自己的实际情况回答以下问题。其中，与自己的情况“很符合”记3分，“较符合”记2分，“较不符合”记1分，“很不符合”记0分。各题得分相加为总分。

	很符合	较符合	较不符合	很不符合

1. 在重要考试的前几天，我就坐立不安了。
2. 临近考试时，我就拉肚子了。
3. 我一想到考试即将来临，身体就会发懵。
4. 在考试前，我总感到苦恼。
5. 在考试前，我感到烦躁，脾气变坏。
6. 在紧张的复习功课中我常会想到："这次考试要是考个坏分数怎么办？"
7. 越临近考试，我的注意力越难集中。
8. 我一想到马上就要考试了，参加任何文娱活动都感到没劲。
9. 在考试前，我总预感到这次考试将要考坏。
10. 在考试前，我常做关于考试的梦。
11. 到了考试那天，我就不安起来。
12. 当听到考试的铃声响时，我的心马上紧张得急跳起来。
13. 遇到重要的考试时，我的脑子就变得比平时迟钝。
14. 考试题目越多、越难，我越感到不安。
15. 在考试中，我的手会变得冰凉。
16. 在考试时，我感到十分紧张。
17. 一遇到很难的考试，我就担心自己会不及格。
18. 在紧张的考试中，我会想些与考试无关的事情，精力集中不起来。
19. 考试时，我会紧张得连平时背得滚瓜烂熟的知识也忘得一干二净。
20. 在考试时，我会沉浸在空想之中，一时忘了自己是在考试。
21. 考试过程中，我想上厕所的次数比平时多些。
22. 考试时，即使不热，我也会浑身出汗。
23. 考试时，我会紧张得手发僵或发抖，写字不流畅。
24. 考试时，我经常会看错题目。
25. 在进行重要的考试时，我的头就会痛起来。
26. 发现剩下的时间来不及做完全部考题时，我会急得浑身大汗。
27. 我担心如果考了坏分数，家长或老师会严厉批评我。
28. 考试后发现自己懂的题目没有答对时，就十分生自己的气。
29. 有几次在重要的考试之后，我腹泻了。
30. 我对考试十分厌烦。
31. 只要考试不记成绩，我就会喜欢考试。
32. 考试不应当在现在这样紧张的状态下进行。
33. 不进行考试，我能学到更多的知识。

评分与解释：

0~24 分，镇定。考试前后基本没有紧张不安状态，能正常复习与应考。

25~49 分，轻度焦虑。考试前较短的一段时间内会感到紧张和害怕，但不影响复习，不影响身体健康，无须专门咨询与辅导。

50~74 分，中度焦虑。考试前较长的一段时间内感到紧张害怕与忧虑，复习效率降低，睡眠饮食受影响，无须专门咨询与辅导。

75~99 分，重度焦虑。考试前很长的一段时间内感到忧虑、恐惧，可能会导致一些心因性疾病，严重影响复习效果及考试的正常进行，有必要求助于心理咨询或心理治疗。

课外心理拓展

影片赏析：《失忆》

“失忆”是电影工作者喜欢的心理学题材。记忆是人格形成和发展的关键机制，而“失忆”则会让人忘记自己是谁，失去行为的前后一致性，由此产生一系列戏剧性的后果。

失忆都有器质性病变的原因。影视剧一般爱使用“脑外伤”这个鲜明的情节。其实电休克治疗、某些类型的药物中毒、酒精中毒、脑瘤等原因也会引起失忆，但戏剧性不像“头部被重重一击”那么明显。

不过，以往的影视作品里“失忆”题材多集中在“逆向性遗忘”上，也就是说当事人把事故发生前几分钟到几个月的事情遗忘了。至于影视剧里那些把半生都忘掉，根本想不起自己是谁的人只是影视作者的夸张。并且，逆向性遗忘中丧失的记忆通常会在一段时间里逐渐恢复。

记忆障碍中还有完全相反的“顺行性遗忘”，就是当事人失去事故发生后的一段时间的记忆。这种病人记得故事发生前的一切，自己是谁，做过什么，最后时刻出了什么问题，他们也保存这以前形成的一切技能，如开车、书写、一些专业技术、射击等。他们没有情绪和智力障碍，也就是说，除了随时会忘记眼前的事情外，其他都和正常人一样。电影《失忆》就是以“顺行性遗忘”作为题材的。

第五章　做情绪的主人
——大学生情绪管理

能控制好自己情绪的人，比能拿下一座城池的将军更伟大。

——拿破仑

世界如一面镜子：皱眉视之，它也皱眉看你；笑着对它，它也笑着看你。

——塞缪尔

情绪仿佛是条蜿蜒起伏的河流，穿越我们的生命。我们会经历各种河段，轻松的、欢愉的、欣喜若狂的、忧郁的、焦躁的、波涛汹涌的……大学生正处于青年期，情绪波动较大，情感体验复杂而丰富。因此，体察自己的情绪，了解什么是健康和积极的情绪，知道不良情绪的影响，学会通过合理宣泄、调整认知等方法调控情绪，对我们的学习、生活将大有裨益。

第一节　情绪的概述

【导引阅读】

快乐的钥匙

著名专栏作家哈理斯和朋友在报摊上买报纸，那朋友礼貌地对报贩说了声谢谢，但报贩却冷口冷脸，没发一言。“这家伙态度很差，是不是？”哈理斯边走边问。“他每天晚上都是这样的。”朋友说。“那么你为什么还是对他那么客气？”哈理斯问他。朋友答道：“为什么我要让他决定我的行为？”

每人心中都有把快乐的钥匙，但我们却常在不知不觉中把它交给别人掌管。

一位女生抱怨道：“我活得很不快乐，因为我的父母从不关心我。”她把快乐的钥匙放在父母手里。

一位妈妈说：“我的孩子不听话，叫我很生气！”她把钥匙交在孩子手中。

一位男生说：“老板不赏识我，所以我情绪低落！”这把快乐钥匙被塞在老板手里。

一个年轻人从文具店走出来说：“那位老板服务态度恶劣，把我气炸了！”

这些人都做了相同的决定，就是让别人来控制他的心情。当我们容许别人掌控我们的情绪时，我们便觉得自己是受害者，于是抱怨与愤怒成为我们唯一的选择。我们开始怪罪他人，并且传递一个信息：“我这样痛苦，都是你造成的，你要为我的痛苦负责！”这样就把自己的责任推给了他人。一个成熟的人能握住自己快乐的钥匙，他不期待别人使他快乐，反而把自己的快乐和幸福带给周围的人。

要认识和驾驭情绪，首先要了解情绪。

一、情绪的含义与构成

什么是情绪？人的情绪是如何产生的？情绪又是由哪些因素构成的呢？

1. 情绪的含义

情绪是人对客观事物是否符合自己的需要而产生的主观态度的体验。情绪是由客观事物引起的，离开了具体的事物，人不可能自发地产生情绪，当客观事物或情境符合主体的需要和愿望时，就能引起积极的、肯定的情绪。例如，看到美景会感到高兴，工作得到了他人的认可会感到满意，生活中遇到心仪的恋人会感到幸福，看到见义勇为的行为会感到敬佩，找到了志同道合的朋友会感到愉悦等。当客观事物或情境不符合主体的需要和愿望时，就会产生消极、否定的情绪。例如，期望落空会感到失望，被冤枉会感到委屈，失去亲人会感到悲痛，无端受到责难或攻击会感觉愤怒，工作受挫会感到苦恼等。由此可见，情绪是人脑对客观事物的反映，但它反映的不是客观事物本身，而是客观事物与人的需要之间的关系。

2. 情绪的构成

情绪是由个人独特的主观体验、外部表现和生理唤醒三种成分组成的。

主观体验是个体对不同情绪和情感状态的自我感受。每种情绪都有不同的主观体验。如在失去至爱的亲人时，人们感到无比悲痛；在突如其来的危险或灾难面前，人们感到惊恐万分；在通过努力赢得比赛时感到由衷的满足和自豪；等等。这些都是人们对情绪的主观体验。

外部表现指的是情绪的镜像，即表情。它是在情绪和情感状态发生时身体各部分的动作量化形式，包括面部、姿态和语调等表情。人的主观体验总是表现出相应的表情模式，如高兴快乐时，面颊上提、嘴角上翘、手舞足蹈、语调高昂、语速较快；悲哀时面容哀戚、痛哭流涕、语调低沉、语速缓慢；悔恨时捶胸顿足，惧怕时手足无措，等等。一般来说，在上述三种表情形式中，面部表情在情绪交流中起主导作用，姿态和语调表情起辅助作用。

生理唤醒是情绪的生理反应，即生理激活的状况。如心率加快、血压升高、瞳孔放大、内分泌的变化等。不同情绪的生理反应模式是不一样的，如满意愉快时心跳节律正常；恐惧或暴怒时心跳加速、呼吸频率增加、血压升高；恐惧时脸色发白、出冷汗、口干；焦虑抑郁时失眠、食欲减退等。

二、情绪的种类

人类具有丰富的情绪种类。关于情绪的类型，长期以来说法不一。我国古代有“七情”说，即喜、怒、忧、思、悲、恐、惊七种情绪。还有的心理学家提出八种或者九种类别，但一般认为人类基本、原始的情绪形式主要有四种：快乐、愤怒、悲哀、恐惧。

快乐　快乐是一种追求并得偿所愿时产生的满足体验。需要得到满足，愿望得以实现，心理的急迫感和紧张感解除，快乐随之而生。从愉快、兴奋到狂喜，快乐的强度差异与人的个性、得偿所愿的容易程度和对自身的意义有关。一个人感受快乐的能力越强越容易得到快乐；一个目标越难达到，达到后快乐的体验就越强烈。另外，当人们的愿望在意想不到的情境下达成，也会给人带来更大的快乐。

愤怒 愤怒是人们由于受到干扰而不能达成目标时所产生的体验。愤怒时紧张感增加，有时不能自我控制，是一种较为强烈的情绪。当个体知道产生挫折的原因时，一般只会感到沮丧而不是愤怒。当人们意识到某些不合理的和充满恶意的因素存在时，愤怒会骤然产生。对象明确的愤怒更容易诱发攻击性行为。德国哲学家康德曾说过，生气是用别人的错误惩罚自己。因此，控制愤怒的情绪对于每个人都很重要。

悲哀 悲哀是愿望破灭，理想不能实现或失去心爱的对象时所产生的体验。悲哀情绪体验的程度取决于对象、愿望、理想的重要性与价值，失去的事物对主体的价值越大，引起的悲哀越强烈。亲人去世使人产生极度的悲哀，这与失去一般他人的悲哀有明显的不同。当然，悲哀并不总是消极的，它有时也能够转化为前进的动力。

恐惧 恐惧是企图摆脱、逃避某种危险情境但又无能为力时所产生的体验。引起恐惧的重要原因是缺乏处理可怕情境的经验、能力和手段。如在遇到地震、洪水等强烈的自然灾害时，人们无力应付，往往就会恐惧万分。恐惧的产生不仅仅由于危险情境的存在，还与个人排除危险的能力和应付危险的手段有关。一个初次出海的人遇到惊涛骇浪会感到恐惧无比，而一个经验丰富的水手对此可能已经司空见惯，泰然自若。恐惧具有很强的感染力，一个人的恐惧往往容易引起他人的恐惧与不安。

在上述四种基本情绪的基础上，可以派生出众多的复杂情绪，如嫉妒、羞耻、悔恨、喜欢、同情、厌恶等。

三、情绪的状态

情绪的状态是指在一定的生活事件影响下，一段时间内各种情绪体验在强度、持续性、紧张度三个方面所表现的特征，分为心境、激情、应激三种状态。

心境是一种使人的一切其他体验和活动都染上情绪色彩，且持续、微弱、平静的情绪状态。心境的特点是弥漫性。当人处于某种心境时，会以同样的情绪体验看待周围事物。例如，人伤感时，会见花落泪，对月伤怀。心境可持续几周，几个月甚至一年以上。这取决于客观事物和人的性格特征。虽然人往往不一定能意识到导致某种心境的具体原因，但心境对人的活动会有很多影响。比如积极心境使人精神振奋，有助于工作效率提高，增强活力和信心；消极心境会降低工作效率，有害身心健康。

激情是指一种短暂的、强烈的、爆发式的情绪状态，常由意外事件或对立冲突引起，同时伴有明显的生理变化和行为表现。激情具有强烈的冲动性和爆发性，发生的时间短，会随着时过境迁而弱化或消失。在激情状态下，人的生理唤醒程度较高，认识范围狭窄，理智分析能力减弱，不能正确地评价自己行为的意义和后果，因而容易失去理智，做出不顾一切的鲁莽行为。激情有积极和消极之分。积极的激情与理智、坚强的意志有关；消极的激情则会降低人的自制力，抑制机体活动，容易导致令人后悔的事情发生。

应激是由于出乎意料的紧张或危险情境下产生的适应性反应，是人处于巨大压力和威胁情境下所产生的一种特殊情绪状态，伴有强烈的生理反应、心理反应及能量的消耗。如突然遭遇火灾、地震等生命威胁时，会使人出现肌肉紧张、心跳加快、血压升高、呼吸急促等生理现象，能提高机体的应变能力，增强对突发灾难的适应性。在应激状态下，人可能有两种表现：一种是目瞪口呆，手足无措，陷入一片混乱之中；一种是头脑清醒，急中生智，动作准确，行动有力，及时摆脱困境。应激的状态不能持续过久，因为这很消耗人的体力和心理能量。一个人若长期处于应激状态，可能会导致身心疾病和心理障碍。

四、情绪健康与情绪的意义

情绪健康主要体现在表达方式恰当、反应适度和积极情绪多于消极情绪。理解情绪的意义，对于我们认识情绪和保持情绪健康以及维护大学生的身心健康意义重大。

情绪健康是大学生心理健康的一个重要指标，主要表现为：

一是表达方式恰当。即能通过语言和行为准确表达情绪，能够采用被自己和社会所接受的方式去表达或宣泄。

二是情绪反应适度。即人的情绪反应，不论是积极还是消极的，都是由一定的原因引起的，情绪反应的时间、强度与引起情绪的情境相符合。

三是积极情绪多于消极情绪。即情绪对象明确，善于控制和调节自己的消极情绪，能较好地驾驭自己的情绪。

每种情绪都有存在的意义。快乐、开心等积极情绪固然反映了个体当下的积极体验，焦虑、抑郁等所谓消极情绪其实也有作用。如同身体生病是提醒我们要注意健康一样，负面情绪的出现和维持是在提醒我们需要面对和处理某些事情。临近考试，大部分同学会有些焦虑，担心复习不到位、考试成绩不理想，但正是这样的适度焦虑，才会提醒我们要认真复习，动力被大大激发，转压力为动力。当抑郁情绪出现时，可能是提醒我们应该更多地把注意力从外部转到内部，关注内心感受，反省自身行为，调适当下生活。当我们对其他同学产生嫉妒情绪时，恰恰说明别人有超过我们的方面，嫉妒是在提醒我们要提升自身的水平和实力。总之，各种情绪都有存在的理由和更深层的意义，大学生应该学会识别和理解情绪中的积极意义，做好应对和调节。

第二节　大学生的情绪特征及常见困扰

大学生处在人生的特殊成长期，在生理发育趋向成熟的同时，知识经验和思维水平不断提高，心理也发生着急剧的变化。这种变化尤其反映在情绪上，并显著地影响着他们的行为。大学生特有的年龄阶段和心理特点使得他们的情绪表现出自己的特色。

一、大学生的情绪特征

1. 稳定性与波动性并存

大学生受过较好的教育，具有较高的文化修养，具备反省自身弱点的能力和控制自己情绪变化的能力，能够对自己的情绪和行为进行较为客观的认识和评价，主动寻找引起情绪波动的原因，并不断地调节自己的情绪状态，避免情绪波动造成的不利影响，比起中学阶段，情绪日趋稳定。

然而，与成年人相比，大学生情绪的波动仍很明显，容易从一个极端跳到另一个极端，这与其心理发展不成熟有密切关系。一方面，大学生的生理变化和社会需要都处在高峰阶段；另一方面，由于他们对自己需求的合理性、社会的复杂性缺乏正确的认识，容易由于主客观的矛盾冲突导致心理不平衡，面对复杂的社会现象也易产生困惑和迷茫，对于价值的判断、情感的取舍、前途的选择，心里会有许多矛盾，使他们情绪摇摆不定，跌宕起伏，时而满怀豪情、热情激荡，时而郁郁寡欢、悲观消沉，表现出极大的波动性。

2. 丰富性与阶段性并存

大学生活内容丰富多彩，校园活动五彩缤纷，选择多种多样，使得大学生的情绪活动对象扩大，出现许多前所未有的情绪体验，因此，大学生的情绪体验表现出极大的丰富性。但同时，各种各样的社团活动，复杂的人际关系，让人欢喜让人忧的情感纠葛，理想与现实、学校与社会明显的差异性也让大学生在眼花缭乱之余充满各种复杂的情绪体验。

大学生的学习年限为三年或四年，加上学校教育中明显的年级教育特色，使他们的情绪呈现出明显的阶段性。如大一的学生由于刚刚从中学步入大学，面对完全陌生的大学生活和精彩纷呈的大学校园，他们的情绪呈现出明显的热情和憧憬、兴奋和期待。到了大二或大三，一部分学生刚入校时的热情消失，纷纷从各种社团活动中退出，又没有找到自己的目标，情绪表现出明显的平淡和消沉；另一部分学生则少了大一学生的青涩，通过大一的摸索寻找到自己的归属和位置，情绪表现出明显的稳定和充实性。到了大三或大四，学生们面临着毕业和就业，这本身就是个重大的转变，很多学生的情绪表现出明显的波动，既有充满希望和大干一场的豪情，又对即将面临的挑战和竞争怀有担心和不自信。

3. 外显性与内隐性并存

大学生对外界刺激反应敏感而快速，喜怒常溢于言表，具有外显的特点。一般情况下，大学生由情绪引起的内心变化与外部表现是一致的，但由于其自尊心增强和独立性的发展，使得他们会运用心理防御机制来保护自己的内心，表现在特定场合下或者特殊问题上，大学生情绪的外在表现和内心体验并不总是一致的，有时甚至完全相反，会掩饰、隐藏或抑制自己的真实情感。比如，他们外显的语言可能与内心的想法不一致，语言上说自己自信和高傲，实际上是内心自卑作祟的表现，或者由于害怕自己失败才做出这种行为保护自尊心。在有的场合下，他们会用虚假性的表现来掩饰内心的感受，比如自己并不认可对方，但为了维持关系而做出缓和，当然这些表现并不是说明大学生虚伪，某种程度的掩饰恰恰是适应的表现，是社会心理和行为的适应。实际上大学生情绪的外显性与内隐性是对立统一的，两者在一定的条件下可以相互转化。

二、情绪对大学生的影响

俗话说：笑一笑，十年少。一种美好的心情比十服良药更能解除生理上的疲惫和痛楚。这些非常形象地说明了情绪对人身心健康的影响。

1. 情绪的积极影响

大学生处于身体的最后成长阶段，情绪的变化对生理功能将产生直接的影响。当大学生的情绪处于良好状态时，人体免疫功能活跃旺盛，身体内部各器官的功能十分协调，可以减少患病的机会，有益于身心健康；研究还发现，积极、乐观、轻松、愉快的心境有助于开阔思路、开发潜能、集中注意力、增强创造性，从而提高学习和工作的效率；健康、良好的情绪，积极、稳定、适度的情绪反应，在人群中更受欢迎，更容易获得别人赞赏、缩短心理距离，有利于形成大学生之间良好的交往环境，使他们彼此理解，相互宽容大度，产生思想共鸣、建立真正的友谊。

2. 情绪的消极影响

大学生的情绪具有波动性，当他们的情绪处于消极状态时，伴随出现的心理状态是不安、愤怒、恐惧和痛苦。此时，身体内部各器官的功能紊乱，引起消化系统、循环系统、内分泌系统和神经系统的功能失调，身心健康受到损害，甚至引起严重的疾病。现代医学揭示，不少疾病的发生并不是由于生理的器质性病变，而是由于精神忧郁、情绪异常所致。根据国内医学界对大学生疾病的调查表明，大学生的常见病均与情绪有关。另外，情绪对大学生的心理健康水平有着重要影响，积极情感越多，快乐感就越多，心理健康水平就越高。如果日常生活中负面情绪过多，会产生焦虑、抑郁、人际敏感等，如果得不到及时疏导和调节，很容易发展为情绪障碍，使人发生误解，引起冲突、产生矛盾，造成紧张气氛，对心理健康产生不良影响，严重影响人际关系、社会交往和工作学习的效率。

【拓展阅读】

英国科学家法拉第，年轻时体质较差，加上工作紧张，用脑过度，身体十分虚弱，多方求治也不见效。后来，一位名医给他进行了检查，没有给他开药方，只送他一句话：“一个小丑进城，胜过一打名医。”法拉第细细品味这句话，悟出了其中的奥妙。从此，他经常抽空去看马戏和喜剧。精彩的表演，总是令他开怀大笑。他还到野外和海边度假，调剂生活，经常保持愉快的情绪。久而久之，法拉第的身体逐渐地康复了。

3. 情绪智力

情绪智力（EQ）的高低直接影响着个体对自我情绪的认知、表达、调控和对他人情绪的觉察和把握。大量研究显示，一个人在校成绩优异并不能保证他一生事业的成功，也不能保证他能攀升到企业领导的地位或专业领域的巅峰。虽然我们并不否定在校学生学习能力的重要性，但在今天这个竞争日益激烈的社会中学习能力并不是成功的唯一条件。换句话说，在现代社会中 EQ 的重要性不亚于 IQ。事实上，IQ 和 EQ 都很重要。只不过在今天这个竞争日趋激烈、知识爆炸、人际关系复杂的社会中，EQ 的重要性更加突出。IQ 低的人有可能取得巨大的成功，如《阿甘正传》中的阿甘，他 IQ 很低，但 EQ 相当高，最后的成就很大。

总之，高 EQ 的人明白外面的世界很现实，很复杂，也很精彩。人生道路的成功与否，其实在于你自己的情绪管理，在于你对未来的各种选择。比如说摔倒了，有的人会说真倒霉，有的人会说我要歇一会儿再继续。外面世界的一切美好与复杂，都要靠你的EQ去领会，你要用高EQ去看待一切的不公平，一切的美好。在美国，人们流行一句话："IQ决定录用，EQ决定提升。"如何在理性与情感之间求得平衡是一个值得研究的人生课题，否则徒有智慧而心灵贫乏，在这个复杂多变的时代极易迷失方向。马加爵对自己短暂的人生的最后总结是："没有理想是我人生最大的失败。"如今，EQ教育在国外已被纳入正式教育体系，美国的学校已开办EQ课程，将其与传统的语言、数学课程并列。诸多事例表明，EQ较高的人在人生各个领域有较多优势。无论是工作、学习还是谈恋爱、处理人际关系，情绪管理能力较佳的人通常对生活较满意，能保持积极的人生态度。反之，情绪管理能力失控的人则必须花加倍的心力与内心交战，从而削弱了他的实际理解力与清晰的思考力。

三、大学生常见的不良情绪

1. 抑郁

抑郁是由于感到无力应对外界压力而产生的一种由情绪低落、冷漠、悲观、失望等构成的复合性情绪。表现为郁郁寡欢、心境悲观、自责愧疚、丧失学习和工作的兴趣动力，故意回避交往，对生活缺乏信心。常伴有失眠、食欲不振、疲劳、头痛等不良反应，是大学生常见的情绪困扰之一。常言道，"人生中不如意之事十之八九"，在遇到挫折时产生抑郁是正常的情绪反应，但是若抑郁情绪长期得不到调节，不断加强和持续就会发展成抑郁障碍。可从轻度的情绪不佳到严重的抑郁，如果发现和治疗不及时，在抑郁心境的影响下，人们极易发生自杀、自残等恶性行为。

大学是人生发展中比较重要的阶段，大学生从入学到毕业会经历适应大学生活、人际关系、学业、爱情、择业等方面的挑战。由于大学生的心智发展不成熟，情绪波动大、不稳定，在遇到这些问题时，如果对一些挫折不能及时处理和消化，极易导致抑郁情绪。导致抑郁情绪的原因是多方面的，有学生自身的原因，如性格内向、敏感多疑、感情脆弱、考虑问题喜欢走极端等；也有外部环境的原因，如失恋、考试不及格、家庭出现变故等负性事件。抑郁情绪已成为大学生的隐性杀手。

某高职院校一年级的一名男生刚入校不久就没有食欲，情绪低落，早醒，沉默寡言，怕喧闹，不愿参加集体活动。后来通过深入交流，教师了解到这名学生从高一开始就一直处于抑郁状态，特别是高三以后情况更为严重，下课后常趴在教学楼五楼的护栏边，内心感觉非常痛苦，有时有往下跳的意念和冲动。暑假时，这名学生尝试过买安眠药吃，然后永远睡下去，因家人警觉性高没有成功。步入大学，环境的改变进一步加剧了他的抑郁情绪和内心痛苦。他在学校接受了几次心理咨询，由于抑郁情绪非常严重，咨询的效果不明显。为了保障学生的生命安全，家长和咨询师都建议他到专科医院进行专业心理治疗。后来，这名学生治疗后转到家乡的大学读书，情况得到了有效控制。

由此可见，抑郁情绪对大学生带来的不良影响是非常严重的。

2. 自卑

自卑是一种消极的情感体验，指向个体对自我的认识，表现为对自己的能力和品质评价过低、轻视或看不起自己。

自卑通常由某一方面的原因造成，但很容易发展为对其他方面也失去信心，变得敏感、缺乏安全感，为掩饰自己的短处，回避交往、封闭自己，不愿参加集体活动，常怀疑自己，不敢在人前发表自己的意见，忍让退缩。一个人形成自卑心理后，往往本来经过努力可以达到的目标，也会认为“我不行”而放弃。当然，有些自卑的大学生会通过表现出争强好胜、清高自傲或过度自信等来掩饰。

自我评价过低是自卑的实质。例如，有的人对自我形象、能力不认同；有的学生进入大学后，优越感降低甚至没有了，认为自己没有赢得别人尊重的本钱，一下产生了自卑感；部分学生觉得自己家庭经济条件实在太差而感到自卑。近几年来，这样的大学生人数有增加的趋势。由于个体气质性格的影响，性格内向者大多对事物的感受性强，对事物带来的消极后果也有放大趋向，而且不容易将消极体验及时宣泄和排解，因而产生自卑的可能性也相应增大。

小华自述：“从很小的时候起，我就发现自己打骨子里就有一种自卑感。总觉得自己不如人，做事畏畏缩缩，说话躲躲闪闪，我特别害怕别人的取笑，取笑对于我来说就是嘲笑、挖苦、贬低、伤害，有时别人根本不是取笑，我也认为是取笑。虽然我各方面条件都不差，可心里总觉得比别人低一等。我内心软弱，总怕别人看到自己的缺点，从小就封闭自己，不与人交往。我总觉得别人不对劲，不可理喻，其实我知道不对劲和不可理喻的正是我自己。”

3. 焦虑

焦虑是个体对可能造成心理冲突或挫折的某种事物或情境进行反应的一种不安情绪。一般程度的焦虑情绪，大多会导致痛苦、担心、嫉妒、报复等体验和行为，有时还会使人对自己产生怀疑；严重的焦虑情绪则表现为非常激动、非常痛苦，喊叫、做噩梦、食欲缺乏、呼吸困难、容易疲劳；最严重时，还会产生心跳加速、血压升高、呕吐、冒冷汗、肌肉硬化等反应。

焦虑虽缺乏具体的对象，但仍有动机性后果。适度的焦虑有利于人自我能力的发挥，只有当焦虑十分严重，影响学习和生活时，才成为情绪困扰，带来身心方面的不良影响。大学生中更普遍地存在着各种各样的焦虑，具体来说主要有：

（1）适应焦虑。一些低年级大学生和毕业生中比较常见，主要是因为生活环境和学习方式的转变，担心或者难以很快顺利适应新的环境而引发各种焦虑反应。

（2）就业焦虑。很多学生担心自己不能顺利毕业，将来不能找到满意的工作，或担心在机会来临时不知道应该做出怎样的选择，犹豫不决，产生忧虑、紧张的心理状态。

（3）经济焦虑。一些经济条件不好的学生为自己的学费、生活费担心，整天愁眉不展。还有些学生在交友、恋爱方面感受到较大的经济压力，这些焦虑常常没有太明显的指向，但是会影响人的心境，给生活、学习带来负面影响，如不及时觉察并积极调整，严重时就可能导致身心危害。

某校一名男生因为家庭发生重大变故，一下子由原来的养尊处优变成交学费出现困难，再加上自己竞聘学生干部未能成功，恋爱受挫，开学又补考，短时间内连续的生活事件使他非常痛苦，情绪失控，有一天晚上大哭大喊并突然昏厥过去。

4. 恐惧

一般人对有威胁的事物或遇到危险的情况都会产生恐惧心理，这是一种很正常的反应，这在很大程度上使我们避免受到伤害。但是，如果对常人一般不怕的、没有威胁的事物也感到恐惧，或者恐惧的强度和持续时间远远超出正常的反应范围，自己难以克服，不该怕却控制不住自己的害怕反应，这就是一种病理性恐惧状态了。恐惧与个体的心理因素有很大的关系，如某人遇到交通事故后对汽车产生恐惧；有人有过创伤性体验，又遇到类似的事件时，也会唤起恐惧反应。大学生中比较常见的恐惧是社交恐惧。

大学生小菲，每次和不熟悉的男生说话都会脸红。其实，她很想跟他们交朋友，想多聊几句，但是却羞于表达，害怕他们笑自己胆小。只要是很久没说过话的男生，即使自己的表哥或堂哥，都会这样。小菲的女性朋友很多，男性朋友却寥寥无几。高中时学习紧张她没有去想那么多，步入大学校门后她想好好改变一下自己。小菲参加了社团活动，但总是远离男生、亲近女生。她本想通过环境改变自己，但结果总是不成功。

5. 愤怒

愤怒是人的基本情绪反应，是一种暂时的情绪状态。愤怒产生的原因包括人们感到自尊心受挫、人格受侮辱、人身安全受威胁、遇事处理不公、个人目的受阻等。愤怒情绪本身不是什么问题，但如果表达不当则容易出问题，如大学生中常因为一些小事而冷战、互相大骂甚至动手伤人。

某高职院校一名男生，长得高大帅气，但就是性格特别冲动，不会控制自己的情绪，与同学发生口角和纠纷的事情时有发生。有一次更严重到与同系另一专业的学生因不小心相撞而导致发生口角后，竟然拔刀将那名学生刺成重伤，自己也不得不为冲动的行为承担法律后果。

每个人都会有愤怒的时候，愤怒时，人们需要用理智疏导情绪，做到冷静自问，换位思考，学会适当表达情绪，抱着一种真诚、负责的态度，不要采取暴力方式和过激行为。处理事情要对事不对人，针对当前情境，不要涉及过去事件。更重要的是我们应善于化解愤怒情绪，宽容大度。

【拓展阅读】

案例分析——我心里似乎没有真正的朋友

我总是嫉妒身边的好朋友，她们有任何成就，我的嫉妒心就会发作。我从来没有分享过好友成功的喜悦，有时觉得自己实在是太虚伪了。为什么越是亲近我的朋友，我就越是容易嫉妒她们呢？小时候，姥姥总喜欢拿我和出众的表姐做比较。是不是小时候的环境造成了我现在的性格：讨厌竞争、惧怕竞争、逃避竞争。(杭州　冰冰)

李子勋回复：

人是一种喜欢比较的生物，狗不会因为谁跑得更快而沮丧，狐狸也不会因为谁更狡猾而悲伤。往往动物会主动选择一种补偿机制，跑得不快的狗也许更懂得机会，不那么狡猾的狐狸也许更为凶猛。人看起来没有动物那样灵活，是人具有头脑，有自己的观点并会思考。聪明反被聪明误，人知道什么是好，却不知道自己有什么好。自信的人总用自己的长处去比别人的短处，从不用自己的短处去比较对方的长处。自卑的人正好相反。

你想告诉我，你的嫉妒源于早年，你姥姥总用你的短处去比较表姐的长处，那么现在是谁在用自己的短处去和别人的长处做比较呢？正好是你自己。你是在用这样的方式怀念可爱的姥姥吗？不然为什么你那么像她呢？不过也许年龄的关系，我很喜欢你自以为是的那种性格：讨厌竞争，惧怕竞争，逃避竞争。我就是这样的人，一节课或一句话，别人讲过，我绝不再讲，害怕与人竞争，也怕被别人拿去比较。不过这样的好处是逼迫我的理念、方法、技术不得不实时更新，反倒促成了我今天灵动的风格。万事有好必有其歹，我们如何在逆境中看到机会，寻找突破，是相当考量一个人的内在能量的，对别人的抱怨、嫉妒只会让自己的懒惰合理化，平息恼怒的同时，也让我们失去创造的动力。

我不仅喜欢你的性格，还喜欢你的坦诚，许多人嫉妒了，恼羞成怒了，不知道是自己的问题，多认为别人故意挡自己的道，我也曾是这样人中的一个。你的坦诚让我有种欣喜的感觉，你和他人的区别是你心里怎么想，嘴上就怎么说。我们的社会评价是：你说了不该说的话是幼稚，而不说是成熟。在心理学意义上，感觉到的不一定存在，说出来就变成真的。其实那些住在精神病院的人在很大程度上就是把感觉到的（右脑）当成真实来对待，而对生活中精神病院外的人来说，只有把理性（左脑）认为是真的，才会当成是真的，不会根据感觉来定论。呵呵，这样看来你还是不要把感觉当真的好。

第三节　情绪的自我调控

丰富多彩的大学生活同时也给大学生带来很多压力，使得大学生容易产生情绪的波动和负面情绪。情绪波动过大或者过于负面，会妨碍身心健康，影响正常的生活学习与工作。因此，大学生必须正确认识自己的情绪，了解情绪调节的方法，有针对性地进行自我调节。

【导引阅读】

有一个坏脾气的男孩，他父亲给了他一袋钉子，并且告诉他，每当他发脾气的时候就钉一个钉子在后院的围栏上。第一天，这个男孩钉下了三十七根钉子。慢慢地，男孩每天钉钉子的数量减少了，他发现控制自己的脾气要比钉下那些钉子容易。于是，有一天，这个男孩觉得自己再也不会失去耐性，乱发脾气了。

他告诉父亲这件事情。父亲又说，现在开始每当他能控制自己脾气的时候，就拔出一根钉子。一天天过去了，最后男孩告诉他的父亲，他终于把所有钉子给拔出来了。

父亲握着他的手，来到后院说："你做得很好，我的好孩子！但是看看那些围栏上的洞，这些围栏将永远不能恢复到从前的样子。你生气的时候说的话就像这些钉子一样留下疤痕。如果你拿刀子捅别人一刀，不管你说了多少次对不起，那个伤口将永远存在。话语的伤痛就像真实的伤痛一样令人无法承受。"

一、大学生情绪管理的原则

情绪管理并不是说不发脾气，而是强调“情绪的适当表达”，情绪管理大师戈尔曼博士指出，情绪管理不是情绪压抑。下面是大学生情绪管理需要掌握的一些基本原则。

一是先处理心情，再处理事情。在生活中，我们要先有好的情绪，才有好的行为。情绪不好的时候，做事的效率自然就会降低，甚至做出不理智的决定，或者鲁莽行事，而错失良机，或者后悔终生。

二是活在当下。研究发现，许多心理疾病都是因为沉湎于过去及对未来的过高期望而产生的，所以进行情绪管理要认识到“当下的生活”是最重要的，注重当下的生活，寻找当下的快乐。过去的已经过去，未来的还没有到来。情绪管理要从当下实现自己的内心平和开始。生活学习中，每个人都要学会欣赏生命中美丽的风景，包括欣赏身边的每一个同学，享受学习工作的过程，而不要过多地被过去和未来所牵绊。

三是适当表达自己的情绪。很多大学生认为，在工作生活中流露自己的情绪是一件很丢人的事情，怕别人说自己“太情绪化”，尤其是男生，更是认为表达自己的情绪是脆弱的表现。他们不允许自己处在负面的情绪中，拼命告诫自己“要理性”“要控制情绪”“我不应该焦虑，焦虑只会让我表现得更糟”“我不应该沮丧，沮丧只会侵蚀我的斗志”，然而，如果我们一味地否认、压抑负面情绪，我们将会失去适当地反映真实情绪的能力，所以也将无法真实感受到快乐等正面情绪，而变成一个单调、无情绪的人。其实，当我们失去感受负面情绪的能力时，也就失去了感受正面情绪的能力。真正的问题并不在于情绪本身，而在于情绪的表达方式，在这里，我们强调的是“适当”。

四是把负面情绪变成资源加以利用。负面情绪被我们称为“行动信号”，它的真正意义是：我们目前有问题了，到了需要采取行动来处理的时候了。负面情绪不仅提醒我们要拿出行动，同时也提醒我们必须改变先前的想法、认知、沟通技巧及行为。任何一种情绪对我们来说都有正面价值和负面价值。虽然负面情绪会令人不好受，但它能够提醒我们改变目前的做法。因此，我们不能笼统地否定负面情绪，要客观地分析，发现负面情绪所揭露问题的本质，并通过积极的方法加以改进。在工作和生活中，我们要善于利用负面情绪的正面价值，当负面情绪成为我们的资源时，我们对它也就不那么排斥了。负面情绪之所以会让我们觉得不舒服或痛苦，是因为它带来一个信号：现在所做的这一套不管用、有问题，如自尊心受伤，是告诉我们必须改变沟通技巧才不会使自尊心再受伤害，之所以会有这种感觉，要么是我们的认知出了问题，要么是我们的行动未达到预期的效果。

二、情绪调节的方法

1. 认知调整情绪法

情绪源于人们的想法、态度、价值。引起人们种种情绪的，不是事情本身，而是人们对事件的看法。古希腊哲学家埃皮克迪特斯有一句名言这样说：“人不是被事物本身所困扰，而是被其对事物的看法所困扰”。要管理自己的不良情绪，先要了解自己是如何认知的。改变了对事物的看法，形成了正确的认知，很多不良情绪也就得到了改善。

例如，在街上偶遇熟人，但对方没有与自己打招呼径直过去了。如果认为他可能正在想别的事情没有注意到自己，情绪就不容易波动，如果觉得对方是故意不理睬自己，就容易产生愤怒等情绪。两种不同的想法会导致两种不同的情绪和行为反应。

美国心理学家艾利斯（Albert Ellis）将以上观点概括称之为ABC理论，A代表诱发事件（activating events），即引起不良情绪的事件。B代表信念（beliefs），是指人对A的信念、认知、评价或看法，引起不良情绪的信念往往是不合理的、非理性的。C代表结果即症状（consequences），诱发事件A不会直接引起症状C，A与C之间还有中介因素B在起作用，即人对A的信念、认知、评价或看法。因此，对A的经验总是主观的，因人而异的，同样的A在不同的人身上会引起不同的C，这主要是因为他们的信念有差别即B不同。换言之，事件本身的刺激情境并非引起情绪反应的直接原因。个人对刺激情境的认知、解释和评价才是引起情绪反应的直接原因。D代表治疗（disputing），通过D来影响B，认识偏差纠正了，情绪和行为困扰就会在很大程度上解除或减轻，最后达到E效果（effects），负面情绪得到纠正。

情绪ABCDE模式：

A：诱发事件，即存在事实。

B：信念体系，即对于A的内在语言。

C：B所引起的情绪和行为的结果，即对A的情绪反应。

D：驳斥想法，即对B的质问。

E：驳斥效果，即对A的新想法。

在日常生活中人们常常倾向于将自己或他人的不良情绪归因于客观事件，却忽视了真正起作用的内心信念。例如，一名未考上重点大学的学生表现出消沉、沮丧、绝望。他的这些消极情绪反应往往被认为是由未考上重点大学这一客观事件引起的，其实不然。根据艾利斯的理性情绪治疗理论，这名学生的消极情绪是因为他在看待自己未考上重点大学这件事上选择了非理性信念——他可能认为自己怀才不遇，认为没有考上重点大学就是没有出息，自己的前途被断送了，会被别人看不起等。因此，如果能帮助学生找出并改变不合理信念，就能协助他形成一个较实际、开阔和合理的人生态度。

【拓展阅读】

非理性认知的特征

绝对化的要求：认为一件事情必定会发生的信念，通常与“必须”“应该”这样的字眼联系在一起。比如：“我必须很成功”“别人应该对我很好”等。

过分概括化：将某一方面事件的结果，推论到不同类的事件或环境中。例如，若自己学习成绩不好，就觉得自己各方面的能力都不如别人。或者别人做的稍有差错，就认为别人一无是处。

糟糕至极：认为一件不好的事情将是灾难性的、非常糟糕的，夸大事情的后果。比如受到老师的一次批评便恐慌不安，不知所措。

2. 合理宣泄法

不良情绪产生后，总是伴有能量的蓄积。蓄积的能量需要宣泄出来，如果总是蓄积而不释放，就会淤积成病。

哭是最直接，效果也最明显的宣泄方法。美国心理学家威廉·佛莱（W. Ferre）认为，流泪能排除人体由于感情压力所造成和积累起来的生化毒素，使流泪者恢复心理和生理上的平衡，因而对健康有益。反之，如果这些毒素不通过流泪排出而滞留在体内，将对健康不利。当情绪比较糟糕时，找一个知心朋友、家人或者心理咨询师，将自己的苦闷、抱怨和导致不良情绪的事件都倾诉出来，朋友的耐心倾听、理解、安慰以及感情的支持对于恢复正常情绪都是一剂良药。当然，倾诉的形式可以多种多样，除了上面所讲的面对面的倾诉之外，电话、书信、日记、发朋友圈、发微博也是很好的倾诉形式。

大学生在产生不良情绪时还可以采用行为宣泄的方法来缓解情绪，其中运动是最好的方式。格雷格·沃尔夫（Gregg Woolf）认为“运动对心理和情绪的作用胜过于生理，运动是迄今为止最好的心理治疗师之一”。运动不但能够缓解压力，还能够分泌俗称“快乐物质”的多巴胺等多种神经递质，即使只是轻度运动，如慢跑、跳舞、瑜伽甚至只是走一走，也有助于情绪的恢复。当然，有的大学生喜欢在一个空旷无人的地方大声吼叫，有的喜欢逛街购物，还有的喜欢吃东西等，这些方式都无可厚非。值得注意的是，在我们选择宣泄方式的时候，要注意宣泄的对象、地点、场合等，切不可任意宣泄，无端迁怒于他人或他物。一些有损自己身心健康的方式，例如酗酒，并不是积极有效的宣泄方式。

3. 注意转移法

注意转移法是指当处于情绪困境时，暂时将问题放下，将注意力偏移此情此景以转变情绪体验的性质，以达到调控不良情绪的目的。常采用的方式有：避开现场、环境调节、转移话题、做感兴趣的事情等。具体来讲可以通过听欢快的音乐、在不影响别人的情况下大喊、运动，参加集体活动等来实现情绪转移或替代负面情绪。

4. 音乐疗法

美国音乐治疗之父加斯顿（Gaston）指出，音乐对于人的情绪的影响力非常大，不同音乐可以影响人的行为节奏和生理节奏，引发各种不同的情绪反应。大学生可能都有这样的体验，心情不好时戴上耳机听听音乐，随着或激昂或优美或欢快的音乐响起，情绪也慢慢平复。运用音乐缓解法要注意选择好音乐类型，在忧伤的时候听听积极向上的音乐，在沮丧时听听激昂的音乐，在焦虑时听听舒缓悠扬的曲子，将有助于更好地调节情绪。大学生也可以学习乐器和音乐创作，把内心的体验转化成心灵的曲调，并从中体验成功。

5. 放松训练和积极的自我暗示法

当你感觉过分紧张、烦恼时，可采用放松和自我暗示的方法放松自己。放松的方法主要有想象放松、肌肉放松、呼吸调节等。大量实证研究结果证实，有规律的呼吸练习能够减少负面情绪，增进积极情绪。呼吸练习首先尽量选择在一个安静地点进行，然后闭着眼睛调整身体姿势，可以采用盘腿坐或者两只脚一前一后保持平行的姿势。接下来，专注于对呼吸的觉知，不要追忆过去或者计划未来，把所有跟静坐无关的东西统统都先放下。把全部的注意力集中于鼻孔到人中这一段的敏感区自如地呼吸。如果在这个过程中，头脑中有杂念或者走神也没关系，不断地走神不断地拉回来。所有的练习只要单纯做一件事，就是保持对呼吸的觉知。对大学生而言，学会简单呼吸法，适时进行，对于改善情绪，恢复平静很有帮助。

有时候，一句话如果反复对自己说很多遍，似乎就变成了真理，“三人成虎”的道理也就在此。当不良情绪要爆发或感到心中十分压抑的时候，可以通过暗示作用来调整和放松心理上的紧张，使不良情绪得到缓解。当你将要发怒的时候，可以暗示自己：别做蠢事，发怒是无能的表现。发怒既伤自己，又伤别人，还于事无补。这样的自我提醒，就会使心情平静一些。当情绪不好时，不要放纵坏情绪的泛滥，要多跟自己说“一切都会好起来的，明天就是新的一天了”“烦恼、哀愁都是没有的，我要对自己有信心”，甚至每天早晨照镜子时对自己笑一笑，充满自信地大声跟自己说：“我看起来精神状态很好！我一定能渡过眼前的难关！”不管自己相不相信，一定要坚持对自己这样说、这样做，时间长了，自我暗示的效果就会出来，你就会变成一个自信、乐观、情绪开朗的人。

6. 饮食调节法

多年来的研究显示，某些特定的食品能影响大脑中某些化学物质的产生，而改善人们的心情。

全麦面包：食物中的色氨酸能提高大脑中5-羟色胺的水平，使人产生愉悦的感觉。

咖啡：早上喝一杯咖啡确有提神醒脑的作用。咖啡因能使血压暂时略有升高，并阻断使我们感到瞌睡的化学物质的传递。但如果每天喝3杯以上，反而会使人烦躁易怒。

水：每天应喝足够的水，防止因缺水而感到萎靡不振。不能用咖啡或其他含咖啡的饮料代替。

香蕉：紧张与镁缺乏有密切关系，所以生活忙碌的人在食谱中应补充富含镁的食物，如香蕉。

橙和葡萄：每天150毫克剂量的维生素C就可以使紧张、易怒、抑郁的不良情绪得到改善。

辣椒：辣椒中含的辣椒素能刺激口腔神经末梢，使大脑释放出内啡肽。这种物质能引起短暂的愉快感。

思考题

1. 大学生情绪的基本特征有哪些？
2. 举例说明如何调控自己的情绪？

心理活动体验

活动一　“情绪猜猜猜”

1. 活动目的

学会通过非语言信息理解他人的情绪，促进了解。

2. 具体操作

（1）把学生分成两人一组，面对面坐好。

（2）其中一人用手势、表情、体态语言表达内心的情绪，让对方猜动作及表情所反映的感受是什么。做完后，让表演者说明对方的猜测是否准确，为什么。

（3）交换角色，再来一次。

（4）活动完成后可归纳整理，如何从非语言信息来判断各种情绪。

（5）表演题目如下：我很高兴、我很开心、我很难过、我很失望、我很无奈、我很着急、我很困惑、我很担心、我很舒服、我很不甘心、我觉得丢脸、我觉得厌恶、我很痛苦、我很寂寞、我很满足、我很无助……

活动二　认识自己的情绪

首先，请闭上眼睛，想一想你最怕什么？比如怕说错话、做错事；怕和陌生人讲话；怕别人不喜欢自己；怕孤独等。其次，问自己，为什么会害怕？比如，为什么害怕别人不喜欢自己，再问下去，如此害怕的原因是什么？比如，害怕别人不喜欢自己，是否因为自己的价值是建立在他人的肯定和欣赏上，如此之后，思考下面的问题：

我是谁？

我是否有价值？

我为什么要生活？

我努力奋斗为的是什么？

生命的意义是什么？

人生的目的是什么？

活动三　情绪红黄绿灯

"红黄绿灯"训练步骤：

美国芝加哥大学罗杰·韦斯伯格教授设计了一个如何控制冲动的6个简单易行的"红黄绿灯"训练步骤，他给那些急躁冲动的人们提供了一个可具体操作的应对方式。它不仅能帮助你控制极端的情绪，而且能给你指示有效行动的途径。

红灯：1. 停下、镇定，心平气和，三思而行。

第一步就是要化解冲动。缓冲可以有多种方法，如转移注意力，暂时压抑怒火，独处，给自己深思的时间，避开特定的环境，或通过沙袋拳击和破坏一些无关紧要的东西来释放能量。深呼吸、放松肌肉等方式也很有帮助。

黄灯：2. 说出问题所在，并表达你对此的感受。

愤怒本身就是片面感受的产物，因此在愤怒中，人是无法全面考虑问题的。全面考虑问题一般是在缓冲以后，或自己认识到愤怒而开始控制或积极化解的时候。首先，要解释诱因，怒火是由某一事件或想法引发的；其次，要发现诱因，对其做出分析，并调整期望，以便很快地平息怒火。

3. 确定一个建设性的目标。

想象一下后果，看看值不值得。气病了自己更没人同情，还让对头看笑话。再看看那件引发愤怒的事情，对自己、对环境的损失是不是大于愤怒造成的损失。想想有没有别的方案，能不能有效地修正计划。将事情纳入理性的视野，怒火就会自然而然地消失。

4. 想出多种处理方案。

5. 考虑上述方案可能产生的后果。

绿灯：6. 选择最佳方案，付诸行动。

案例练习：

一天傍晚，一对热恋的大学生在校园里散步，忽然这位女生感觉到头上有口痰液。男友 A 一看原来在教学楼三楼窗户旁有一位男生 B 在作怪。愤怒之下，男友 A 冲了上去，见男生 B 醉醺醺的，便与男生 B 争吵并厮打起来。在打斗中男友 A 顺手抄起旁边的板凳砸向男生 B 的头部，致使男生 B 身受重伤。

这是一个因情绪冲动发生的案件，设想你是男生 A，请运用红黄绿灯法控制自己的情绪与行为，并写出具体的行动步骤。

红灯：1. ____________________

黄灯：2. ____________________

3. ____________________

4. ____________________

5. ____________________

绿灯：6. ____________________

活动四　制作“情绪词典”

要增进人们对情绪的表达能力，最简单而有效的方法就是增加表达情绪的词汇，而利用“情绪词典”的活动可有效达成此目的。因为表达情绪的词汇或形容个人心情感受的词语若增加，则个人欲表达自己的情绪时，就能够很快地以较适当的词汇来形容。情绪表达词汇一方面有助于个人对自己情绪的了解与掌握，另一方面则能促进彼此沟通。如此一来，考试不好造成的“心情不好”，被责骂时产生的“心情不好”，与朋友意见不合的“心情不好”，就能加以分辨。

第一，请你依次将你所想到的情绪写在空白的本子上，一页只写一种情绪。可以配合每页的情绪，挑选几张公众人物的照片，自己或他人的照片，或是为每一种情绪画上插图，作为每一种情绪的提示。

第二，再请你加以揣摩，描述照片中人物可能的心情感受，并举例说明自己何时有过相同的感觉。当时发生了什么事，有谁在场，你的情绪如何，你当时做何反应与处理。如果难以揣摩或说不出来时，你也可以问问别人对此情绪的体验。

活动五　完成一个提高情绪表达能力的游戏

没有肢体语言的帮助，一个人说话会变得很拘谨，很沉闷。但是，过多的或不合适的肢体语言也会让你这个人望而生厌。自然、自信的身体语言能帮助我们沟通得更加自如，情绪更加愉快。

1. 游戏规则和程序

（1）将学生们分为 2 个人一组，让他们进行三分钟的交流，交流的内容不限。

（2）当大家停下以后，请学生们彼此说对方有什么非语言表现。包括肢体语言和表情，如有人老爱眨眼，有人会不时地撩一下自己的头发等。问这些做出无意识动作的人是否注意到了这些细小行为。

（3）让大家继续交流 3 分钟，但这次注意不要有任何肢体语言，看看与前次有什么不同。

2. 相关讨论

（1）在第一次交谈中，有多少人注意到了自己的肢体语言？

（2）对方有没有什么动作或表情让你觉得极不舒服，你是否告诉他你的这种情绪？

（3）当你不能用动作或表情辅助你谈话的时候，你有什么样的感觉？你是否会觉得很不舒服？

3. 总结

人与人之间的交流包含两个方面：一方面是语言的，另一方面是非语言的，这两个方面互为补充，缺一不可。有时候非语言传达的信息比语言还要精确，如当一个人不停地向你以外的其他地方看去，你就可以了解到他对你们的谈话缺乏兴趣，需要调动他的积极性了。

同样，在日常的生活和工作中，为了让别人对你有一个更好的印象，一定要注意戒除自己那些不招人喜欢的动作或表情，注意用良好的手势、表情帮助你交流，因为好的肢体语言能帮助你的沟通和情绪表达，坏的肢体语言则会引发对方不良的情绪，阻碍交流。

活动六　测一测

你的情绪稳定吗？

下面有 30 道题，请根据自己的实际情况作出回答。符合的，把该问题后面的“是”圈起来，难以回答的，把“？”圈起来；不符合的，把“否”圈起来。做这个测验不必多思考，要求用 10 分钟左右的时间完成，每题只能选择一个答案。

1. 我从未患过梦游症（即睡着时起来走路）。
2. 我从未因病而休假半年以上时间。　是　？　否
3. 如果在工作时有人跑来打扰我，我就会很恼火。　是　？　否
4. 我几乎每天都会遇到一些难以处理的事情。　是　？　否
5. 在最近一次学习新知识或技巧时，我感到很有信心。　是　？　否
6. 我时常会被一些事情所激怒。　是　？　否
7. 若是遭到别人侮辱，我的心理久久不会平息，过了好多天仍不能忘记。　是　？　否
8. 我感到自己的生活是丰富的，并不单调。　是　？　否
9. 通常我很容易入睡，并且睡得很好。　是　？　否
10. 我是个容易害羞的人。　是　？　否
11. 若是知道有人恨我，我也不放在心上。　是　？　否
12. 我有时会莫名其妙地感到欢乐或悲哀。　是　？　否
13. 我常常在应当着手作书面工作时，沉浸在幻想之中。　是　？　否
14. 最近五年来我从未做过噩梦。　是　？　否
15. 我在搭电梯、穿马路或站在高处时会感到恐惧。　是　？　否
16. 遇到紧急事情时，我总能冷静地处理好。　是　？　否

17. 在日常生活中我是个感情用事的人。 是 ? 否
18. 我很少担心自己的健康问题。 是 ? 否
19. 我清楚地记得去年有哪些人经常给我造成麻烦。 是 ? 否
20. 读书阶段，如果没有家庭作业和考试，我就不会主动去学习。 是 ? 否
21. 最近五年内，我在工作和学习时，从来没有感到空虚茫然。 是 ? 否
22. 在过去一年中我遇到三个以上对我不友好的人。 是 ? 否
23. 在我的一生中，我能够达到我所希望的目标。 是 ? 否
24. 看到别人做出怪异的行为，我总是难以忍受。 是 ? 否
25. 自杀是荒唐的，我从未动自杀的念头。 是 ? 否
26. 我常常感到不快乐。 是 ? 否
27. 这两年我从未拉肚子。 是 ? 否
28. 通常情况下，我很有自信心。 是 ? 否
29. 我完全有理由相信自己有办法像多数人一样轻松地处理日常生活事情。 是 ? 否
30. 最近一个月里，我几次服用镇静剂或安眠药。 是 ? 否

计分方法：每圈一个“是”计 2 分，每圈一个“?”计 1 分，每圈一个“否”不计分。将你在各题上的分数相加，算出总分。根据总分来查下面的评分表，就可以知道你的情绪稳定程度。

评分表

总分	情绪稳定性	行为特征
0~11	不稳定	情绪过敏，内心困扰，心境波动大
12~23	不大稳定	情绪经常波动，内心有困扰
24~36	中等	介于情绪过敏与情绪稳定之间
37~48	较稳定	情绪很少波动，有稳定的态度和行动
49~60	很稳定	稳重，成熟，自信，理智，镇定

课外心理拓展

1. 书籍《情绪》，卡莱特著，周仁来等译，北京：中国轻工业出版社，2009

本书内容分为 3 个部分：第一部分主要为与情绪有关的一系列基本问题：情绪的本质、情绪的分类、情绪的发展以及情绪与文化的关系等。第二部分则对一系列常见的具体情绪分别进行了阐述，包括恐惧、焦虑、愤怒、悲伤、幸福、爱、恶心、轻蔑、羞愧、内疚、自豪感等。第三部分阐述了情绪与其他心理过程之间的关系，包括情绪与信息加工、情绪性决策和情绪智力、情绪调节等方面的内容。作者以深入浅出的语言对上述问题进行了详尽表述，涵盖了理论建构、实证研究等各个方面。总体而言，本书既适合大学生和研究者阅读，又可以作为心理学爱好者的科普读物。

2. 电影欣赏

电影《愤怒管理》：是一部能让人从头笑到尾，但又能从中获得不少心理启示的影片。影片中的主人公带着自己惯有的愤怒在莱德尔医生的“刺激”下开始了一系列在外人看来既搞笑又夸张的“非人”生活。极具戏剧性的愤怒像多米诺骨牌，产生了一连串推波助澜的恶性影响。其实，痛苦只是抽象的理论概括，沮丧、挖苦等才是其具体表现形式。所以，无论是爆发型愤怒还是自闭型愤怒的人，看了这部电影，都会在爆笑中感受到“不识庐山真面目，只缘身在此山中”的释然。最后，主人公在好不容易培养的自信与为信仰据理力争的勇气中战胜了愤怒。

《头脑特工队》：这部影片告诉我们成长是伴随着快乐和痛苦的，但要学会转化情绪、管理情绪。情绪有时候会失去控制，甚至会无法感受到情绪。但是我们得学会接纳每一种情绪，并能够合适地转化。影片主人公莱莉因为自己爸爸的工作搬家到了陌生的旧金山，在陌生的地方开启了全新的生活，因为一些事情“乐乐”和“忧忧”都被挤出了大脑控制中心，他们迷失在脑海中，大脑控制中心只剩下“怒怒”“怕怕”和“厌厌”，这使得原本乐观开朗的莱莉变得脾气不那么好甚至开始愤世嫉俗，“乐乐”和“忧忧”得尽快地回到大脑控制中心才能让莱莉重新变得开朗。

3. 课后延伸

我的情绪日记表

		重要事件		清晨		上午		下午		晚上		睡前	
时间	天气	事件纪要	情绪	原因	情绪	原因	情绪	原因	情绪	原因	情绪	原因	情绪
周一													
周二													
周三													
周四													
周五													
周六													
周日													

第六章　“逆袭”让人生更精彩
——大学生压力与挫折应对

失败也是我需要的，它和成功对我一样有价值，只有在我知道一切做不好的方法以后，我才能知道做好一件工作的方法是什么。

——爱迪生

卓越的人一大优点是：在不利与艰难的遭遇里百折不挠。

——贝多芬

第一节　压力与挫折

压力和挫折是无处不在、不可避免的，在人生的每个阶段，只要有需要、有追求，就会有失败、有失落。压力与挫折是人生的伴侣，它们就像人在不同角度和不同光线下的影子，有时看不见，有时淡而小。当我们承受着压力或者受到巨大挫折的时候，也许换一个角度看待、采取一些行动处理问题，压力和挫折将会得到减轻或者改善。然而，压力与挫折是什么？它们对大学生有什么影响？我们又该如何应对呢？

一、认识压力

压力也叫应激，最早于1936年由加拿大著名的生理心理学家汉斯·薛利博士提出，因此他被称为“应激理论之父”。他认为压力是由非特定性刺激所引起的生理变化。

目前，国内比较公认的压力定义是：指由刺激引起的伴有躯体机能以及心理活动改变的一种身心紧张状态。

1. 压力源

压力源又称应激源，是指对个体的适应能力进行挑战，促进个体产生压力反应的因素。生活中的压力源可分为躯体性压力源、心理性压力源、社会性压力源和文化性压力源。

（1）躯体性压力源：直接阻碍和破坏个体生存与种族延续的事件，包括躯体创伤和疾病、饥饿、性剥夺、睡眠剥夺、感染、噪声、气温变化等。

（2）心理性压力源：直接阻碍和破坏个体正常精神需求的内在和外在事件，包括错误的认知结构，个体不良经验，道德冲突以及长期生活经历造成的不良个性心理特点（易受暗示、多疑、嫉妒、处罚、悔恨、怨恨等）。

（3）社会性压力源：直接阻碍和破坏个体社会需求的事件，包括纯社会性的（重大社会变革、重要人际关系破裂等）和由自身状况造成的人际适应问题（如社会交往不良等）。

（4）文化性压力源：指要求人们适应和应付的文化变化问题。最常见的就是文化性迁移，例如出国留学，移民。

2. 压力反应

（1）心理反应——心理上的紧张。压力引起的心理反应有警觉、注意力集中、思维敏捷、精神振奋，这是适应的心理反应，有助于个体应付环境。但是，过度的压力会带来负面反应，出现消极的情绪，如忧虑、焦躁、愤怒、沮丧、悲观、失望、抑郁等，会使人思维狭窄、自我评价降低、自信心减弱、注意力分散、记忆力下降，表现出消极被动。

（2）生理反应——生理上的紧张。个体在压力状态下会出现一系列生理反应，主要表现在自主神经系统、内分泌系统和免疫系统等方面。例如，导致心率加快、血压增高、呼吸急促、激素分泌增加、消化道蠕动和分泌减少、出汗等。过度反应则表现为急躁、抑郁、多疑、沮丧等。

（3）行为反应——行为上的紊乱。直接反应和间接反应（如借酒消愁等）。过度表现为行为退缩、失控或者与人冲突不断等。一般而言，轻度的压力会促发或增强一些正向的行为反应，如寻求他人支持，学习处理压力的技巧。但压力过大过久，会引发不良适应的行为反应，如谈话结巴、动作刻板、过度吃食、攻击行为、失眠等。

二、走近挫折

【案例导入】

了解林肯的人生历程，谈谈感悟

1809 年，出生在寂静荒野上的一座孤独的小木屋。

1816 年，7 岁，全家被赶出居住地。经过长途跋涉，穿过茫茫荒野，找到一个窝棚。

1818 年，9 岁，年仅 34 岁的母亲不幸去世。

1826 年，17 岁，已经什么农活都能干了，经常帮人打零工。

1827 年，18 岁，自己制作了一条摆渡船。

1832 年，21 岁，竞选州议员，但落选了。想进法学院学法律，但进不去。

1831 年，22 岁，经商失败。

1833 年，24 岁，向朋友借钱经商，年底破产。接下来花了 16 年，才把这笔债还清。

1834 年，25 岁，再次竞选州议员，竟然赢得了资质。

1835 年，26 岁，即将结婚时，未婚妻死了，因此心也碎了。

1836 年，27 岁，精神完全崩溃，卧病在床 6 个月。

1838 年，29 岁，努力争取成为州议员的发言人，没有成功。

1840 年，31 岁，争取成为被选举人，落选了。

1843 年，34 岁，参加国会大选，又落选了。

1846 年，37 岁，再次参加国会大选，这次当选了。

1848 年，39 岁，寻求国会议员连任，失败了。

1849 年，40 岁，想在自己的州内担任土地局长，被拒绝了。

1854 年，45 岁，竞选参议员，落选了。

1856 年，47 岁，在共和党的全国代表大会上争取副总统的提名，得票数不到 100 张。

1858 年，49 岁，再度参选参议员，再度落选。

1860 年，51 岁，当选美国总统

林肯对自己的总结：我家境贫寒，母亲早亡，孤苦奋斗，厄运不断。两次经商两次失败，11 次竞选 8 次失败。为此我也曾经心碎过、痛苦过、崩溃过，有好多次都绝望之极，担心自己能不能再爬起来。

林肯对自己的评价：虽然心碎，但依然火热；虽然痛苦，但依然镇定；虽然崩溃，但依然自信。因为我坚信，对付屡战屡败的最好办法就是屡败屡战、永不放弃。

反思：在生活中你曾遭遇过哪些挫折？产生挫折的原因是什么？怎样才能尽量减少挫折的产生呢？

1. 挫折的含义

挫折是指人们在有目的的活动中，遇到无法克服或自以为无法克服的障碍和干扰时而产生的消极反应。挫折包含三个要素：挫折情境，挫折认知和挫折反应。

（1）挫折情境。挫折情境是指需要不能满足、目标无法实现的内外障碍和干扰。

（2）挫折认知。挫折认知是指对挫折情境的知觉、认识和评价。它是产生挫折心理的主观原因，直接导致挫折产生的挫折感也不同。

（3）挫折反应。挫折反应是伴随着认知而产生的情绪状态和行为反应。挫折反应也可称为挫折感。通常有两种形式：①不同的人对同一挫折感受不同；②同一个人对不同挫折反应不同。

挫折常见的情绪反应：焦虑、攻击、冷漠、退化、幻想、固执。

2. 挫折承受力

挫折承受力又称耐挫能力，是个体对挫折的可忍耐、可接受的大小，它包含挫折耐受能力和挫折排解能力。最初使用“承受力”这一概念的是美国心理测验专家罗森茨威格。他给挫折承受力下的定义是“抵抗挫折而没有不良反应的能力”，即个体适应挫折、抵抗和对付挫折的能力。影响挫折承受力的因素包括：生理条件、过去经验、挫折频率、认知因素、个性因素和社会因素。

第二节　大学生压力与挫折分析

大学生普遍处于青年前期，是人一生当中心理发展变化最活跃的时期，也是一个人心理矛盾和心理压力的多发期。这与当前的社会环境及大学生这一年龄阶段的身心发展特点有关。

一、大学生常见挫折与压力

情景一：黎×，大四学生，曾经品学兼优，16 岁考入大学，但因家境贫寒，忙于打工赚钱以致耽误学业。某日中午，延期毕业学生黎×，在校内银行劫持一人，抢走大量现金，5 小时后被警方控制。黎×的大学同学兼舍友许×表示："听到黎×抢银行的消息时我非常震惊，他 16 岁上大学，家境贫寒，承受的压力远超过身边的同学。"

情景二：有一名学生，在小学时学习成绩一直很好，他自己也很喜欢学习，小学老师经常表扬他。但上了中学后，他发现自己的学习成绩常常排在 20 名之外，这令他非常惶恐，父母也因他的成绩不好责备他。此后，他因学习压力，渐渐地对各科考试感到害怕。

情景三：放学了，有一个学生磨磨蹭蹭不愿回家。后来老师了解情况发现，原来这名学生的父母离婚了，冷冷清清的家庭令他难受。

情景四：一个女生被同学怀疑偷了钱包，自感委屈，百口难辩，结果以自杀来表示自己的清白。

以上都是大学生常见的压力与挫折事件，具体来说大学生常见的压力包括：学习压力、就业压力、交往压力、恋爱压力、经济压力等。如何面对压力与挫折非常重要。

二、挫折产生的原因

1. 外部原因

有些挫折是由于非人为的环境因素造成的。例如，一个急于完成学业以便能负担家庭生活的大学生，还必须苦读一两年才能毕业挣钱；身处异国的留学生，由于远隔重洋而无法不去思念至亲等。

有一些外部挫折是由于社会环境中的人为因素所引起的。例如，彼此相爱至深的大学生，因男方出身于农民家庭，遭到女方家庭反对等。

2. 内部原因

挫折的内因是指个人的生理、心理因素等带来的阻碍和限制。

（1）生理条件的限制。案例：刘×，大学二年级学生，她在大一上半学期时非常用功，成绩很好，可是到了下半学期成绩就下降了。由于她长得又黑又貌不出众，所以被男生冷落。为此，女生深感苦恼，后来就出现反常行为。例如，上课时对男老师傻傻地笑，说男老师喜欢她，可她配不上人家；在大街上碰到男青年，她常往地上吐唾沫，并说那男的对她不怀好意。上二年级后，她整日黯然神伤，总和别人比容貌，以致更没有男生愿意接近她了。

这是由于容貌不美而缺乏自信，产生种种异常行为的案例，该问题的实质在于本身的看法不当。当我们不能改变现实时，应当尝试去改变对现实的态度。当一个没有美貌外表的女孩能够真正接受自己，变得自信、自强、快乐时，她便形成了一种过人的人格魅力。美丽的东西总是令人赏心悦目的，我们不能责备男士总是看好美貌的女孩，而应当接受现实的自己，着手培养自己内在的气质。一个拥有人格魅力和内在气质的女孩同样能吸引优秀的男士，即使不能成为恋人，也能成为朋友。那时她便不会孤独，不会自卑。要强调的是，一个连自己都不能接受的人，怎能让别人喜欢自己呢？

正如一句谚语所说：喜欢你自己，别人也就会喜欢你，同样的道理包括：接受你自己，别人也就会接受你；接受你自己，你才能够获得自信心。

（2）动机冲突。动机冲突是指同时产生了两个或两个以上的动机，但由于条件限制，二者不可得。如“鱼与熊掌不可兼得”的冲突、“前怕狼后怕虎”的冲突、“进退两难”的冲突等。如果这种心理矛盾持续太久、太激烈，或是其中一个动机得到满足而其他动机受到阻碍，这时便会造成挫折。

（3）能力和期望的矛盾。一个人如果过高地估计自己的能力，就会对自己提出不切实际的要求，制定过高或无法达到的目标或计划。一旦目标无法实现，自己又未能清醒地认识到这一点，便会产生强烈的挫折感。

一名大学二年级男生来到心理咨询中心，诉说自己感到自卑。究其原因，他上高中时学习很出色，上大学后他给自己定下目标，争取提前大学毕业报考研究生。为此他把自己的日程安排得很紧，除了繁重的专业课作业和实验之外，他自学计算机，每天还要学外语，对一些公共课也要求自己考试要得高分，要拿到奖学金。总之，他没给自己安排一点娱乐时间，对自己的要求太高，当目标未能实现时，便产生了挫折感。

（4）人际关系障碍。人际关系是一种重要的社会心理现象，有人称之为“心理气氛”。如果大学生善于与周围人保持良好的关系，或者说与周围人维持一种融洽的、正常的感情交流，就能获得一种安全感，并且在这种交往中，使情感得以宣泄，郁闷得以排遣，精神得以升华，从而有助于身心健康。相反，如果人际关系不良，就会使一个人处于莫名的“不安”状态中，感到“无助”或“孤独”，并会引起各种形式的挫折反应。

（5）学习上的不适应。学习上的不适应常发生在大一新生中。中学老师讲课细致，作业布置得多，要求明确具体，考试也频繁严格。进入大学后则完全不同，学生学好课程主要靠自觉，能够合理安排时间，独立进行学习。理科有大量作业，文科有大量参考书，这往往使刚入学的大学新生感到无从下手，而且平时考试较少，到了期末考试就有些手忙脚乱，抓不到重点。

尤其是在重点大学、名牌大学，新生的竞争更强，“强中更有强中手”，必然使一些大学生失去原来的优势，心理上产生压力和不平衡感。再加上刚经过紧张的高考，心理上未能完全放松，又在新的环境下争强好胜，如果没有好的学习方法，便可能造成诸多挫折。

（6）生活上的创伤。失去亲人或失恋都可能给大学生造成难以承受的精神打击，这也是常见的心理受挫因素。例如，一名本来性格活泼开朗、爱说爱笑的女大学生，一年内父母先后病故，她受到沉重打击，服毒自尽，因抢救及时未造成死亡，但精神抑郁无法学习而退学。

从心理学的角度看，失恋、单相思、父母亡故等创伤都是一种应激因素，需要动用大量精神能量，如果种种应激反应交织在一起并产生严重的心理冲突时，很可能会造成心理危机。

三、大学生应对挫折与压力的认识误区

1. 夸大问题的严重性

有些大学生一遇到挫折与压力就手忙脚乱，夸大了问题的严重性，其实，很多时候实际情况并不像我们想象中的那么糟糕。

2. 看不到事情积极的一面，忽略问题带来的正面效应

有些大学生一味强调挫折与压力的消极影响，忽略了它对人积极的一面。很多时候，挫折与压力也可以化为前进的动力，关键是要敢于面对它、重视它，学会想办法去解决它。

3. 低估资源可获得性与协助程序

每个人的成长过程中都会遇到压力与挫折，有许多的压力与挫折，我们本人没有足够的力量去解决，但我们可以利用外部资源和他人的协助把问题缓和或者解决。

4. 内心的罪恶感、自卑感或厌倦感

有些同学遇到挫折后，内心深处就会产生罪恶感、自卑感和厌倦感，认为自己不行，对不起长辈、亲朋好友对自己的期望。其实，这种想法是错误的，挫折与压力只是我们成长过程中一次次的历练，遇到挫折与压力时，我们不应该自卑，不应该感到内疚或者厌倦，我们要做的是树立自信心，想办法去解决它。

四、大学生应对挫折与压力的不当对策

1. 寻求刺激或采取破坏性行为

有些大学生遇到挫折与压力而产生消极情绪时，不懂得以合适的方式去宣泄，只是一味地寻求刺激或者采取破坏性行为，有的时候会对他人、对自己造成严重的伤害，这种方式是不可取的。

2. 借助药物、酒精或烟草

有些大学生遇到挫折与压力时，往往借助药物、酒精或烟草麻醉自己，特别是男生。这是一种逃避现实的方法，你可以逃避一时，但你不能逃避一世。

3. 暴饮暴食

有些大学生遇到挫折与压力时，就暴饮暴食。这是一种不良的习惯，有害身体健康，也不利于问题的解决。面对挫折时，我们首先要保持头脑清醒，然后分析问题，找到解决问题的办法。

4. 疯狂购物

有些大学生遇到挫折与压力时，喜欢疯狂购物。疯狂购物虽然可以宣泄一时的不良情绪，但是也会产生新的问题。在非理智思维的刺激下，有些大学生往往把生活费花在一些不必要的用品上，造成浪费，甚至使生活紧张，导致新问题的产生，使自己处于更不利的位置。

【心理小活动】

“举水”耐力比赛，一杯水的重量

教师准备6~8杯水，并先举起一杯水，提问学生：大家认为这杯水有多重？

学生的回答可能各种各样。这杯水的重量并不重要，重要的是你能举多久？邀请6~8位同学到讲台上进行“举水”耐力比赛，计算一下时间。

请举水的同学谈自己的感受和体会。

请大家一起谈感受和体会。

活动总结：在日常生活与学习中，我们会承担许多压力，如果一直把它放在身上，到最后就会觉得越来越重，难以承受。我们必须做的就是放下这杯水休息一下，然后再举起水杯，这样才可以举得更久。

第三节　有效应对压力与挫折

俄国著名作家车尔尼雪夫斯基曾说过：“生活的道路不是涅瓦大街的人行道，它完全是在田野中前进的，有时穿过尘埃，有时穿过泥泞，有时横渡沼泽，有时行经丛林。”一个人生活在现实中不可能没有压力与挫折。因此，正确认识压力与挫折、掌握应对压力与挫折的技巧、提升抗压能力和挫折承受力，是大学生活的一部分，更是每个人终身的课题。

一、正确认识挫折与压力

【小故事】

有一位经验丰富的老船长，当他的货轮卸货后在浩瀚的大海上返航时，突然遭遇到了可怕的风暴。水手们惊慌失措，老船长果断地命令水手们立刻打开货舱，往里面灌水。“船长是不是疯了，往船舱里灌水只会增加船的压力，使船下沉，这不是自寻死路吗？”

看着船长严厉的脸色，水手们还是照做了。随着货舱里的水位越升越高，船一寸一寸地下沉，依旧猛烈的狂风巨浪对船的威胁却一点点地减少，货轮渐渐平稳了。

船长望着松了一口气的水手们说：“百万吨的巨轮很少有被打翻的，被打翻的常常是根基轻的小船。船在负重的时候，是最安全的，空船时，则是最危险的。”

这就是“压力效应”。

提示：那些得过且过，没有一点压力，做一天和尚撞一天钟的人，就像风暴中没有载货的船，一场人生的狂风巨浪便会把他们打翻在地。

（1）要正确地认识压力与挫折。挫折与压力是难免的，每个人的成长都会遇到挫折与压力。在人生旅途中，每个人可能遇到什么样的挫折、什么时候发生挫折是很难预料的。了解到挫折的特征，我们就容易应对人生挫折了。

（2）挫折与压力具有双重性，有积极和消极的双重性影响。挫折对人产生什么影响，关键在于我们对待挫折的态度。挫折可以把人置于死地，挫折也可以使人成长。

（3）树立勇于面对，正视挫折与压力的正确观念。一个人的一生中不可能总是一帆风顺，风华正茂的大学生将随着知识的积累、阅历的丰富逐步走向成熟。在这些过程中，大大小小的挫折将时刻伴你左右，只有敢于和善于直面人生的挫折，才能在挫折中奋飞，在拼搏中成功。

【拓展阅读】

挫折的意义

人们都希望自己的生活中能够多一些快乐，少一些痛苦，多些顺利，少些挫折，可是命运却似乎总爱捉弄人、折磨人，总是给人以更多的失落、痛苦和挫折。

一则小故事：草地上有一个蛹，被一个小孩发现并带回了家。过了几天，蛹上出现了一道小裂缝，里面的蝴蝶挣扎了好长时间，身子似乎被卡住了，一直出不来。天真的孩子看到蛹中的蝴蝶痛苦挣扎的样子十分不忍。于是，他便拿起剪刀把蛹壳剪开，帮助蝴蝶脱蛹出来。然而，由于这只蝴蝶没有经过破蛹前必须经过的痛苦挣扎，以致出壳后身躯臃肿，翅膀干瘪，根本飞不起来，不久就死了。自然，这只蝴蝶的欢乐也就随着它的死亡而永远地消失了。

这个小故事也说明了一个人生道理，要得到欢乐就必须能够承受痛苦和挫折。这是对人的磨炼，也是一个人成长必经的过程。

蝴蝶为什么会过早死去呢？

因为它失去了成长的必然过程。人的成长也是如此，人生在世，谁都会遇到挫折，适度的挫折具有一定的积极意义，它可以帮助人们驱走惰性，激发人的潜能，促使人奋进。

挫折对强者的积极意义：

（1）挫折能提高人的认识水平。强者面对挫折和失败，不是手足无措、被动等待，而是积极总结经验，反思自己的认识过程，找出不足，及时采取补救措施，知不足而后学，学好后再去用。如此反复，有助于个体知识结构的不断合理化。同时，人们可以在失败中吸取经验教训，改变策略，提高自身解决问题的水平。

（2）挫折能增强人的承受力。遭遇挫折仍能正常地进行社会活动，说明个体的承受力强。一个人历经艰辛遇到的挫折比较多，那么他对挫折的承受能力也会随之提高。

（3）挫折能激发人的活力。挫折是一种内驱力，生活中的强者往往被挫折激发出强大的身心力量。他们虽身处逆境，却百折不挠，投入更大的时间和精力，发奋努力，最终实现了自己的愿望。

面对挫折，每个人解脱的行为是不同的。消极的应对行为是攻击、固执、倒退和厌世。积极的应对行为表现为升华、增强努力和改变策略再次尝试等。生活中的强者往往会采取后一种行为。

挫折对弱者的消极意义：

与强者不同，面对挫折，弱者表现为悲观失望、畏缩后退、冷漠无情、焦虑，甚至采取攻击、压抑、倒退、轻生等方式来自我解脱，以达到心理上的平衡。这些消极方式的运用不利于问题的解决，反而会造成动机、认识、情感方面的障碍。

正如巴尔扎克所说："世界上的事情永远不是绝对的，结果完全因人而异。苦难对于一个天才是块垫脚石，对于能干的人是一笔财富，对于弱者却是一个万丈深渊"。

二、学会合理运用心理防御机制

心理防御机制最初是由西格蒙德·弗洛伊德提出来的，后经其女儿安娜·弗洛伊德进行了系统研究后，逐渐形成成熟的理论。所谓心理防御机制，就是自我受到本我和超我的威胁而引起强烈的焦虑和负罪感时，焦虑将无意识地激活一系列的防御机制，以某种歪曲现实的方法来保护自我，以缓解或消除自我的不安和痛苦。心理防御机制的分类有多种方法，这里我们将其分为积极的心理防御机制和消极的心理防御机制两大类别。

一、积极的心理防御机制

主要包括替代、幽默、合理化、认同机制等。从人的心理成熟程度来看，积极的心理防御机制是心理成熟程度较高的人为了应付心理压力及挫折而经常采用的，能有效地适应环境的方式。

1. 替代机制

替代机制是指当个人对某一对象所持有的动机、情感与态度，不为社会所接受，将此种感情与态度转向其他对象的行为方式。例如，貌不惊人的人就在学问修养上下功夫；一个人在生活上遇到挫折后，往往会在事业上取得突出成就，等等。

2. 幽默机制

当一个人身处困境或尴尬局面时，通过含蓄、双关、俏皮的语言，可以解脱困境。例如，某班级换了一个新辅导员，班里同学想测试一下新来老师的忍耐程度，他们故意在教室里点燃了几张废旧报纸。新来的老师跨进烟雾弥漫的教室之后，不但没有发脾气，反而说了句令学生们十分感动的话，他说："同学们，你们好！谢谢你们对我火一般的热烈欢迎！"由此避免了一场冲突。

3. 合理化机制

合理化机制是指当个体因挫折产生不良情绪时，为减轻精神上的苦恼和不快，维护个体自尊和心理平衡，常常为自己遭受到的挫折寻找借口或作歪曲的解释。常见的合理化机制包括酸葡萄法和甜柠檬法等。

酸葡萄法是指对无法得到的东西降低自己对其好感的方法。在《伊索寓言》里，那只摘不到葡萄的狐狸告诉自己："葡萄是酸的。"心理学上酸葡萄法就是指用来解释合理化的自我安慰。甜柠檬法指的是人们对于已得到的东西，尽管不喜欢或存在许多缺陷，但也坚持认为那是好的，从而对自己已经得到的、不满意的东西增加好感。

无论是酸葡萄法还是甜柠檬法，都是在个体遭受压力和挫折无法达到目标和满足愿望时，用有利于自己的理由为自己辩解，找到一种"合理"的解释，以减轻痛苦和紧张的情绪。然而真正应对压力与挫折不能只停留在自圆其说的状态中，而是在情绪稳定后，冷静客观地分析真正的原因，以重新确定目标，或努力改进应对方式。

4. 认同机制

第一，当个体具有不为社会所承认的动机或意念时，一方面加以否定，另一方面却又认同具有相同动机的某个具体人物，借此减少对自我的刺激或伤害。

第二，个人在现实生活中无法获得适度满足或成功时，就将自己比拟为成功的人，或模仿自己喜欢的人，借此减少自己因受挫而产生的痛苦，以满足个人心理上的需要，维护个人自尊。例如，有人想当演员，但条件不够，就模仿演员的特殊风度、言谈腔调、手势服装、发式等，就属于这种心理的表现。

二、消极的心理防御机制

主要包括逃避、退化、压抑、投射、反向、攻击机制等。从心理学角度来看，是心理成熟度较低的人应对压力及挫折的心理防卫方式，这实际上是对环境的一种不适应状态。

1. 逃避机制

逃避机制是指个人不敢面对自己预感的挫折情景，而选到比较安全的地方的心理防御机制，它包括三种形式：一是逃向另一现实。例如，回避自己没有把握的工作，而埋头于与工作无关的嗜好和娱乐，以排除心理上的焦虑。二是逃向幻想世界，从现实的困境情景撤退，而逃到幻想的自由世界，如此不但能避免痛苦，还可以使许多欲望获得满足。这种行为偶尔为之，确能减轻紧张与不安，也能带来某些希望，但超过一定程度，反增适应现实的困难。三是逃向生理疾病，例如，某女生害怕高考失败，竟在考试前失明，或士兵在战争时患上战争神经症以及神经性失明等。

2. 退化机制

退化机制是指个人遇到挫折时，不采用已经习得的成人方式而是用与自己年龄或身份地位不相称的早期简单而又幼稚的方式去应付，以便取得别人的怜悯和同情，避开现实中的问题。例如，一个领导因受到某种挫折而对下级大发脾气，或为一件小事就暴跳如雷，粗暴地对待别人。

3. 压抑机制

压抑机制是指个人将一些不能为社会所接受的本能冲动、欲望、情感过失、痛苦经验等，不知不觉地压抑到潜意识中去，以致当事人不能察觉或回忆，使自己避免痛苦。这也是一种最基本的防卫方法（如做梦、失语、失态、笔误等）。

4. 反向机制

当个人动机不能为社会所容忍时，他会从相反方向去表现，此种内在动机与外在行为配合不一致，称为“反向作用”。这种配合在日常生活中常可观察到，有啃手指习惯的小孩碰到制止他的成人，便把手背到身后，表现出不但没啃手指，而且手距离嘴比正常时还远，这种过分行为恰恰表示他有刚好相反的欲望；还有，过分炫耀自己的优点可能是由于严重的自卑所致。

三、学会应对挫折与压力的技巧

大学生要应对压力与挫折，必须发挥自身的主观能动性，掌握和运用一些行之有效的技巧和方法。

1. 正确归因法

归因是指个体依照主观感受或经验对自己或他人行为及其结果发生的原因予以解释与推测的心理活动过程。归因是在个体经验的指导下进行的，因此，结果可能是正确的，也可能出现误差，甚至完全错误。导致挫折的原因很多，但可以将其归为两大类。一类是主观原因，如努力不够，能力低下；一类是客观原因，如生理缺陷、疾病、容貌、身体等条件的限制，以及自然、社会等外部因素的干扰、破坏等。一般来说，倾向于外归因的人，虽然可以保持内心的暂时平衡，但他不能从挫折中吸取教训；倾向于内归因的人，往往承担了过多的责任，容易丧失自信。大学生应对挫折进行正确归因，即对内外两方面原因加以综合考虑，如从能力、努力、任务难度、运气、身心状况、他人反应几个方面进行恰当的自我成败归因。正确归因能激发大学生前进的动力，增强战胜压力与挫折的勇气和信心。

2. 自我暗示法

自我暗示是指用含蓄、间接的方式，对自己的心理和行为产生积极影响。当一个人遭遇挫折，受到打击时，要提醒自己："我要振作，我要成功，我定能做到，我要下定成功的决心，失败就永远不会把我击垮。"运用积极的心理暗示可以振作精神，增强信心。

3. 目标调整法

目标调整法指目标受挫后重新寻找方向，调整期望值，重新确立更切合实际的新目标。目标调整法既能抑制和阻止不符合目标的心理和行动，又能引发和推动人们采取达到目标所必需的行动，从而战胜挫折。当大学生在通向目标的道路上受阻时，如经分析所追求的目标是现实的，就不要放弃，应战胜困难，实现目标。当行为主体由于自身条件或社会因素的限制，经多次努力达不到目标时，可调整目标或降低要求，改变行为方向，缓解心理上的冲突，增强勇气和信心，以达到更切合实际的新目标。

4. 合理宣泄法

大学生受挫后会产生压抑、焦虑、愤怒和不安等消极情绪，如不妥善化解，会给社会和学生本人带来不良后果。因此，应采取合适的方式，选择适宜的场合和形式宣泄受挫后的情绪，从而恢复理智感和心理平衡。宣泄的方式有倾诉、哭喊、运动、转移等。不论采取何种方式，都要以不损害他人、集体和社会的利益，合乎社会规范，不激化矛盾为原则。

5. 社会求助法

人是社会性动物，任何人都不能离开他人而生存。人与人之间是需要互相关心、互相帮助、互相爱护的，这是一种社会支持，它可以调适个体的压力和挫折反应。研究发现，社会支持可以降低压力和挫折对大学生的消极影响，并且降低压力和挫折导致疾病的发生率。因此，对于大学生而言，在面对压力与挫折时，要主动寻求社会支持，如寻求感情、物质及信息方面的支持，对减轻心理压力、降低压力和挫折对个体的消极影响是十分重要的。此外，心理咨询也是寻求社会支持的有效方式之一。

6. 自我放松法

大学生在面对压力和挫折时最常见的表现是心理和肌肉的紧张。因此，调适压力的一个重要策略就是要学会放松自己，让自己的身体或心理由紧张状态转向松弛，从而逐渐消除紧张。常用的放松方法有游泳、做操、散步、听音乐等。当压力和挫折事件不断涌现时，持续数分钟的放松对缓解不良情绪的作用相当显著。另外，还可以学习一些自己放松的应对压力方法，如深度呼吸训练、肌肉放松训练、静坐训练、意向训练、系统脱敏训练等。

7. 丰富生活法

课余生活占大学生活的1/4。健康的课余生活可以愉悦身心、获得朋友、增进友谊、减少因压力与挫折导致的紧张感。丰富的课余生活如阅读书籍、报刊，参加各种学术活动，参加志愿者服务活动等，既锻炼了能力，拓宽了知识面，又在一定程度上增强了个体应对压力与挫折的信心和勇气。尤其是适当参加体育锻炼活动，可以使身体健壮、精力充沛、应对能力增强。

四、提升抗压力和挫折承受力

生活中，有的人能忍受严重挫折，百折不挠，永不妥协，在逆境中奋起，直到重新获得成功；有的人稍遇挫折即意志消沉，一蹶不振；有的人能承受生活、学习、工作中的压力，却不能忍受自尊心受到点滴伤害；等等，这都是由个体对压力和挫折的承受力决定的。所谓抗压力和挫折承受力是人们适应、抵抗和应对压力和挫折的一种能力，即指个体对压力和挫折的可忍耐、可接受程度的大小。大学生提升抗压力和挫折承受力，可以从以下几个方面入手。

1. 保持积极乐观的心态

做到失败不失志。面对挫折更加坚定信心、乐观向上、自强不息、顽强拼搏，最终战胜挫折取得成功。

2. 保持适中的自我期望水平

大学生精力充沛、朝气蓬勃，对生活充满着希望和梦想，对学习、生活往往怀有较高的期望和要求。而通常他们对生活中所遇到的坎坷估计不足，对自己的能力、知识水平也缺乏全面和系统的认识，一旦遭遇压力和不顺就容易产生挫折感。因此，大学生要根据自己的实际情况来确定学习、人际交往、工作以及未来等方面的短期和长期目标，既不要轻易地否定自己，也不要过高地估计自己，尽量保持适中的自我期望水平。

3. 学会分析压力和挫折

当代大学生普遍存在着理想与现实、自尊与自卑等多种心理的矛盾。因此，对于大学生来说，在全面认识自己的基础上，对大学生的不同阶段影响自己成长的主要心理压力和挫折进行分析，对提升抗压力和挫折承受力是至关重要的。譬如：经济压力是来源于贫困，还是因过度开支引起的？心理压力是因自卑引起的，还是因交往不适引起的？

通过分析及时找准自己存在的主要心理压力与挫折，然后有针对性地学习、努力提高，适时调整、解决心理压力和化解挫折情景，从而达到提高大学生抗压力和挫折承受力的目的。

4. 积极投身实践活动

当代大学生没有经历过“激情燃烧的岁月”，大都生活在平静、安逸、舒适的生活氛围中，容易形成安于现状和贪图享受的个性。因此，大学生十分有必要走到教室外面那个无边无际的大课堂，多经风雨、见世面，从“坐而论道”发展到“起而力行”，在实践中受到磨炼和考验，从而变得更加成熟和坚强。为此，大学生可以积极投身校内外社会实践，如科技下乡，参加青年志愿者活动，从事社会调查，进行家教和专业实习，参加讲演竞赛、远足、野营、登山、拉练、军训等专题实践活动。在实践活动中体验压力，面对挫折，磨炼意志，战胜自我。并从中获取社会经验，正视人生舞台后面的许多真实情景，领悟人生的哲理。

5. 在压力和挫折中磨炼挫折承受力

压力、挫折、打击、灾情等可能摧毁弱者的意志，使之消沉、一蹶不振，而人格健全的人则在磨炼中变得更坚强。文王拘而演《周易》；仲尼厄而作《春秋》；屈原放逐，乃赋《离骚》；孙子膑脚，《兵法》修列……无数历史典故和生活事实都说明，挫折和逆境可以提升抗压力和挫折承受力，让人发愤图强。

6. 积极探索提升抗压力和挫折承受力的有效方式

生活中的压力与挫折的来源是多方面的，且因人而异，对当代大学生来说。压力与挫折更多地表现为伴随完成学习任务过程的矛盾和困惑。因此，大学生应该围绕学习任务，一方面积极探索缓解压力与挫折感的有效方式，不断增强自身抗挫折能力；另一方面由于控制压力需要长期和短期方法的结合，大学生也要学会运用长期方法以减轻心理压力。长期方法包括松弛压力、沉思、自我对话以及运动，短期方法包括周末、五一、国庆、元旦，特别是寒暑假的旅游计划等，这些都能缓解压力和挫折感，重新获得学习的信心和动力。

改善生活的小点子

- 让事情简单。
- 试着打开自己的心去爱。听更多关于身边的故事。
- 花更多时间和朋友聚聚。
- 有更多的旅行。
- 学会唱歌
- 学会感恩生活。试着去做好吃的食物。
- 多一些温暖友情。
- 多一点爱，高兴地分享朋友的消息，和朋友一起追求共同的目标。
- 尝试着去行动，明确自己的想法。
- 激励自己不断努力。

【拓展阅读】

战国时代，一位父亲和他的儿子出征作战。父亲已是将军，儿子还只是马前卒。又一阵号角吹响，战鼓雷鸣了，父亲庄严地托起一个箭囊，其中插着支箭。父亲郑重对儿子说："这是家传宝箭，佩戴身边，力量无穷，但千万不可抽出来。"

那是一个极其精美的箭囊，厚牛皮打制镶着幽幽泛光的铜边儿，再看露出的箭尾，一眼便能认定是用上等的孔雀羽毛制作的。儿子喜上眉梢，悄悄地想象着箭杆、箭头的模样，耳旁仿佛嗖嗖的箭声掠过，敌方的主帅应声坠马而亡。

果然，佩戴"宝箭"的儿子英勇非凡，所向披靡。当收兵的号角吹响时，儿子再也禁不住得胜的豪气，完全背弃了父亲的叮嘱，强烈的欲望驱使他"呼"一声就拔出宝箭，试图看个究竟。骤然间他惊呆了，一支断箭，箭囊里装着一支折断的箭。

"我一直挎着支断箭打仗呢！"儿子吓出了一身冷汗，仿佛顷刻间失去支柱的房子，轰然间意志坍塌了。

儿子惨死于乱军之中！

父亲捡起那柄断箭，沉重地叹惋道："不相信自己的意志，永远也做不成将军。"

心理活动体验

活动一　成长三部曲

目的：成长三部曲描述了人一生成长的缩影，通过"石头、剪刀、布"决定成长中的三种状态，即"鸡蛋""小鸡""大鸡"——最后变成"人"。此练习在于帮助同学们正视成长过程中的失败，将其看成成长过程中的一种方式。

操作：

1. 游戏从"鸡蛋"开始，每个人都是"鸡蛋"，抱成团蹲在地上，与同类进行猜拳，如果赢了，就进化成"小鸡"。变成"小鸡"后再与"小鸡"猜拳，以此类推。

2. 与同类猜拳时，输的一方自动退化为前一个状态。

3. 晋升为"人"的可以在旁边观察大家的举动。

4. 分享：

（1）有些同学始终是"鸡蛋"，此时的感受如何？

（2）有的多次将要成"人"，但又被挫败为"鸡蛋"，感受如何？

（3）一路成长顺利的同学有何特别的感受？

（4）如何看待成长过程中的失败？

（5）在这个过程中有何特别发现？

活动二　"挫折即学习"主题讨论

请同学们写下经历过的令自己伤心、失望、沮丧、痛苦的事件，并思考从这些事件中学到了什么。全体同学分小组交流，每组6~8人。

生活中的事件	学到的道理

活动三　应对挫折与压力的潜能开发

潜能训练：当我们处于下列情形时，我们在认知、情绪、躯体、动作等方面可能会有什么反应？理智思考后，我们该怎么做？

1. 当考试成绩不理想时

认知：想到了什么？

情绪：感受到什么情绪？

躯体：躯体感受是怎样的？

理智分析后，该怎么办？

2. 当老师和家长批评我们时

认知：想到了什么？

情绪：感受到什么情绪？

躯体：躯体感受是怎样的？

理智分析后，该怎么办？

3. 当我们遭受疾病的困扰时

认知：想到了什么？

情绪：感受到什么情绪？

躯体：躯体感受是怎样的？

理智分析后，该怎么办？

4. 当我们与别人相处不好时

认知：想到了什么？

情绪：感受到什么情绪？

躯体：躯体感受是怎样的？

理智分析后，该怎么办？

活动四　小组讨论——生活要越挫越勇

1. 对生活中的挫折与压力进行分析，共同探讨应对挫折与压力的有效方法。

2. 小组讨论之前，需要挑选 3 个重要角色。

（1）主持人：把握主题，确保产出，动员参与，掌握时间。

（2）记录人：准确性记录，归纳性记录，创造性记录。

（3）发言人：发言准确生动，言之有理，注意掌握时间。

3. 小组每个成员先思考，然后轮流陈述。

（1）你的压力来自哪些方面？

（2）具体排列出前 5 个压力。

（3）通常在压力状况下你有什么表现？

（4）通常情况下你会怎样处理这些压力？

4. 每组发言人根据记录人的记录发言。

5. 学习“应对挫折与压力”的具体方法。

（1）冷静对待——在失败中看到其中孕育着成功的可能，使自己重拾信心。

（2）自我疏导——不过于自责，善于自我排解，使情绪得到调节。

（3）请求帮助——主动把痛苦向亲朋好友倾诉。

（4）期望水平适中——不必事事争第一，舍弃自己还不具备能力与条件的目标不是坏事。“塞翁失马，焉知非福”？人们只有在明白了自己一生何求之后，明智地取舍，并学会放弃，才能摆脱无谓的烦恼，拥有自在的生活。

（5）释放坏情绪适度宣泄——尽早摆脱。面对挫折，有的人惆怅悲观，把痛苦埋在心里，有的人则乐观看待，选择倾诉。如果心中苦闷，不妨找一两个亲近的人，把心里的话倾吐出来，不健康的情绪就能得到宣泄。宣泄是一种自我心理救护，它可以消除因挫折而带来的精神压力。

（6）精神升华——把失败化为发愤图强、努力学习工作的动力。

6. 同学之间相互分享，并谈一谈活动的感想。

课外心理拓展

1. 励志故事：桑兰，一个令人感动的名字

桑兰，浙江宁波人，原中国女子体操队队员，1993 年进入国家队，1997 年获得全国跳马冠军，1998 年 7 月 22 日，在参加第四届美国友好运动会的练习中不慎受伤，造成颈椎骨折，胸部以下高位截瘫。然而命运多舛并没有让桑兰低头，面对新的人生境遇她艰难而又坚毅地开辟了新的人生道路。10 个月后，伤情基本稳定的桑兰回到祖国，在中国康复研究中心继续接受康复治疗。

1999 年 1 月她成为第一位在时代广场为帝国大厦主持点灯仪式的中国人，2000 年 5 月成为点燃中国第五届“残疾人运动会”的火炬手，2000 年 9 月代表中国残疾人艺术团赴美演出。2002 年 9 月，桑兰加盟世界传媒大亨默多克新闻集团下属的“星空卫视”，担任一档全新体育特别节目《桑兰 2008》的主持人，被北京大学新闻与传播学院新闻系破格免试录取，就读广播电视专业。2007 年桑兰与互联网结缘，她的全球个人官方网站上线，同时她也被聘为中国奥委会官方网站特约记者；2007 年 6 月作为“奥运之星保障基金”的发起人，加入到了“奥运之星保障基金”的筹建工作中。2008 年北京奥运会桑兰以火炬手身份参加北京奥运会的火炬传递。

作为曾经的中国体操的旗帜性人物，在遭遇人生重大挫折后，桑兰始终用一种平和的心态看待自己，不幸只会让她更加成熟，她的辉煌诉说着她的成长。桑兰凭借自己顽强、乐观的心态，用她自己的行动和事迹感染着社会，她是富有奥运精神的女性榜样。

2. 心理书籍：路遥．平凡的世界［M］．北京：十月文艺出版社，2009

简介：《平凡的世界》是一部现实主义小说，也是小说化的家族史。作品高度浓缩了中国西北农村的历史变迁过程，达到了思想性与艺术性的高度统一。主人公面对困境

艰苦奋斗的精神，对今天的大学生朋友仍有启迪。这是一部全景式地表现中国当代城乡社会生活的长篇小说，全书共三部。作者在广阔的背景下，通过复杂的矛盾纠葛，刻画了社会各阶层众多普通人的形象。劳动与爱情、挫折与追求、痛苦与欢乐、日常生活与社会冲突纷繁地交织在一起，深刻地展示了普通人在大时代历史进程中所走过的艰难曲折的道路。

第七章　社交达人养成记
——大学生人际交往

人生最美好的东西，就是他同别人的友谊。

——林肯

得不到友谊的人将是终身可怜的孤独者。没有友情的社会则只是一片繁华的沙漠。

——培根

【案例导入】

一位白胡子老人，坐在小镇郊外的马路边休息，这时一辆汽车从老人身边经过。一会儿汽车又开回来并停在老人面前。当老人正要起身时，一个陌生人从车上走下来对老人说："老先生，请问，住在这个小镇上的人怎么样？我打算搬来住呢。"

老人叹口气说："先生，非常抱歉，这个镇上的人恐怕要让你失望了，因为这里的人，和你以前住的地方的人差不多，也都是'不三不四'的人。"听完老者的话，这位陌生人转身离开了，继续去寻找他理想的居住地。

又过了一会儿，另一位陌生人来到老人面前，询问了同样的问题。老人也用同样的答案回复了他。

这位陌生人说："在那里居住的人都非常好，他们都是我的朋友。在那里我度过了一段愉快的日子，可是由于工作原因，我不得不离开他们，重新寻找一个更有利于我工作发展的地方。为了前途，我不得不离开那些可爱的人们。"

老人面露笑容，说："我想你可以在这里驻足了，你很幸运，这里居住的人和你的那些朋友一样好，只要你真诚地对待他们，他们也会用真心来欢迎你。"

第一节　人际交往和人际关系

马克思说：人是最名副其实的社会动物，不仅是一种合群的动物，而且是只有在社会中才能独立的动物。

人是社会的动物，不能离开群体而单独生存。在社会生活中，一个人每天除 8 小时的睡眠以外，其余 16 小时中有 70%的时间是在进行人际交往。可以说，人际关系构成了人生的主要内容，个人是在复杂的人际关系中不断成长与发展的，事业成功、生活幸福也是以人际交往的成功为前提的。人际交往的成败对人的影响超出了人们的想象。

一、人际交往与人际关系的定义

1. 人际交往的定义

人际交往是指人与人之间相互作用的动态过程。它是社会生活中，人与人之间通过一定的方式进行接触，交流思想、沟通感情、传递信息，并在心理上和行为上相互产生影响的互动过程。

人际交往即是人的社会性的体现，也是人的社会性存在的前提条件。人们的交往过程也是人与人之间用多种方式和手段进行知识和情感的交流过程；交往的主体包括个人或群体；交往的方式可分为直接交往和间接交往、正式交往与非正式交往、单向交往与双向交往等类别；人际交往的双方往往互为客体，在双方互动的状态下形成和发展，彼此既影响对方，也接受对方的影响。

2. 人际关系的定义

所谓人际关系即人与人之间的关系，是人与人在交往过程中所产生的各种社会关系的总和。人际关系网络是付出和给予之间的不断平衡，一种双方同意的公平交易。不同的发展阶段，会形成不同的人际关系网络，从整体上一般分为 3 类：以“感情”为基础的各类关系，包括亲情、友情和爱情；以“熟识”为基础的同事、同学、上下级等关系；缺乏任何基础的陌生关系，如萍水相逢。其中，最早产生的、最持久的人际关系是感情类人际关系。

二、人际交往的意义

一般来说，人人都渴望交往，人与人交往具有很多意义。

1. 人际交往对事业与生活的意义

美国卡耐基基金会对成功人士进行研究时发现：一个人的成功 15%要靠专业知识，85%要靠良好的人际关系。

社会学家讲过这样一句话：成功来自聚会。

社会学家调查研究发现：从自己的生活伴侣到工作同事，我们中的每个人平均认识 500 个人，如果你善于经营自己的人际网络，你的人生也将因此变得非常丰富，你就不会孤独和寂寞。

2. 人际交往对大学生的意义

人际交往既是个人发展的需要，也是人们精神生活的需要。良好的人际关系对大学生的发展具有以下几个方面的意义：

（1）获得信息。大学生通过人际交往获得的知识，从内容渠道速度上来看，要比从书本上获得的知识更广、更多、更快。随着交往范围的扩大，大学生可以认识更多的人，了解更多的事，交换更多的思想，获得更多的信息。

（2）知己知彼。大学生在广泛的人际交往中可以表现出自己的思想和才能，使他人了解、赏识和接纳自己的性格、学识、能力和品质。在与他人的比较和他人对自己的评价中，客观、全面地认识自己。

（3）人际合作。人际关系影响大学生之间的群体凝聚力和学习效率。人际关系是群体内聚力的基础，而内聚力是提高学生学习效率的前提条件。友爱、和谐的人际关系会使人感到温暖、安全、愉快，从而激发积极性和创造性。冷漠、排斥、敌意的人际关系会使人产生压抑、焦虑、烦恼的情绪体验，从而阻碍人的潜能的发挥。据统计，不良的情绪会使脑力工作者的学习效率降低70%。俗话说："一个篱笆三个桩，一个好汉三个帮。"大学生通过与他人交往，学会与人合作，提高协调各种力量的能力，懂得依靠集体的智慧和力量，明确自己在团体中的角色，才能最大程度地开发自身潜能，实现自己的目标。

（4）调节身心。据有关调查资料显示：41%的学生认为知心朋友是自己未来生活中最重要的，59%的学生表示最快乐的时刻是与朋友在一起。同学之间通过相互交往，诉说个人的喜怒哀乐，在心理上可以获得一种归属感和安全感。那些孤僻、不合群、自卑、猜疑、嫉妒的学生，往往有更多的烦恼和忧愁难以排遣，会渐渐形成不健康的心理。长期恶劣的人际环境会导致各种身心疾病，如神经衰弱、高血压、溃疡病等。

（5）促进社会化。人际关系影响个体的个性发展。个体在自我发展和自我完善的过程中，不仅受自然环境的影响，而且还受人际环境的影响。研究表明，融洽的人际关系对个体具有以下作用：给个体以稳定感和归属感，使个体提高宽容和理解的能力，给个体以学习社交技巧的机会，使个体获得社交的经验；给个体以培养社会洞察力的机会，发展对集体的忠诚心。大学生在人际交往过程中也会逐步明确自己的社会角色和地位。他们在与家人、同学、老师的交往中积累生活经验，学习社会生活所必需的知识技能、伦理道德、规范意识等，学会与人合作和竞争，培养良好的道德品质，完善和健全人格特征，成为一个得到社会认可的成熟的社会人。

三、人际交往的心理效应

1. 首因效应

首因，即最初的印象，或称第一印象。有一种观点说始于颜值，在人际交往中，人们往往注意开始接触到的信息，如对方的表情、身材、容貌等，而对后来接触到的不太注意，就是首因效应，即我们常说的"先入为主"。形成第一印象所依据的信息是有限的，也不一定是真实可靠的。正所谓"路遥知马力，日久见人心"。仅凭第一印象就妄加判断，"以貌取人"，往往会带来不可弥补的错误！《三国演义》中庞统当初准备效力东吴，于是去面见孙权。孙权见到庞统相貌丑陋，心中先有几分不喜，又见他傲慢不羁，更觉不快。最后，这位广招人才的孙仲谋竟把与诸葛亮比肩齐名的奇才庞统拒于门外，尽管鲁肃苦言相劝，也无济于事。众所周知，礼节、相貌与才华决无必然联系，但是礼贤下士的孙权尚不能避免这种偏见，可见第一印象的影响之大！

2. 近因效应

近因效应是指多种刺激依次出现的时候，印象的形成主要取决于后来出现的刺激，即交往过程中，我们对他人最近、最新的认识占了主体地位，掩盖了以往形成的对他人的评价，因此也称为"新颖效应"。多年不见的朋友或老同学，在自己的脑海中的最深的印象，其实就是临别时的情景。首因效应和近因效应不是对立的，而是一个问题的两个方面。在对陌生人的认知中，首因效应比较明显；而对熟识的人的认知中，近因效应作用明显。

3. 光环效应

光环效应又称晕轮效应，它是一种影响人际知觉的因素。这种爱屋及乌的强烈知觉的品质或特点，就像月晕的光环一样，向周围弥漫、扩散，所以人们就形象地称这一心理效应为光环效应。

名人效应是一种典型的光环效应。不难发现，拍广告片的多数是那些有名的歌星、影星，而很少见到那些名不见经传的小人物。因为明星推出的商品更容易得到大家的认同。一个作家一旦出名，以前压在箱子底的稿件全然不愁发表，所有著作都不愁销售，这都是光环效应的作用。

男女朋友之间也经常会出现光环效应。两个恩爱的人在一起，便会觉得双方身上都是优点，没有一点点缺点。这就是在刚开始喜欢上一个人的时候，其实只是喜欢上了对方表现出来的某一方面的优点，然后经过晕轮效应的扩大，才使自己觉得对方身上全是优点。

4. 刻板效应

刻板效应是指由于社会的影响，对某个人或某一类人产生的一种比较固定的看法。如我们一般认为：北方人豪爽，南方人精明；工人粗犷，农民淳朴，教授必然是白发苍苍；方下巴的人意志坚强，额头宽大的人聪明，胖人心地善良，虎头虎脑的人忠厚诚实。这些都是刻板印象。刻板印象在人际沟通中有利有弊，从积极的一面来讲，它有助于我们对他人有一个概括性的了解；从消极的一面来讲，刻板印象抹杀了个别差异，容易形成偏见，使人做出错误的判断。事实上，某一类人所具有的特点并不在所有人员中都体现，对某人的刻板印象不见得与他本人的真实特点相符合。

5. 投射效应

投射效应是指将自己的特点归因到其他人身上的倾向。在认知和对他人形成印象时，以为他人也具备与自己相似的特性的现象，把自己的感情、意志、特性投射到他人身上并强加于人，即推己及人的认知障碍。比如，一个心地善良的人会以为别人都是善良的；一个经常算计别人的人就会觉得别人也在算计他等。

投射使人们倾向于按照自己是什么样的人来知觉他人，而不是按照被观察者的真实情况进行知觉。当观察者与观察对象十分相像时，观察者会很准确，但这并不是因为他们的知觉准确，而是因为此时的被观察者与自己相似。因此，导致了他们的发现是正确的。投射效应是一种严重的认知心理偏差，辩证地、一分为二地去对待别人和对待自己，是克服投射效应的方法。

第二节 大学生人际交往常见问题及调适

一、大学生人际交往中常见的问题

青年大学生思想活跃，兴趣广泛，人际交往的愿望强烈。他们渴望认识新朋友，渴望让更多的人了解自己。但在具体的人际交往中，大学生常常遇到各种挫折困扰。因此，必须重视大学生交往的心理，加强疏导。

1. 不敢交往

在人际交往的实践活动中，人都存在不同程度的恐惧心理，只是每个人的反应程度不同。有一部分大学生在这方面反应特别强烈，在与人交往时明显表现紧张、两眼不敢正视别人，有时语无伦次、词不达意，尤其在很多人的场合或者在集体活动中更加感到恐惧，严重者可导致社交恐惧症。

2. 不愿交往

有的大学生在经历了“千军万马过独木桥”的高考不如意之后，形成嫉妒与自卑心理，认为自己不如别人，怕别人瞧不起自己，缺乏与同学基本的合作精神；有的同学因为家里条件好，来了大学后以自我为中心，自高自大，瞧不起别人；有的人遇事总是回避、退让，整日郁郁寡欢，缺乏交往的愿望和兴趣。

3. 不善交际

有的大学生在交谈的过程中表现得过于生硬，心存感激不会讲出来；有的大学生因认知偏见产生生理障碍，不注意交往中的“第一印象”，不讲究交际艺术；有的大学生在与人交往的过程中，不注意交往的原则，开玩笑不注意场合或不懂装懂、夸夸其谈等。这些表现都有损自身形象的塑造，影响了与他人进一步的交往。

4. 不懂交往

一方面是有的大学生不懂人际交往的重要性，在交往中始终处于被动地位，总希望他人主动关心自己，主动与自己交往。另一方面不懂交往的技巧，在交往中表现为自卑、猜疑、妒忌、恐惧等，或缺乏人际交往的基本技能，虽然都渴望交往，但由于交往方式欠妥，交往能力有限或个性存在缺陷等原因，在交往过程中既不了解自己，也不了解别人，导致交往失败。长期的交往失败，便把交往看成一种负担，渐渐地变得自我封闭。

二、大学生人际交往产生问题的原因

1. 心理原因

大学生处于特定的生理发展期，自制能力较弱，遇事容易冲动，有些同学认为自己做事爽快，实则也是冲动表现。还有，爱面子也经常导致大学生之间的冲突。有很多人际冲突，都是发生在没有什么原则问题的小事情上，往往是一次无意的碰撞、不经意的言语伤害或区区小利等，本来只要打个招呼、说声道歉，也就没事了，但双方都“赌气”，出言不逊，结果争吵起来。更有甚者，一个不让，一个挥拳相向，头破血流，事后懊悔不迭。从心理学角度讲，这是双方都在用不适当的方法维护自尊，即典型的面子心理。仿佛谁先道歉就伤了面子，谁在威胁面前低了头，谁就是孬种，于是矛盾层层升级，甚至以悲剧而告终。

2. 社会原因

在不同生活背景下成长起来的大学生，其思维方式和潜意识都会有很大差异。随着高校规模不断扩大，贫困大学生的人际交往问题显得十分突出。贫困大学生有着和普通大学生一样的交往需要，但是由于贫困的影响，许多学生不能正确处理个人与同学的关系，在人群中感到不自在。而家庭条件相对较好的大学生却经常有意无意地表现出自身的优越性。这种优越性会刺伤贫困大学生脆弱的自尊心，继而产生隔阂。

另外，由于家庭环境差异而产生的认识上的不同，也是造成人际关系冲突的一个主要原因。贫困大学生与家庭富裕的大学生之间的矛盾，绝不仅仅是高档用品上的差异，而是根植在头脑之中的贫富差异，以及在长期的不同生活环境下产生的对事情的观点上的差异。

还有一个不容忽视的问题，独生子女的问题。虽然独生子女并不是引发冲突的必然原因，但确实有许多独生子女的人际关系不融洽，和同学之间摩擦也更多一些。当代大学生大部分都是90后的独生子女。他们虽渴望与同学建立良好的人际关系，但由于其长期以来娇生惯养，心理素质较差，缺乏基本的社交态度与技能，导致他们的人际关系失调，甚至引发人际冲突。最重要的是，他们自我中心意识强烈，好逸恶劳心理突出。由于独生子女在家庭中处于优越地位，使得他们自我意识普遍过强，他们以自我为中心，一切从我出发，凡事考虑自己的利益得失，缺乏对他人的理解、尊重与宽容，缺乏助人为乐的精神。在人际关系上，往往表现为自私、嫉妒、不合群等特点，给他们的人际关系埋下了隐患。

3. 利益原因

在大学里，存在着各种形式的竞争。如奖学金的评定、学生干部的竞选、党员的推荐以及各种评优，这些都可能给大学生的人际关系带来微妙的变化，甚至引发冲突。

4. 个性原因

在这个讲求个性的时代，大学生来自不同的地方，由于成长环境不同，他们有着不同的价值观和生活习惯。每个大学生都在追求或培养着自己的个性。这样给大学生的人际关系无形中增添了许多危险的因素。有很多人际冲突，就是因为一方或双方个性太强，不肯让步形成的。有的同学别的方面都很好，就是因为脾气太暴躁，常因为一些小事跟同学发生冲突，然后就是冷战，互不理睬，影响了大学生活。

良好的人际关系是大学生心理健康的重要保证，具有良好的人际交往能力也是一个人适应社会、走向成功的重要内容。因此，作为当代大学生应该有意识地培养自己的人际交往能力，掌握人际交往的技巧，懂得人际交往的基本原则，遵循人际交往的规律。

三、大学生人际交往不良心理的调适

不良的人际交往心理不仅影响大学生的学习和生活质量，而且影响大学生的心理健康。因此，了解大学生人际交往中存在的不良心理，提出有针对性的调适方法，有助于改善大学生的人际交往状况，提高大学生的心理健康水平。

1. 自卑心理的调适

在心理学上，自卑属于性格上的一个缺点。自卑是一种因个人自认为不如别人而产生的轻视自己的不良心理，表现为忧郁、悲观、孤僻。我们很多同学都习惯于拿自己的短处和别人的长处比较，过低评价自己，常有我不行，我不如他们等消极暗示，对自己信心不足，盲目依赖别人、取悦别人，不敢涉足新的交往领域，在交往中总是表现羞怯、忧伤、退缩，而不敢交往、缺少交往则会使自己陷入更深的自卑中。自卑心理可以从以下几方面进行调适：

（1）正确认识自身的生理缺陷和不足。要认识到只有通过自己的努力和奋斗，不断增长知识，提高自身的全面素质，才有可能改变自己的家庭状况，提高自己的社会地位，减轻生理缺陷的影响。

（2）要进行积极的自我暗示、自我鼓励。尤其处于不利地位时，要给自己加油打气，竭尽全力争取成功。

（3）正确认识自我，提高自我评价。要善于发现自己的长处，肯定自己的成绩，改善自我形象，积极参加社交。

（4）积极与人交往。自卑的人往往容易把自己孤立起来，并形成恶性循环，越害怕交往，就越自卑。自卑的人要看到自己在人际交往中也有许多积极因素，因为自卑的人大多谦虚，善于体谅人。所以尽量积极地与人交往，并通过成功的交往开阔自己的胸怀，克服自卑心理。

2. 自负心理的调适

自负是骄傲自大、自以为是，过于相信自己而不信他人。只关心自己的需求而不去考虑他人的感受。外在的自负源于内在的自卑，因此自负心理导致部分学生在自我封闭的狭小空间里逞能。自负心理调适主要从以下几个方面改善：

（1）接受批评。接受批评是根治自负的最佳办法。自负者致命的弱点就是不愿意改变自己的态度或者接受别人的观点。它不是让自负者完全服从他人，只是要求他们能够接受别人正确的观点。

（2）要学会与人平等相处。自负者通常视自己为上帝，无论在观念还是行动上都要求别人服从自己。平等相处就是要求自负者以一个普通成员的身份与别人平等交往。

（3）提高自我认识。要全面地认识自我，既要看到自己的优点和长处，又要看到自己的缺点和不足，不可“一叶障目，不见泰山”。与人比较不能总拿自己的长处去比别人的不足，把别人看得一无是处。

（4）要以发展的眼光看待自己。辉煌的过去可能标志着你过去是英雄，但它并不代表现在，也不预示着将来。

3. 孤独心理的调适

孤独心理表现为不愿与他人交往，喜欢独来独往，不合群。由于不善于主动与他人交往而感到孤立，自我心理压力大，生活态度不乐观。孤独一般表现为把自己的真实的思想、情感、欲望掩盖起来，对别人心怀戒备，自我防御心极强。由于难以沟通，使人感到与之交往不是很累就是无效。如何面对人际交往中的孤独感呢？

（1）把自己融入集体之中。任何一个大学生都处在一定的环境中，拒绝把自己融入集体之中去，孤独肯定会格外地垂青你。

（2）积极参与社交活动。要敢于冲破自我封闭的枷锁，越过心灵的障碍，通过广泛的交流寻觅知音。当真正感到与同学们心理相容并为人所接受时，就会享受到正常的人际交往的快乐与幸福。

（3）克服不良的人格因素。高傲、冷僻、尖酸、刻薄等不良人格往往会使人与你疏远，应该加以克服和矫正。

（4）培养慎独的功夫。失意与独处是人生不可避免的，应培养自己慎独的功夫，以期在个人独处时不至于会有太多的孤独、寂寞之苦。

4. 猜疑心理的调适

猜疑心理就是在对人对事没有进行客观的了解之前，主观地进行假设与推测，是一个非理智的判断过程。猜疑心理在人际交往中表现为对他人不够信任，与人交往时过分小心谨慎，待人不够诚恳，往往误解他人的好意。猜疑心理的正确调适方法主要有以下几个方面：

（1）学会正确的人际认知方法。对他人和客观事物的认知要力求客观、全面、公正。只有对他人认知正确、全面、深刻，才会避免猜疑。

（2）加强沟通，多做调查研究。出现了疑点，不要马上乱猜测、乱对号，否则就会产生记恨和报复心理。要主动与你所怀疑的对象多接触、多交流，敞开心胸交流，这样往往会得到你意想不到的信息。

（3）学会“冷处理”，对于那些一时得不到证实的事情，最好的办法就是先放一放，相信总有水落石出的时候。急于求成、胡乱猜测，弊多利少，远不及耐心考察的冷处理方法好。

（4）学会识别信息。猜疑心理可能源于自身，也可能是听信别人的流言蜚语而产生的。因此，在人际交往中，要善于对信息和信息源进行认真的鉴别，冷静筛选，去伪存真，不可偏信。善于鉴别信息真伪，是大学生修身处世、避免在人际交往中走入误区的重要武器。

5. 妒忌心理的调适

妒忌是担心别人超过自己引起的抵触情绪体验，是心胸狭窄、自私自利的心理表现。巴尔扎克说，妒忌潜伏在人心底，如毒蛇潜在穴中。嫉妒者比任何不幸的人更为痛苦，别人的幸福和他自己的不幸将使他痛苦万分。妒忌是一种十分有害的不良心理，对这种不良心理的调适主要从以下几个方面入手：

（1）纠正自己认知的偏差。妒忌者在别人成功时，总以为别人的成功是对自己的威胁，是对自己利益的侵占。妒忌者应该学习别人的长处来克服自己的短处，而不是以己之短比人之长。

（2）要积极升华，应该把不服气的心理引导到积极的方面，化嫉妒为积极进取的力量，赶上甚至超过对方。最后要学会悦纳他人，学会赞美别人的成功和优点，在真诚的祝愿中学会我好你也好的交往态度。

（3）要积极进行注意转移。妒忌的产生总是在闲暇时间。如果我们积极参加有益的活动，使自己的生活充实起来，也许就没有时间去嫉妒别人。我们应该有意识地进行一次注意的转移，看看自己的优点，这样便会使原先失衡的心理获得新的平衡，嫉妒心理也就不会产生。

第三节 大学生人际交往的原则与技巧

一、大学生人际交往的原则

1. 平等原则

在人际交往中总要有一定的付出或投入，交往的两个方面的需要和这种需要的满足程度必须是平等的，平等是建立人际关系的前提。人际交往作为人们之间的心理沟通，是主动的、相互的、有来有往的。人都有友爱和受人尊敬的需要，都希望得到别人的平等对待，人的这种需要就是平等的需要。

【拓展阅读】

萧伯纳有一次写作休息时，和邻居的小女孩一起玩耍。当送小女孩回家时，他对小女孩说："知道我是谁吗？回家告诉你妈妈，就说和你一起玩的是萧伯纳。"小女孩天真地回应说："知道我是谁吗？回家告诉你妈妈，就说和你一起玩的是克里·佩丝莱娅。"大文豪听了，不禁惭愧。后来，他对朋友谈起此事，感慨道："一个七岁的小女孩给我上了人生中最好且最重要的一课，一个人无论有多大的成就，他在人格上与任何人都是平等的，这个教训我一辈子也忘不了。"

2. 尊重原则

人际关系的基础是人与人之间的相互重视、相互支持、相互尊重，对于真心接纳我们的人，我们也更愿意接纳对方，愿意同他们交往并建立和维持关系。由此可见，"敬人者，人必敬之"，给别人以充分的尊重，才会赢得他人的尊重。因此大学生在人际交往中应坚持平等原则，尊重他人，理解他人，关心他人，建立起有利于成长和进步的人际关系。

3. 信用原则

信用即指一个人诚实、不欺骗、遵守诺言，从而赢得他人的信任。人离不开交往，交往离不开信用。要做到说话算数，不轻许诺言。与人交往时要热情友好，以诚相待，不卑不亢，以博取他人的信任，产生使他人乐于与你交往的魅力。

4. 互利原则

互利指交往双方的互惠互利，人际交往是一种双向行为，故有“来而不往非礼也”之说。只有单方获益的人际交往是不长久的，所谓的双方收益不仅是指物质上的，还有精神的，因此双方都要讲付出和奉献。

5. 真诚原则

真诚待人是人际交往中最有价值 、最重要的原则，指的是交往过程中真诚待人、实事求是，不虚情假意。我们每个人都希望自己得到真诚，而且更希望交到真诚的朋友，其实，真诚对我们来说很简单，只要自己出发点端正，做人真诚善良，对待身边的人真诚友爱，你将得到回报也是如此。

6. 宽容原则

宽容是指人际交往中的心理相容，即人与人之间的融洽关系，它包括与人相处时的容纳、包涵、宽容及忍让。在生活中，我们每个人的性格、生活习惯、生活方式、价值观、人生观不同，在人际交往中难免会产生这样那样的误解和矛盾，这就要求人们在交往中遵循宽容的原则。

张三在山间小路开车，正当他悠然地欣赏美丽的风景时，突然迎面开来的货车司机摇下窗户大喊一声：“猪！”张三越想越气，也摇下车窗大骂：“你才是猪！”刚骂完，他便迎头撞上一群过马路的猪。

启示：善待别人，就是善待自己，错误地诠释别人的好意，那只会让自己吃亏，并且使别人受辱。

二、提高人际吸引力

1. 增强人格品质的吸引力

人格品质是影响吸引力的最稳定因素，也是个体吸引力重要的因素之一，著名学者安德森研究了影响人际关系的人格品质。受喜欢程度较高的几个人格品质是真诚、诚实、理解、忠诚、真实、可信。安德森认为：真诚受人欢迎，不真诚则令人厌恶。

2. 增强仪表的吸引力

容貌、体态、服饰、举止、风度等外在因素在人际交往中的作用很大。“爱美之心，人皆有之”，仪表给人的第一印象常给人以类型化的倾向。人们喜欢美好的东西，这是一种自然倾向。尤其是在交往的初期，好的外貌容易给人一种良好的第一印象。人们往往会以貌取人，所以有人说，美貌是一张特殊的通行证，美是一种诱惑、一种吸引。

一个人若想提高人际吸引力，则应进行合适的“印象修饰”。从自己的服饰、举止、面部表情、精神状态等方面做出适合于自身角色和特定情境需要的修饰行为，产生令他人愿意接近、接受的吸引力。

3. 增强能力和才华的吸引力

才华主要是指一个人的智慧、能力、学识等，是 IQ 和 EQ 的综合能力。一个人的学识高低，常表现在他的言谈举止上以及处理难题方面是否有能力、是否可信等。

1977 年，索洛门和沙克斯做了一项研究，他们给被试描述一个人好的外貌和才智。结果表明，才智在吸引力上更重要。一个有高尚品德和才智的人，往往被认为外貌也是有吸引力的。可见吸引力不是取决于单一的因素，而是取决于多种因素。维系人与人之间的长久吸引，主要靠内在美，即人格魅力。如果一个人有一张美丽的面孔，再加上善良和智慧，那么他（她）将永远拥有魅力。反之，如果一个人有一张美丽的面孔，但是却有一颗狠毒的心，最后连他（她）的面孔也将令人厌恶。正因为如此，拥有更多的内在条件，如学识、才干、品德，你才能够得到他人的喜欢和赞同。

三、把握人际交往的技巧

人际交往大体上分为语言交往和非语言交往。语言交往通常以达意的功能为主，非语言交往则一般以传情的功能为主。

1. 掌握语言交往技巧

俗话说“良言一句三冬暖，恶语伤人六月寒”，这句话告诉我们语言在交往过程中的重要性，掌握好语言交往技巧，可以促进感情的提升。

（1）称呼得体。恰当的称呼，能够使人获得一种心理满足，使对方感到亲切。在交往过程中，要根据对方的年龄、身份、职业等具体情况及交往的场合、双方关系的亲疏远近来决定对方的称呼。对长辈的称呼要尊敬，对同辈的称呼要亲切、友好，对关系密切的人可直呼其名，对不熟悉的人要用敬辞。

（2）说话要注意礼貌。正确运用语言，清楚地表达。要避免争论，青年大学生往往在争论中互不服输、面红耳赤，甚至演化成直接的人身攻击或严重的敌意，这对人际关系的有害影响是显而易见的。语言艺术运用得好，就能吸引和抓住对方，调动彼此倾谈的激情和兴趣，从内容到形式适应对方的心理需要，有助于人际交往。

（3）适时适度地赞美对方。每个人都希望别人赞美自己。适当地去夸赞对方，会让对方心情愉悦，但是赞美要适度，不能曲意逢迎，也不能夸大其词。真诚是赞美的前提，对着一个胖胖的女生，你不能说你真瘦，一阵风都会把你吹倒。这样的赞美会让人反感，觉得你很不真诚。赞美越具体越好，赞美的话越细致越好。当室友穿了件漂亮的衣服要适时地赞美，当同学在比赛中获得了荣誉，要衷心地赞美鼓励。间接的赞美会取得意想不到的效果。

2. 掌握非语言交往技巧

非语言交往是指交往双方通过服饰、目光、表情、身体的动作姿态、人际空间距离和交往频率等进行交往的技巧。在人际交往中，虽然非语言行为通常只是语言行为的辅助和强化手段，但它有的时候可以代替语言传情达意，还可以微妙地传递语言难以表达的弦外之音，产生此时无声胜有声的效果。

（1）把握好距离。人都有一种保护自己个人空间的需要，人际距离其实也是人与人之间的心理距离，心理学根据不同的交往对象和情境，划分了四种交往距离。公众距离，大于360厘米，这个空间内，人际间的双向交往大大减少，一般都是单向的交往，比如演讲报告，明星演唱会等。社交距离是120厘米到360厘米，保持这一距离的人们，谈话的内容一般都是正式公开的。个人距离是45厘米到120厘米，这个区域有较大的开放性，一般朋友和熟人可以自由地进入这个空间。最后就是亲密距离，45厘米以内的距离。这个距离的都是家庭成员、亲密朋友等关系最密切的人，但是如果没达到那种亲密程度的人插足这个区域很容易引起对方的反感。所以大家在交往的过程中，一定要把握好这个交往距离的尺度。

（2）体势。包括体态和身体的动作和手势。在人际交往中，人的举手投足、回眸顾盼都能传达特定的态度和含义。当身体微微倾向对方，表示热情和感兴趣，微微欠身表示谦恭有礼，身体后仰，显得轻视和傲慢，身体侧转或者背向对方，表示厌恶反感，不屑一顾。不同的手势也具有各种含义，摆手表示拒绝或者否定，双手外摊表示无可奈何，搔头皮表示困惑，搓手或者拽衣领表示紧张，拍脑袋表示自责或者醒悟，竖起大拇指表示夸奖，伸出小拇指表示轻蔑。值得注意的是，同样的体势，不同的人使用，给人的感觉不一样，比如：领导或者长辈对下级、晚辈拉拉手、拍拍肩，表示赞许和鼓励。但是下级、晚辈对上级、长辈做这样的动作则会被人认为不尊重。

（3）交往频率。是指在特定的时间里人与人之间的接触，见面、来往的次数。掌握交往频率，可以维护自己的形象，发展友谊。

四、人际关系的优化

1. 宿舍人际关系的优化

大学宿舍人际关系是社会人际关系的缩影，是大学生思想、行为及情感的晴雨表。能否处理好宿舍人际关系是衡量大学生人际交往能力大小、心理素质高低及为人处世是否得体的一杆标尺。除去睡眠时间，大学生每天在宿舍 5 小时左右，与室友间的接触与交往的时间比较长。因此，与室友的关系融洽与否，决定了一天的大多数时间里心情是否愉快。如何处理好宿舍人际关系呢？

（1）共同遵守宿舍规定。如统一作息时间、协作搞好宿舍卫生、合理使用宿舍公共资源、积极参加宿舍集体活动等。

（2）注重交往细节。“细节决定成败”，注重生活上的细节，才能与人更好地和谐相处。如不搞小“团体”、不逞口舌之快、不触犯室友隐私、不拒绝小惠而报之以感谢、别人有难要帮、自己有事要求，积极参加宿舍的集体活动、不斤斤计较、容忍别人的斤斤计较等。

（3）学会化解冲突。室友之间对抗、不理解、怀疑、敌意、拒绝、破坏等冲突虽然隐藏在宿舍内部，相对不公开，但对我们的身心健康影响很大。遇到冲突时，可采取幽默法、回避法、合作法、求和法等方式化解。

2. 班级人际关系的优化

班级人际关系是指班级中同学之间在相互交往过程中形成的比较稳定的心理关系。班级人际关系如何，不仅影响班集体的形成和发展，也影响大学生个体社会化和个性的发展。如何学会与班级中不同类型的同学相处，大家不妨尝试以下方法：

（1）换个角度，改变心态。大学班集体，少则几十人，多则上百人。由于个性、生活习惯、家庭背景等的差异，难免会产生各种摩擦或冲突。有时只要我们换个角度，发现事物的积极面，感受就完全不同。

（2）对症下药，缓解人际冲突。冲突产生后，我们不妨多问自己几个问题：同班同学我们了解多少？他们的无心之错，我们宽容了多少？优点我们发现了多少？陌生感，我们化解了多少？对同学了解得越多，冲突会越少。对待班上的同学，如果我们多一分理解，多一分关心，多一分欣赏，多一分宽容，那彼此之间的信任感、和谐感和幸福感才会不断增多。

（3）发挥班干部表率作用，提高班级凝聚力。班干部是连接老师和同学的纽带，一个好的班集体很大程度上取决于班干部是否称职、能否带动班级成员，形成班级凝聚力。班干部应做好表率、以身作则，主动关心、了解同学，虚心接受同学建议。同时，在为班级同学和老师的服务中，班干部要不断提高自身的能力。

3. 异性人际关系的优化

由于性生理的成熟、性意识的觉醒和性心理的逐步发展，大学生对异性逐渐产生了兴趣，对异性之间的交往感到既好奇也困惑。相比中学而言，大学生异性之间的交往更自然、更大方。大学生也更加重视异性交往，具体表现在：大学生更在意异性同学的评价，更注意在异性同学面前的言谈举止，与异性交往时心思更细腻等。有研究显示，绝大多数大学生渴望与异性交往，而且异性友谊对自尊心的影响程度更大，带来的烦恼更多，因此优化与异性的交往是十分必要的。

（1）我们既要反对男女之间“授受不亲”的传统观念，又要注意“男女有别”的客观事实。彼此做到“不失足于人，不失色于人，不失心于人”，这样男女同学的真诚友谊才有保障。

（2）要把握好友谊与爱情的度。在友情和爱情之间并没有不可逾越的鸿沟，超过一定的限度，兴许你自己也分不清是友谊还是爱情了。如果在异性交往中，有意或者无意地联想到彼此之间可否发展成恋人关系，就会增添彼此的心理负担，使正常的异性交往变得各怀心事，别别扭扭。

（3）相处中的男女同学要自尊、自立、自制、自重。恋人交往属于异性交往，不少大学生之所以深陷失恋的痛苦中无法自拔，是因为他们把爱情的失去等同于自我价值的失去，从而使情绪或行为失控。

4. 师生人际关系的优化

除了同学之间的关系外，师生关系也是构成大学生人际关系的重要方面。同中小学相比，大学师生的交往范围要小得多，而且具有自发性、偶然性，且多局限于知识学习方面。因而不少大学生在对老师的关系上表现得拘谨和胆怯，对建立和谐良好的师生关系显得无所适从。融洽师生关系可从以下几个方面做起：

（1）师生之间相互尊重。尊重是一种爱，一种信任。师生之间要主动尊重彼此的人格，尊重彼此的劳动成果。只有老师与学生都为对方付出真挚的、深厚的爱，师生之间才能建立起高度的人格信任，促进良好师生关系的形成。

（2）师生之间相互理解。这是老师与学生有效交往的前提，更是当代师生沟通的关键。因此，理解学生，是老师的首要任务；理解老师，是学生优化师生人际关系的基础。

（3）师生之间平等交往。平等交往主要是人格上的平等。老师与学生虽然角色不同，但是人格是平等的。只有师生都具备这种平等心态，师生才可能真正沟通。学生和老师都要正确理解平等，正确对待平等，建立平等的师生关系。

（4）师生之间拓宽交流渠道。在活动和交往中更有利于良好师生关系的建立。课堂教学是师生交往的主要途径，此外，日常生活中的交往是建立良好师生关系不可或缺的一条渠道。

【延伸阅读】

人际关系网络的维护

一、吐丝结网五部曲

1. 确立目标

为你的未来定义一个关键目标。目标定义得越具体，你的关系网络就越容易联结起来。例如，将媒体上频频曝光的正能量人物树立为自己的职业偶像；将你的职业愿望用语言表达出来，然后确立你可以分步骤达到的中间目标。

2. 建立联系

每个社交活动都会为你提供扩大社交圈的机会。你可以事先思考一下，你希望认识哪些人，然后收集一些可以用来与这些人交谈的信息。尽量适应环境，多参加社交活动。

3. 告诉别人

不管你是在找一份新工作，还是想购买一台便宜的手提电脑，也许你并不知道谁能够帮助你。这时，“撒网”可能会派上用场。将你的愿望告诉所有碰巧遇到的人，它也许会让你受益匪浅。

4. 参加集会

积极利用各种集会时间，不光是正式的派对。活动前、讲座休息时、午餐时或是在飞机场候机室里，你都不要置身事外。你可以结交一些同事、领导以及处于你对立面的人。事业的成功也可以是在下班时间取得的。

5. 收集信息

积极、仔细地倾听，通过提问你可以让谈话朝你希望的方向发展。为了现在和将来，为了自己和他人，你应该收集一些联系方式和值得了解的信息。

二、人际网络勤维护

人际网络要勤维护，否则，缺乏妥善的管理会让你最初的努力功亏一篑。具体的维护方法如下。

1. 填写记录卡片

记录在什么活动中结交了哪些人，不要只写下名字，而要写下你对他们的工作最感兴趣的方面。这样就不用记住所有的细节，在有所需要时就会有所侧重地查看卡片了。

2. 介绍他人加入

你的人际关系网络是张安全的网，因此你可以慷慨些，介绍第三个人加入你们的行列，其价值在于：你不仅是这个关系网中的一分子，而且是一个介绍人。

3. 保持忠诚

不要因为好友休了年假，就将她从你的联系人名单中划去。保持和她的联系，即便她和你目前的工作完全没有联系。只有时刻维护好你的人际关系，你才能在不顺利的时刻获得帮助。

4. 一份祝福

小事也可以有大影响。在熟人过生日时送上鲜花或是发出一个祝福电子邮件，朋友婚礼时或是生育时也要及时送上祝福，当你在行业报告中读到老同事获得了成功时，不要忘记祝贺他。最终你会发现自己也会收到意想不到的祝福，也会有人想着你。

5. 建立一个固定的联络方式

每个月与同事或是同行在聚会上碰面。在这种内部聚会上会有不少免费的内部消息、工作方法和成功策略的建议。

三、人际关系高手的方法

1. 认清人生的意义以及毕生所全力以赴的目标——绝招 1

为什么要这么拼命？

因为你必须对得起自己的良知。

要想成为一个人际关系高手，第一步是必须确认你的价值观。若是你连这个都摸不清楚，就很难看透人生的意义，更不用说什么成就感了。

2. 人际关系高手的方法——绝招 2

列举出截至目前的 5 件重大成就。

3. 人际关系高手的方法——绝招 3

你应明白自己有哪些专长和资源正是他人所迫切需要的。

天生我才必有用。无论你的专长是来自专业训练或是业余摸索，都可转化成一股强大的“人际关系动能”，千万不要妄自菲薄。

4. 人际关系高手的方法——绝招 4

挥别独行侠的日子。

还想和小学生那样科科争第一？别傻了，这个世界只有团队成绩，没有个人成绩。告别独行侠的生活，你的人生将从黑白转为彩色，焕然一新。

5. 人际关系高手的方法——绝招 5

建立自信，自助助人。人人都有改造世界的能力，你自然也不例外。多参加一些活动，帮助别人，也就是帮助自己。

6. 人际关系高手的方法——绝招 6

拟定短期与长期奋斗目标，定期予以审视与修改。拟定目标不仅可以督促自己，也能让别人得知你有哪些需要。只要你勤于跟别人沟通，你的朋友自然就会知道你有什么困难，进而借着人际关系这张大网来帮你早日实现自己的梦。

7. 人际关系高手的方法——绝招 7

绘出一张人际关系“网络图”，显现出自己在这项资源上的广度与深度。

人际关系网的特色是，每个成员都是老大。如果你能保有最新版本的人际关系图，就不难得知在眼前这一刻该如何以自己为主角，来善用你的人际关系资源。

心理活动体验

活动一 “倾听”训练

1. 活动目的

（1）学习人际沟通的基本态度（技巧）——倾听。

（2）你会“倾听”与“回馈”在人际沟通中所产生的效果。

（3）思考应注意的问题。

2. 活动程序

找一个练习伙伴，与他进行角色扮演。首先，让你的伙伴说一个故事，你分别用下列五种层面的倾听方式去听，然后回忆自己究竟分别听到了什么内容，并且问问同伴的感受。然后，换一下角色，由你来讲一个故事，让同伴在五个层面上进行倾听，分析并记下自己的感受。

五种倾听方法分别是：忽视地听、假装地听、有选择地听、全神贯注地听、有同情心地听。

3. 练习效果检查

有下面顾客的动作或话语，你能听出顾客的潜台词吗？

（1）顾客故意发出一些声响，如咳嗽、清嗓子、把单据磨得沙沙作响。

潜台词是：____________________

（2）“有别的型号吗？”

潜台词是：____________________

4. 活动总结

“倾听”的要领是耐心、关心。

在人际沟通中，人们并不只是把自己的意见、想法表达出来，更重要的是要用心倾听对方所传达的信息，这样才能真正达到双方沟通的目的。认真倾听既是一种基本的沟通态度，也是一种可习得的技巧。

活动二 轻解千千结

1. 活动流程

（1）十人一组，手牵手围成圆圈，并牢记左右手握着的同学。

（2）当音乐响起时，请大家在圆圈范围内跟自己同组的同学握手，握的人越多越好。当音乐停止时，请原地保持停止不动。

（3）原地握住你游戏初始状态握着你左右手的同学。想办法打开由牵手组成的杂乱的“千千结”。所有的同学按要求做一次或两次“微笑”训练。

2. 心灵分享

（1）人际交往中有哪些“结”？

（2）我们可以怎样解开这些“结”呢？

活动三 “同理心”辨识训练

1. 活动目的

让学生学会通过“同理心”来安慰同学。

2. 具体操作

教师给学生读下列情境对话，让学生辨析哪种才是具有同理心的回应，哪种说法最好。

情境一

“期末考试快到了，好烦呀！期中考试我考得那么差，如果这次又考不好，我可能就要被退学了。”

a. 不会的，你只要好好用功就行了。

b. 你不妨去找老师谈一谈，看看有没有什么补救方式。

c. 不要烦恼，看开点。

d. 你很担心期末考试考不好就要退学了。

情境二

“我快受不了了，我都这么大了，我妈妈什么事都要管我，连我要跟同学出去玩，她还要问这问那，老是把我当小孩子看待。”

a. 天下的妈妈都是这样子，我也跟你一样啊。

b. 你是不是平时就让他们很不放心？

c. 妈妈太为你操心，让你觉得很多事情都不能自己做主。

d. 你觉得自己已经长大，妈妈还管你这么多，替你过度操心，真的让你心烦。

3. 学会同理心表达

设置以下情境，让学生用“同理心”的方法来安慰同学，表达同理心。

情境一

“我不想读书了，我觉得读书好像没有什么用，毕业后能干什么呢？干脆早点去工作，还可多一些工作经验。”

同理心表达：____________________

情境二

“小华最近都不大理我了，以前我们还会常常一起去吃饭，自从他当了社团干部之后，就常常很忙，都忘了我这个朋友。”

同理心表达：____________________

情境三

“就要考试了，我都没有复习完，怎么办呢？”

同理心表达：____________________

课外心理拓展

1. 卡耐基：《人性的优点》

这本书问世于1948年，是卡耐基成人教育班的三种主要教材之一，这是一本关于人如何征服“忧虑”的书，它的唯一目的就是帮助你解决所面临的最大问题：如何在日常生活、商务活动及社会交往中与人打交道，并有效地影响他人；如何击败人类的生存之敌——忧虑，以创造一种幸福美好的人生。当你解决好这些问题之后，其他问题也就迎刃而解了。

2. 卡耐基：《人性的弱点》

它包含了每个人都可以从中获益的重要信息，能帮助你学会怎样提供建设性的批评而不冒犯他人。本书对于必须在群体中工作的人非常有用。当一个群体中的成员不得不面对不一致的意见时，许多争论可能都会发生。卡耐基的忠告将帮助你获得群体工作上的成功，并且让每个人都感觉很好。

3. 影片赏析：《刁蛮掌门人》

《刁蛮掌门人》讲的是一个叫凯蒂的女孩到一个新学校后，如何与一个小帮派处理好关系的故事。在生活中，让每个人都喜欢你不可能，但每个人本身都有一种特质，总会有人可以被你吸引，不喜欢你的人其实是不了解你，了解你的人会更加喜欢你。想要增加你的人际吸引指数，你要做的是充分发挥自身的良好特质，创造更多让别人接近你、了解你的机会，同时也要学会抓住了解别人、接近别人的机会。

【学以致用】

案例分析：林某的烦恼

林某，女，20岁，大一学生，写得一手好文章，还弹得一手好钢琴。她自认为有才华，很少与班上同学交往。后与舍友张某一同参加校园好声音比赛，她没能入围决赛，而张某在决赛中获得了“最佳人气选手”奖，舍友们为张某举办了庆功会。林某感觉大家都挺虚伪的，为此闷闷不乐。后来跟同宿舍人发生过几次不小的冲突，关系相当紧张。林某基本上不和班上同学来往，班上同学不主动跟她说话，她基本不跟同学说话，集体活动也很少参加，与同学的感情淡漠，隔阂加深。她认为周围没有一个了解她的人，常常想念高中时期交的知心朋友，感到特别的孤独。

你觉得林某的问题出在哪儿？你将如何帮助她？

第八章　话说最浪漫的事
——大学生恋爱与性心理

爱情是一种积极的情绪，爱本质上是给予而非获取。

——弗洛姆

爱情是一位伟大的导师，教会我们重新做人。

——莫里哀

爱是一种甜蜜的痛苦，真诚的爱情不是一条平坦的路。

——莎士比亚

爱情是人类永恒的话题，遨游于知识海洋中的大学生们，有些也会面临这个亘古常新的课题。青年大学生性生理已发育成熟，性意识增强，他们渴望爱情，因此大学生中恋爱已成为正常现象。然而，爱情既可以是美酒佳酿，给人以莫大的幸福和欢乐，也可以是涩水苦果，给人带来无尽的痛苦和烦恼。懂得爱情，了解性知识，学会爱的艺术，已成为当代大学生的迫切需要。

第一节　爱情解码——大学生恋爱心理

当爱情走过恋爱时的神秘，走进婚姻的殿堂，爱情留给我们的也许只是平淡，只是一份日久弥深的亲情和一份实实在在的生活。爱情是什么，它与恋爱和婚姻的关系又如何，大学生恋爱有哪些特点？这些都是需要我们认真探讨的问题。分析大学生的恋爱心理，帮助大学生树立正确的恋爱观，才能使之做好爱的心理准备。

一、什么是爱情

爱情是一个古老而又新鲜的话题。有史以来，它一直吸引着人们的目光，它的欢乐和悲伤激发着艺术家、诗人、小说家等的灵感，也是中西方社会心理学家的经典研究课题。

1. 爱情的定义

哲学心理学家弗洛姆在其名著《爱的艺术》一书中将人类的爱分为五种：兄弟之爱、父母之爱、异性之爱、自我之爱和神明之爱，而异性之爱就是我们这里要讲述的“爱情”。到底什么是爱情，很多文人、学者从不同的角度给出定义：

别林斯基说：“爱情是生活中的诗歌和太阳。”泰戈尔说：“爱情是理解和体贴的别名。”高尔基说：“没有爱的生活不是生活，而是生存。”西班牙谚语称：“爱情，是一根魔杖，能把最无聊的生活也点化成黄金。”德国谚语称：“爱情是一位甜蜜的暴君，恋人都心甘情愿地忍受它的折磨。”

有些心理学家则把爱情看作是人际交往内容中的一部分，他们从不同的角度来定义爱情：人本主义心理学家罗杰斯认为“爱是深深的理解和接受”。马斯洛认为：“爱的需要涉及给予和接受爱，我们必须懂得爱，必须能教会爱、创造爱、预测爱。”弗洛姆强调爱情是一个人对另一个人的外貌和能力的积极表达，爱情使一个人开始了对另一个人的关注。因此，心理学家将爱情定义为“心理成熟到一定程度的人，对异性产生的具有浪漫色彩的高级情感”。

马克思指出：爱情是基于一定的客观物质条件和共同的生活理想，在各自心中形成的真挚的爱慕，并渴望对方成为终身伴侣的一种最强烈、最专一的感情。我国伦理学家罗国杰提出：爱情是指在一定社会经济文化状态下，异性之间以共同的生活理想为基础，以平等互爱和自愿承担责任和义务为前提，以渴求结为终身伴侣为目的，而按照一定的道德标准自主结成的一种具有排他性和持久性的特殊社会关系。

综上所述，我们认为，爱情是指一对男女基于一定客观物质条件和共同的人生理想，在各自内心中形成的相互间最真挚的爱慕，并渴望对方成为自己终身伴侣的最强烈、专一和稳定的感情。

2. 爱情的本质

爱情的本质是自然的，还是社会的？是狂热的，还是理智的？对于这一问题，人类一直在探索，不同时代，不同阶级的学者各自有其不同的看法。

有人认为，爱情就是性。这种观点以中国的吴稚晖和西方心理学家弗洛伊德为代表。吴稚晖认为：爱情无非是精虫在那里起作用。弗洛伊德则认为性是世界的本原，性是人生的动力，是人类文化和社会发展的本源。一些文学家、思想家受西方文艺复兴以来的思想影响把爱情当作是人类永恒不变的本性。有的社会学家则强调爱情是男人和女人之间的一种社会关系，是社会生活的一个方面，是一种社会责任等。有的心理学家认为爱情是一种心理现象，是人生的一种心理体验或感受。

我们认为，爱情的本质是由爱情的生理、心理、社会三个要素相互作用构成的。

爱情的生理因素是人的性欲，这是一种延续种属的求偶本能。它构成了男女相互倾慕，相互爱恋的基础和原始动力。

爱情的心理因素是思想吸引、心理相容。人类的爱情生活与动物求偶不同的一个根本点就是人类情感的存在。在人类爱情中，情爱制约着性爱。如果说性爱是爱情的基础方面，那么情爱则是爱情的本质规定；性爱促使人们追求异性，情爱则决定人们有选择地爱某个异性。情爱以性爱为基础，反过来又制约着性爱。

爱情的社会因素有着丰富的内涵。首先，人类的爱是在社会交往活动中萌发的。没有人们之间的社会交往活动，没有社会生活，既不会产生爱情，也不可能有全面而深入的爱的交往。其次，人类的爱情生活受社会的道德和法律制约。在恋爱阶段，恋人的行为要受道德规范制约，爱情一旦成熟，双方还须共同承担起对新生命诞生的责任和义务。婚姻不但受道德限制，还受到法律保护。再次，爱情生活所采取的形式是社会的，人们是通过合法合理的形式来满足其性欲的，恋爱、婚姻、家庭就是爱情的社会形式。

因此，爱情是建立在生理、心理和社会综合需要基础之上的，使人能获得强烈的生理和心理享受的稳定而持久的情感。这也就是爱情的心理实质。

爱情是高尚的，在恋爱中应遵循的道德是：以爱为基础，以高尚情趣为恋爱发展的动力，在恋爱中相互尊重各自的选择、自由与权利以及人格，同时信守责任，忠贞专一，以诚相待。爱应该以理解为前提，以奉献为内容，以被爱为结果。生命不止，爱情不休。

3. 爱情的类型

美国心理学家斯滕伯格（Robert J. Sternberg）的爱情三角理论认为所有的爱情包括三种成分：亲密、激情和承诺。因此，爱情三角理论又称爱情成分理论。

亲密指的是两个人心理上互相喜欢，心灵相近，互相归属的感觉，包括对恋人的赞赏、照顾、自我展露和内心沟通，属于爱情的情感成分。激情是指强烈地渴望跟对方在一起的状态，是与“性”相关的动机驱力，是促使关系产生浪漫和外在吸引力的动机，属于爱情的动机成分。承诺是指自己愿意与所爱之人保持并主动维持情感。它包括短期和长期两个部分，短期是指“决定”去爱一个人，长期是指对两人之间亲密关系所作的持久性承诺，属于爱情的认知成分。斯滕伯格认为不同的爱情可以表示为不同大小的三角形。三角形的形状代表爱情三种成分之间的关系，三角形面积大小代表爱情的质与量，“三角形面积越大，爱情就越丰富”。根据亲密、激情、承诺三大要素，可以组成七种不同类型的爱情：①喜欢式爱情。只有亲密，没有激情和承诺，如友谊。②迷恋式爱情。只有激情，没有亲密和承诺，如初恋。③空洞式爱情。只有承诺，缺乏亲密和激情，如纯粹为了结婚的爱情。④浪漫式爱情。只有激情和亲密，没有承诺。⑤伴侣式爱情。只有亲密和承诺，没有激情。⑥愚蠢式爱情。只有激情和承诺，没有亲密。⑦完美式爱情。包含激情、亲密和承诺。只有在这类爱情中我们才能看到爱情的本来面目。

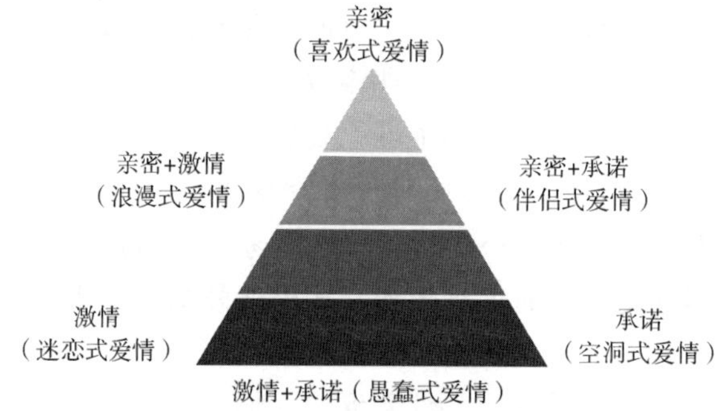

爱情的类型（爱情的三角理论）

二、大学要不要谈恋爱：大学生恋爱心理的发展阶段

大学生要不要谈恋爱？大学生的恋爱心理发展处于什么阶段？这个阶段有哪些特点？我们一起来看一下。

人的恋爱发展有以下三个阶段。

1. 对异性的敏感期

随着青春期的来临，第二性征的出现和性意识的觉醒，引起了男女性别的不同生理和心理的急剧变化。青少年开始对性别差异非常敏感，在异性面前时常会感到羞怯和不安。比如在青春期早期，对异性特别敏感，这个时候通常会在班级里形成男女两个阵营，课桌上会画“三八”线，会羞于谈论关于恋爱的话题。

2. 对异性的向往期

随着性生理上的发育成熟，性心理开始发展，男女情窦初开，产生了异性之间的相互吸引，出现彼此希望接触的意愿。但是这一时期的男女青年，由于其生理和自我意识的不成熟，他们对异性向往的对象，基本上是泛化的、不稳定的、缺乏专一性的，是一种不成熟的恋爱心理。所以，有人又称此阶段为泛爱期。

3. 恋爱择偶期

在这一阶段，男女青年的性心理已逐步成熟，社会阅历在不断丰富，恋爱观开始形成，对异性的向往逐渐专一，开始相互寻求和选择自己的配偶对象，建立和培育双方的爱情，进入成熟的恋爱心理。

大学生的年龄一般从17~23岁，正处于对异性的向往期向恋爱择偶期的过渡阶段，是由不成熟的恋爱心理向成熟的恋爱心理过渡的阶段。所以在大学阶段，大学生的恋爱更需要学习。如果这个时候能够树立良好的恋爱观，学习爱的能力，那么恋爱会形成正能量，不仅可以学习如何与异性相处，学习相互理解、支持和包容，为未来的婚姻做准备，还可以促进学习和对未来的思考、规划。

三、滋养的关系：良好亲密关系的要素

【引导案例】

这样的爱能持续多久?

小刚是张政的铁哥们，前阵子小刚很嘚瑟，因为追到了学院院花小玲。可是还没到一个月，问题就来了。才确立关系，小玲就要小刚给自己买iPhoneX。小刚自己的生活费绝对挤不出这么多钱来，于是拒绝了小玲。因为这件事情，小玲一个星期没有理小刚。小刚希望小玲不要这么物质，小玲却认为这是考验小刚是否爱自己，爱一个人就意味着愿意为她付出，不管是物质的还是精神的。小刚好不容易才把小玲给哄好了，但没多久两人又因为另一件事情闹起了别扭。

有一天晚上小玲饿了，要小刚给自己买夜宵。那会儿小刚才洗完澡，正准备赶第二天要交的作业，于是就拒绝了小玲的要求，让小玲自己去买，或者吃点饼干垫垫。于是小玲又不满了，责备小刚一点都不关心她，追到她之前每天早上给她买早餐，每天晚上买夜宵，随叫随到，没想到追到她之后态度大变，不像以前那么在乎她了。

小刚现在也迷惑了，纵然自己很喜欢小玲，但是这种“不平等”的爱能持续多久，他自己也不知道。

弗洛姆在《爱的艺术》一书中总结如下：

不成熟爱情的原则：我爱，因为我被人爱；成熟爱情的原则：我被人爱，因为我

爱人。

不成熟的爱宣称：我爱你，因为我需要你；成熟的爱是：我需要你，因为我爱你。

小玲对小刚的爱就是一种不成熟的爱。那么一个成熟的、良好的爱情关系包含哪些要素呢？弗洛姆认为成熟的爱包含以下五个基本要素。

1. 给予

爱情是一种积极的而不是消极的情绪，即爱情首先是“给予”而不是“索取”。给予就是付出，给予是力量的最高表现。恰恰是通过给予，才能体现自己的力量、富裕和活力。给予比索取带来更多的愉快，这不是因为给予是一种牺牲，而是因为通过“给予”表现了自己的生命力。

但给予的最重要范畴并不止于物质范畴，而是人所具有的特殊范畴。给予不仅仅包含物质的，更多的是一个人内心有生命力的东西，比如与人分享自己的欢乐、兴趣、理解力、知识、幽默和悲伤，总之，是一个人身上有生命力的东西。通过给予，不仅丰富了他人，也丰富了自己。

弗洛姆认为人应该用爱去换爱，用信任换取信任。如果你想欣赏艺术，你必须是一个有艺术修养的人；如果你想对他人施加影响，你必须是一个能促进和鼓舞他人的人。如果你在爱别人，但却没有唤起他人的爱，也就是你的爱作为一种爱情不能使对方产生爱情，也就是说，作为一个正在爱的人却不能把自己变成一个被人爱的人，那么你的爱情是软弱无力的。

打算以爱的形式给予的人不应该把对方看作是他帮助的对象，而应该同对方建立一种真正的、创造性的紧密关系。

2. 关心

爱情是对生命以及我们所爱之物生长的积极的关心。如果缺乏这种积极的关心，那么这只是一种情绪，而不是爱情。爱的本质是创造和培养，爱情和劳动是不可分割的。人们爱自己劳动的成果，人们为所爱之物而劳动。

3. 责任心

今天人们常常把责任心理解为义务，是外部强加的东西。但是责任心这个词的本来意义是一个完全自觉的行动，是我对另一个生命表达出来或尚未表达出来的愿望的答复。有“责任心”意味着有能力并准备对这些愿望给予回答。

4. 尊重

如果没有尊重，那责任心就有可能变成控制别人和奴役别人的主观倾向。尊重别人不是惧怕对方。尊重这个词的定义就是有能力实事求是地正视对方和认识他独有的个性。尊重就是要努力使对方能成长和发展自己。我希望一个被我爱的人应该以他自己的方式和为了自己去成长、发展，而不是服务于我。爱一个人，就应该接受他本来的面目，而不是要求他成为我希望的样子，以便使我能把他当作使用的对象。只有当我自己达到独立，在没有外援的情况下独立地走自己的路，即不想去控制和利用别人，只有在这种情况下，尊重对方才成为可能。爱情是自由之子，永远不会是控制的产物。

5. 了解

人们只有认识对方、了解对方，才能做到真正尊重对方。如果不以了解为基础，关心和责任心都会是盲目的，而如果不是从关心的角度出发去了解对方，那么了解便是一句空话。了解作为爱的一个方面，不能停留在表面，要深入事物的内部，而不是满足于一知半解。只有用他人的眼光看待他人（即站在对方的立场考虑），而把对自己的兴趣退居二位，才能真正了解对方。

关心、责任心、尊重和了解是相互依赖的。在成熟的人身上可以看到这些态度的集中表现。

四、爱的五种语言：培养爱的能力

【引导案例】

爱要怎么“谈”？

小美恋爱了，对方是本系的师兄江南，对小美很好。可是好友小琪却不觉得小美是在谈恋爱。江南约小美吃饭，小美却总是喜欢和自己的同学或者话剧社的好友吃饭，经常拒绝江南。江南是个腼腆的人，不知道问题出在什么地方，久而久之就减少了和小美的联系。

小琪曾经问小美，她究竟喜不喜欢江南。小美觉得自己是喜欢江南的，但就是不知道该如何谈恋爱。小美也很想和江南在一起。江南很沉稳，对小美一心一意，和他在一起很有安全感、很踏实。但两人的生活基本上就是教室、食堂和宿舍三点一线，这个恋爱谈得很无趣。究竟恋爱该怎么谈？这让小美和江南都感到很困惑。

可以看到，小美和江南的恋爱过程中，有恋爱的名，但无恋爱之实际行动。究竟在恋爱的过程中有哪些爱的行动可以增进关系的质量，可以维持高质量而长久的亲密关系呢？

根据心理学家的研究，一段神魂颠倒的恋情，平均寿命是两年。一旦陶醉过去，进入到现实的婚姻中，个人真实的愿望、情绪和行为模式就会现出原形。作为一名婚姻辅导专家，盖瑞·查普曼博士每天都会遇到各种各样来自怨偶间的抱怨，无论是在婚姻讲堂，还是在 3 万英尺高空的飞机上。“为什么杂志上有那么多《向配偶示爱的 101 种方式》，人们还是对爱无比苦恼？”这促使查普曼不得不深入研究其中的症结。

经过 20 多年的研究，他发现，并非这些示爱的方式有什么不好。只是，纵然示爱的方式有 1 万种，用错了地方，就如同对英国人说汉语，毫无用途。在他看来，每个人需要的爱的语言，都能归为五种：肯定的言辞、精心的时刻、接受礼物、服务的行动和身体的接触。

爱语 1：肯定的言辞

心理学家威廉·詹姆斯说过，人类最深处的需要，就是感觉被人欣赏。对那些安全感低、有自卑情绪的人，缺少安全感时，就会缺少勇气。而这时，如果恋人能给一些鼓励的话语，往往会激发出对方极大的潜力。关键词：鼓励、肯定、仁慈、谦和。

你看起来棒极了！You looks GREAT！

很多人成长的家庭管教严厉，无论多么努力，父母的夸奖都很吝啬。这样的孩子成年后，会有比较严重的自信危机，这也发展出他/她的主要爱语——肯定的言辞。对他们而言，被欣赏与赞美，胜过其他。

另外，鼓励不是施加压力。如果女友并不希望减肥，而男友却说“你一定能变得更瘦”就不能算一种鼓励的爱语。要在对方心甘情愿去做一件事时，再送上他/她需要的肯定的言辞。

【技能学习】

如果恋人的爱语是“肯定的言辞”：

（1）用一张卡片写上“言词是重要的”，贴在你的镜子上。

（2）写下每天你对他/她说的肯定的言词，坚持一周，然后和他（她）一起，看看你的记录。你可能会发现：你说得很好，或者，其实很差。

（3）定一个目标，比如连续 1 周，每天对恋人说不同的赞赏的话。寻找恋人的优点，并告诉他/她，你多么欣赏那些优点。

（4）当你感到用词贫乏时，留心报刊中那些肯定的言词。

（5）写一封情书给他/她。

（6）在他（她）的父母朋友面前赞美他（她）。

爱语 2：精心的时刻

什么是精心的时刻？答案是：给予对方全部的注意力。你是否留意过，一起用餐的男女，婚前约会和已婚夫妇非常不同：前者彼此注目，后者则东张西望。所以，称得上精心的时刻必须是全神贯注的交谈，或是一顿只有你们两个人的烛光晚餐，也可以是手拉手散步，活动其实是次要的，重要的是花时间“锁住”对方的情感。

【技能学习】

如果恋人的爱语是精心的时刻：

（1）一起散步，问对方：“你童年最有趣的事是什么？”

（2）请恋人列一张单子，写上他/她喜欢跟你一起做的 5 种活动，在接下来的 5 个月，每月做一种。

（3）问问他（她），和你说话的时候，他/她最喜欢待在哪儿？什么时候？也许下次交谈，你们就会在操场上散步，一起谈心。

（4）想一种他/她非常喜欢而你却很少过问的活动，比如看世界杯、玩网络游戏、逛街等，告诉他（她），接下来的这个月里，你希望和他/她一起参与一次。

（5）每天找些时间，分享当天的趣闻。

（6）在未来的一段时间，安排一次只有你们两个人的旅行。

爱语 3：接受礼物

礼物是爱的视觉象征。它可以是买来的、自己做的或是找到的。礼物是一件提醒对方“我还爱着你”的东西。事实上，这是最容易学习的爱的语言之一。

【技能学习】

如果恋人的爱语是接受礼物：

（1）尝试早上送他/她一块巧克力，晚上送他（她）一束鲜花等，观察他/她的反应。如果他/她又惊又喜，恭喜你，他/她的爱语就是接受礼物。

（2）亲自动手制作礼物。也许它只是回家路上拾到的一块石头，纹理粗糙，其貌不扬。只要配上一个小盒子就 OK 了，因为里面的字条上写着：它就像我，等着你去打磨。

（3）选择一个星期，每天都送给恋人一件礼物，可以肯定的是，你的恋人一定会记住这段日子，就像记住蜜月旅行的时光。

（4）存储“礼物点子”。只要你的配偶无意中说出“我喜欢……”，就把它悄悄记下来。

（5）一定不能忘记长存之爱的礼物，比如相恋纪念日、生日等。也许，在某个地方种棵树既有创意，也能向别人夸耀。

爱语 4：服务的行动

这是指做恋人想要你做的事，你替他/她服务因而使他/她高兴，表示对他（她）的爱。当男女热恋时，为对方服务是自愿的，甚至费尽心机。但是热恋之后很多人变得完全不同了，比如：“追我的时候他每天都给我发短信，但现在经常是我发短信给他他都爱答不理的”。

【技能学习】

如果对方的爱语是服务的行动，你可以在单子上列得更多，比如 10 个，并请对方按重要性排序。如果经济允许，可以雇人完成你的“服务的行动”。另外，还可以问对方：“如果这个星期我可以做一次特别服务，你想要什么？”相信不久之后，你的恋人的“爱箱”就会满起来。

爱语 5：身体的接触

肢体接触是人类感情沟通的一种微妙方式，也是爱的表达的有力工具。要说明的是，性只是这种爱语的方式之一，牵手、亲吻、拥抱、抚摸都是身体的接触。对有些人来说，身体的接触是他们最主要的爱的语言。缺少了它，他们就感觉不到爱。

身体的接触的爱语表现方式：

（1）见面的时候，给对方一个拥抱。

（2）散步的时候，拉着他/她的手。

（3）对方在伤心和难过的时候，可以拍拍对方的肩膀，或者抱抱对方。

（4）和朋友在一起时，当着他们的面抱一下你的恋人，或将手搭在他/她的肩上。你一定会得到恋人的双倍情绪高分——因为你就是在向他（她）表示：“尽管有这么多人，我还是得说我爱你。”

【拓展阅读】

婚姻关系的四大“杀手”

戈特曼博士对婚姻进行了多年的研究，他的研究发现，破坏婚姻关系的因素主要有以下四大“杀手”。

1. 一号“杀手”——指责

你可能会常常抱怨你的恋人，但抱怨和指责不同：抱怨仅仅是针对对方没有做对的事情，而指责要广泛得多，常常将负面的言辞加于对方的人格上。比如：“我们说好了昨天去看电影，但是你又放我鸽子了，我很不爽。”这是一句抱怨。而“你怎么又放我鸽子，你就是没放在心上，你根本不在乎我们的关系。”这就是指责。

2. 二号“杀手”——轻蔑

轻蔑也就是我们平常所说的冷嘲热讽，比如：“你以为陪我去超市就能弥补你昨天放我鸽子的过失吗?”此外，直呼其名、翻白眼、冷笑、恶意模仿以及开敌意的玩笑都是轻蔑的表现。无论其形式如何，作为威胁性最大的“杀手”，轻蔑表示出对对方的厌恶，对两个人的关系有很大的危害。一旦恋人得知你厌恶他/她，两人之间的问题就很难得到解决。

3. 三号“杀手”——防卫

如果对方表现出指责和轻蔑，自己就会毫无疑问地表现出防卫行为，对自己的行为做出辩解，比如：“不是我放你鸽子，你又没说你已经买好了电影票，我还以为你没买，哪天去看不是一样？”研究表明，这种防卫行为并不能起到好的效果，因为防卫本质上是指责对方的一种表现形式，防卫其实是在说“问题不在我而在你”。所以攻击方不会因为另一方的防卫而道歉，因此防卫的结果就是导致冲突的升级。

4. 四号“杀手”——冷淡

一般来说，在婚姻关系中争吵可能会引起指责和轻蔑，然后导致防卫的产生，其后引出更多的轻蔑和防卫，最后一方宣布退出争论，这意味着第四号“杀手”已经出现。冷淡者不会向对方表示反馈，坐在那儿无动于衷，像石头一样。就算是听见对方说话，冷淡者也只是表现出一副毫不关心的样子。

第二节　夏娃的诱惑——大学生性心理

一、性心理和性心理健康

1. 性心理和性心理健康

所谓性心理，是指在个体性生理成熟的基础上所形成的与性特征、性欲、性行为有关的心理状况和心理过程。简而言之，就是与性生理、性行为有关的心理现象。性生理是性心理发展的生物学基础，性生理发育的障碍或缺陷，会使性心理的发展出现偏差。大学生正处于性生理发育成熟、性心理逐渐趋向成熟的时期，也是性生理需求与性的社会规范之间的冲突阶段。

性心理健康是指个体具有正常的性欲望，能够正确认识性的有关问题，并且具有较强的性适应能力，能和异性进行恰当交往，在免受性问题困扰的同时，还能增进自身人格的完善，促进自己身心的健康发展。

世界卫生组织对性心理健康所下的定义是：通过丰富和完善人格、人际交往和爱情方式，达到性行为在肉体、感情、理智和社会诸方面的圆满和协调。性心理健康是人类健康不容忽视的重要组成部分，近年来正越来越受到人们的重视。

2. 性心理健康的标准

性心理健康的标准应该符合以下几点：

（1）正确认识和接纳自己的性别。一个性心理健康的人，能正视自己的性心理发育、性心理变化，能在所处的社会环境中正确评估自己，能客观地评价自己和他人，并乐于承担相应的性别角色。

（2）具有正常的欲望。性欲是能够获得性爱和性生活的前提条件。具有正常的性心理首先就得具有性欲望，如果没有性欲望就不会有和谐的性生活，就会影响性心理健康，性欲望的对象要指向成熟的异性个体，而不是其他物品等替代物。

（3）性心理和性行为符合年龄特征。即性生理和性心理的发展要保持统一。

（4）正确对待性变化。个体在生长和发育过程中，性生理因素、性心理因素和性社会因素是交互呈现的，个体在其中要建立自我同一性才能保持三者的和谐状态。这就要求个体能够正确对待性生理成熟所带来的一系列身心变化，在出现性冲动后，能够正确释放、控制、调节，使之符合社会规范的要求等。

（5）对于性没有犹豫、恐惧感。能够把性作为生活的一部分而科学对待，不存在对性的恐惧和怀疑。

（6）和异性保持和谐的人际关系。在交往过程中，保持独立而完整的人格，做到互相尊重，互相信任。

（7）性欲是正常和健康的，但性欲是可以适当控制的。正当、健康的性行为，符合社会伦理道德规范。

二、情窦初开：大学生性心理发展的阶段

美国心理学家赫洛克认为青春期性心理的发展一般可分为以下四个时期。

1. 性抵触期

在青春期发育之初，有一段较短的时期，青少年总想远远地避开异性，以少女表现得尤为明显。这主要与生理因素有关。由于第二性征的生理变化，使青少年对自身所发生的剧变感到茫然与害羞，本能地产生对异性的疏远和反感。此时期约持续 1 年。

2. 仰慕长者期

在青春期发育中期，男女青年常对周围环境中的某些在体育、文艺、学识以及外貌上特别出众者（多是同性或异性的年长者），在精神上引起共鸣，仰慕爱戴、心向往之，而且尽量模仿这些长者的言谈举动，以致入迷。

3. 向往异性期

在青春期发育后期，随着性发育的渐趋成熟，青年人常对与自己年龄相当的异性产生兴趣，并希望在接触过程中吸引异性对自己的注意。但由于青少年情绪不稳，自我意识甚强，因而在与异性接触的过程中，容易引起冲突，常因琐碎小事而争吵甚至绝交，因此交往对象之间常有转移。

4. 恋爱期

青春期发育完成，已达成年阶段，青年把友情集中寄予自己钟情的一个异性身上，彼此常在一起，情投意合，在工作、学习中互相帮助，生活中互相照顾体贴，憧憬婚后的美满生活，并开始为组织未来的家庭做准备工作。这时的青年对周围环境的注意减少。女青年常充满浪漫的幻想，向往被爱，易于多愁善感；男青年则有强烈的爱别人的欲望，从而得到独立感的满足，他们的情绪往往较兴奋。

大学生处于向往异性期向恋爱期过渡的阶段。但由于大学生存在成熟的性生理与不成熟的性心理的矛盾，所以在这个阶段大学生更应该加强对自身性心理的了解和学习。目前，我国在校大学生的年龄一般在18~23岁，在这一阶段，性的成熟与整个身体的发育已基本完成，但是性心理的发展并未达到成熟。这时期的大学生好像一台马力十足但方向盘和制动器并不灵敏的汽车。这一时期是人真正发现自我的时期。由于受传统伦理观念的影响，在我国性的问题一直被蒙上神秘的面纱，再加上我国很少在大学生中开展系统的性教育，因此大学生一直难以获得系统、完整、科学的性生理、性心理、性道德等方面的知识。

三、独自承受：大学生常见的性心理困扰

1. 性冲动和性幻想

偶尔或适度的性幻想是性发育过程中出现的正常现象，它代表着性知觉的觉醒和性意识的萌发，一般是有益无害的。不管怎样，性幻想并未构成行为，所以不必过分自责，不要认为是卑鄙见不得人的事。事实上性幻想对于减少人的紧张与焦虑乃至性压抑都是有益的。但如果频繁出现性梦或性幻想就会影响休息、睡眠和体力的恢复，严重的还会导致神经衰弱，给身心健康带来不利影响。当性幻想变成一种强迫性思维时，会使人陷于深深的苦恼中，如若整天沉溺于性幻想，会干扰学习，对心理发育造成危害，产生性障碍。

2. 性自慰焦虑

事实上，性自慰本身并不会带来害处，它是“标准的性行为的一种”。美国著名的性研究专家玛斯特斯和约翰逊用先进的实验仪器，对性自慰和性交做了比较，发现两者基本一致，认为没有理由把性自慰当作是有害心身健康的异常性行为看待。大学生可用性自慰来释放他们内心积聚起来的性冲动能量，但需节制。性自慰的危害并不在于性自慰本身，而在于对性自慰的担忧、恐惧、羞愧和罪恶感。对性自慰的错误认识，既是大学生烦恼的真正原因，又是使之变得难以节制的心理原因。不少大学生在接受性知识教育和咨询后，一旦明白性自慰是正常的、无害的，并且性自慰并不是个别人的行为后，心理的负担卸了下来，这样性自慰的欲望和行为反而减少或容易调节了。

3. 性心理偏差行为

性心理偏差是指青少年性发育过程中的不适应行为，如过度手淫、迷恋黄色书刊、不当性游戏、轻度性别认同困难等，一般不属于性心理障碍。但对这些不适应行为应给予有效的干预。手淫本身不是心理障碍，对身体并无损害，也不是罪恶。应该注意的是对手淫的错误观念引起的心理冲突。对于过度手淫则要采取转移注意、转向与参加文体活动的方法予以纠正，丰富兴趣爱好，培养大胆开朗的个性，增强性道德观念和意志品质，其中关键的一步是对异性脱敏。这类人通过咨询和自身的努力，往往能有效地改变性偏差行为。

四、楼道里的怪人：大学生常见性心理障碍及应对

【引导案例】

楼道里的怪人

有一天话剧排演刚结束，学院学生小美和小琪走在去食堂的路上。

小美神神秘秘地对小琪说："你知道吗？据说最近在各楼道里出现变态狂了。"

小琪追问："变态狂？什么情况？"

小美说道："听我们班的小倩说，她同学在楼道里遇到一个变态狂，太变态了，冲着她同学露出自己的'小弟弟'，把她同学给吓坏了，一边尖叫一边跑开了，你说变态不变态？"

小琪很惊讶："真有这样的变态狂啊？太变态了吧，他不会伤害人吧？"

小美道："那谁知道呢，据说不止一个女生遇到了，反正小心点吧。"

1. 性心理障碍及其特点

性心理障碍（Psychosexual Disorder）泛指以两性性行为的心理和行为明显偏离正常，并以这类性偏离作为性兴奋、性满足的主要或唯一方式为主要特征的一组精神障碍。性心理障碍在临床上主要包括两种类型：性身份障碍和性偏好障碍。

性身份障碍主要指易性症，患者对自身性别的认定与解剖生理上的性别特征呈持续厌恶的态度，并有改变本身性别的解剖生理特征以达到转换性别的强烈愿望（如使用手术或异性激素），其性爱倾向为纯粹同性恋。目前普遍认为，同性恋作为特殊的性体验与性行为，一般不属于精神疾病的范畴，但易性症属于性身份障碍。

性偏好障碍主要包括恋物症、异装症、露阴症、窥阴症、摩擦症、性施虐和性受虐症。像小倩同学遇到的"变态狂"就是性偏好障碍。

2. 性心理障碍的防治

性心理障碍治疗较为困难，患者自身及其家人往往感到非常痛苦，但对本症的支持治疗仍然具有一定效果。首先，明确指出某些行为的危害性，有些行为违反现行法律、单位制度，不符合所在文化的风俗习惯，而且就业、升学等各方面将面临严重问题，教育患者通过意志克服其性偏离倾向。其次，使患者回顾自身的心理发展过程，理解在何时、何阶段、由哪些因素导致走向歧途，使患者正确理解和领悟，并进行自我心理纠正。但总体而言，心理治疗效果有限。再次，行为矫正，采用厌恶治疗，如给患者看同

性的健康图像和同性恋的录像之后随即给予厌恶性刺激。恋物症的患者同样可采取厌恶治疗。另外，易性症者多要求通过手术改变其性别，但变性手术复杂，难度较大，费用较高，特别是亲友往往坚决反对，有些出现心因性抑郁及自杀。从心理学方面来讲，手术前患者自己不能接受自己，手术后社会又难以接纳他们。有些人手术后不得不隐姓埋名在异地生活。因此手术应慎重，并应履行相应的法律手续。

【拓展阅读】

如果遇到性心理障碍的人怎么办？

最重要的是要冷静应对，你越害怕，对方越兴奋，你越冷静对方则越害怕。比如遇到裸露癖的人，如果你尖叫，反而会让他产生性兴奋；如果你若无其事地走过去，他反而觉得很无趣。

大多数性心理障碍的人都不会对他人造成伤害，少数除外，如施虐狂。如果在公交车上遇到摩擦癖的人，可以用眼神或者语言直接提示对方停止。别害羞和不好意思，你越是害羞和不好意思，越会让对方更加兴奋。

但一旦遇到暴力或者是严重威胁到人身安全的性心理障碍者，则需要求助于专业人士或者警察。如果自己身边的同学或者朋友有性心理障碍，应建议其寻求专业的心理咨询师或者精神科医生的帮助。

第三节　开水与白面包——培养健康的恋爱观与性心理

一、爱情 VS. 学业：人在旅途

【引导案例】

爱情学业双丰收

小琪是某学院一个爱思考的女孩，同时也是个学霸，平时大部分时间都泡在教室里，而张明则不同，每次小琪拉张明去上自习的时候张明有三分之二的时间都是用各种理由推脱，实际上他也没啥事，但他宁愿在宿舍玩游戏也不愿意上自习。

小琪的班主任是刚毕业的一位老师，大家都叫她何姐。有一天小琪和何姐说出了自己的苦恼。小琪希望张明可以和自己一起奋斗，同时小琪也对未来很迷茫，现在是恋爱了，可是未来在何方？她和张明的这段爱情到底可以走多久？何姐给小琪讲了发生在自己同学身上的一个真实故事。

小莉是何姐要好的一个学姐，她现在的老公李兵当年的大学和小琪所在的大学相邻。由于当时李兵所在的学校自习室经常爆满，于是经常到小莉的学校上自习，两人也是教室中上自习结下的姻缘。两个学霸在一起，总是有上不完的自习、泡不完的图书馆。李兵很享受和小莉在一起的时间，他觉得这样的互相督促、互相鼓励就是他想要的感情。在大三的时候，两人就一起商量要考专升本，结果都考上了专升本，两人又在一个学校。本科毕业后，小莉想继续考研读硕士，小莉先考上去读研，随后第二年李兵也去了。现在，两人已经结婚，仍然在继续他们的学习生涯。

现在很多同学都很苦恼，想谈恋爱，但是又很迷茫，看不到未来，同时也会影响现在的学习。向往爱情是大学生正常的心理需求，如果能够正确引导和释放这种心理需求，会促进学业。在学业和爱情的关系中，最重要的是平衡学业和爱情的关系，不能把宝贵的时间都用于谈恋爱而放弃了学业。这里最重要的是要做好爱情和学业的规划，将爱情纳入自己的生涯规划中，只有这样，才能看到爱情的方向，找准自己的位置。以下问题可以帮助大家思考爱情、学业和生涯规划的关系。

1. 为什么谈恋爱？

回答这个问题很重要，是因为孤独而恋爱？因为看到周围的人都恋爱了而恋爱？为了恋爱而恋爱？为了性而爱？还是因为遇到了喜欢的人而爱？对于一个孤独的人，恋爱不能解决孤独，反而会让人更孤独。对于一个从众的人，为了恋爱而恋爱，在恋爱中也很难学习到爱与信任。

2. 现在的恋爱和我的未来有什么联系？

思考这个问题也很重要，现在的恋爱究竟和未来有什么关系？你是只在乎曾经拥有，还是在乎天长地久？如果只是在乎曾经拥有，就像有的人谈恋爱，刚开始大家都很明白，可能在一起的时间不长，但是这无疑对两个人都可能会造成伤害。感情不像别的东西，可以说来就来说走就走，一旦两个人产生了强烈的相互依恋，再分开会很痛苦。所以思考清楚现在的恋爱和未来的联系，可以让你在自己的整个生涯中看到恋爱的意义。

3. 我打算如何规划我的恋爱？

有的人说，恋爱是不需要规划的，遇到合适的人就可以开始恋爱了，这样的观点不能说它错，也不能说它对。恋爱需要看缘分，也要看两个人的意愿，不是单方面就能决定的，但是如果能够对自己的恋爱做一个规划，就像对职业那样，会对未来的婚姻生活起到准备的作用，比如可以思考你打算什么时候恋爱，找一个什么样的人，将来要过什么样的生活，是不是要小孩等问题，就像案例中的小莉和李兵，两人一起规划自己的爱情和未来。

4. 我打算如何平衡恋爱和学习的关系？

对于大学生来说，学习是生活中很重要的一个方面，同时大学生也处于异性向往期向恋爱择偶期过度的阶段，这个时候有感情需要也是很正常的。最关键的问题不在于要不要谈恋爱，而是在于如何平衡恋爱和学习的关系，就像案例中的小莉和李兵，两人一起学习，恋爱成了学习的动力，相互促进提高。

二、生理需要 VS. 精神需要：当爱遇上性

婚前性行为的发生，有时是女方主动提出的，而更多的是男方要求，女方迎合或抵御不了。它使男女双方在性欲和其他动机方面获得了一种满足，但这种满足之后在心理、情感、社会等各方面所要承担的常常超出大学生现有的能力。调查显示大学生在性行为时没有采用避孕措施的占 74.56%。研究者在对女大学生的访谈和开放式问卷调查

中也发现，70%的女大学生在性自我保护方面做得不好或很不好，而只有14%的人认为做得还好。未婚先孕、堕胎、感染性传播疾病等现象近几年来在大学生中呈上升趋势，这些数据充分说明大学生在发生婚前性行为时不懂得如何保护自己和对方，生殖保健认知程度低，女生常成为最大的受害者。

性是很多大学生都很好奇的问题，也是很多处于热恋中的恋人很难避免的问题。大学生该如何对待性？我们先一起来看看大学生对婚前性行为的态度。

1. 大学生对婚前性行为的态度

性观念是人们对性问题的较为稳定的看法及所持有的态度评价，既包括个体的性观念，也包括在一定时代社会背景下，人们对性问题的评价、态度、看法的总体趋势。随着我国进一步对外开放，00后大学生的性观念开放程度明显增加。从观念上来说，大部分大学生接受婚前性行为。

2. 性和责任：树立健康的性观念

大学生健康的性心理有两个标准：一是能正确认识和处理自己的性行为带来的后果，并能有社会责任感；二是在婚姻前提下的性生活符合男女平等、科学、卫生的原则。建议在面对性的问题前，仔细思考：

（1）我是不是能认识到自己性行为带来的后果，比如怀孕、紧张、担心、性传播疾病、妇科疾病等？

（2）对待性行为，我是不是能负起相应的责任？

3. 科学释放性冲动

对于处于青春期的大学生来说，尤其是对于男生，需要学习如何科学释放性冲动。对于大学生来说，可以从以下几个方面来做：

（1）培养艺术爱好。艺术是性的能量释放的一个很好的升华，从音乐中可以歌唱爱情，从美术作品中可以欣赏人体，文学作品中可以描绘刻骨铭心的爱。

（2）通过劳动和运动释放性的能量。通过劳动和运动可以释放性的冲动，缓解性压抑。

（3）鼓励自己和异性交往，脱敏对异性的冲动。比如可以鼓励自己参加集体活动，学习交谊舞等，多与异性接触，习以为常，对异性的性冲动便会随之减少。

【课堂讨论】

大学生应不应该有性行为？说出你支持或反对的理由。

【拓展阅读】

如何避免性冲动

在恋爱的过程中，可以通过一些有效的措施来帮助自己或对方克服过分的性冲动。

第一，约会的时间最好不要选择在晚上。因为借助夜幕的“掩护”，恋人间容易表现得比较亲昵，此时稍一冲动、稍一疏忽，就可能逾越界限，做出事后会使双方都后悔的事情。

第二，约会时衣着最好不要过于透明、暴露。作为未婚的女同学应该清楚地知道在什么情况下拒绝对方更容易，是穿戴整齐的时候，还是穿着暴露的时候。所以，如果决心不选择“婚前性行为”，在穿戴上就要选择适合保护自己的衣物。

第三，约会的地点最好选择人较多、较热闹的地方。在这些地方既可以共度一段美好的时光，又可以靠环境的帮助，实行自我约束。僻静处、私人卧房、旅馆的客房都是比较危险的地方。在青年男女独处时，这些场所对克服性冲动有弊无利。在家里交谈，就选择家里有人时，将房门虚掩着。

第四，当女方发现男方产生了性冲动而非常不安，而自己特别不愿意接受时，可以适当地提醒他或者把他带到人多的地方，或谈些别的话题，以转移其注意力。最好不要采取简单、粗暴的拒绝方式，以免伤害对方的自尊和两个人的感情。

微课：维护性心理健康

三、死守爱 VS. 放手爱：学习面对恋爱失败

恋爱是两个人选择的结果，不是靠一方努力就一定能维持的，所以有恋爱就一定有失恋的风险。有的人在失恋后会出现自责、内疚，有的人则久久不能放手和释怀。

1. 如果自己主动提出分手，需要这样思考和行动

◆ 想清楚为什么要分手，分手有什么好处、坏处。

◆ 在谈分手前，先考虑对方的个性、两人交往的深度、对方可能做出的反应等，准备好自己提出分手的态度、方式、理由。

◆ 分手前尽量给对方一些准备的信号，让对方有充分的时间进行心理的适应，并参与决定。单方面就决定宣布，对对方是不公平的。

◆ 调整情绪再出发，态度温和而坚决。

◆ 慎选时间地点。最好是白天，因为晚上情绪比较难控制，地点最好选公开、安静、有旁人但不会干扰你们谈话的地方。

◆ 要勇敢面对，不要逃避责任，不要说“我们从未爱过”这种自欺欺人的话。

◆ 在顾及对方感受和尊严的情况下，真诚地 、具体地说出为何分手。

◆ 多从自己的角度去讲。避免责备对方人不好、脾气不好等，强调自己的理由，是自己的选择。

◆ 分手后，保留一段感情的真空期，让彼此更清楚情感界限。做出决定后，不要出尔反尔，不要见面，行动不要拖泥带水。

2. 如果被动分手，需要这样思考和行动

◆ 在对方提出分手后要保持冷静，冲动会搞砸很多事情，先听听对方怎么说，别从“我被甩”的角度看事情。

◆ 不要拒绝沟通，要勇敢地争取机会做坦诚的讨论。

◆ 不要死缠烂打，这会令对方更加讨厌自己，使自己更难受、痛苦。

◆ 痛苦别往自己肚里咽，这种哀伤是需要一定时间和措施去处理的。找亲近的人分担你的悲伤和压力，抒发自己内心的感受和找到感情定位。

◆ 不要急着再次恋爱，避免在混乱的情绪中让新恋人成为代替品，找不到自己真正想要的感情归宿。

◆ 分手初期最好不要见面。

◆ 不要因此自卑，爱情是选择的结果，不是你的错。

3. 如果自己陷入失恋的痛苦中，需要这样思考和行动

◆ 正视现实。改变自己的认知，意识到感情是双方的事，不是一方的对与错，每个人都有爱或不爱的权利，应该尊重对方的选择，“上帝在关闭一扇门的时候，必然会为你打开一扇窗”。

◆ 换位思考。不要把错误都归结于对方，要设身处地地为别人着想；也不要过分自责，要总结自己的错，然后下次不再犯。

◆ 合理化。多想想恋人昔日的缺点，多罗列自己的优点。

◆ 情感宣泄。不要过分埋藏和压抑痛苦，可以找人倾诉，甚至大哭一场。

◆ 给自己一段时间。不要迅速再找一段恋情，因为个体的行为模式相对固定，其应对方式仍如往昔，应有一段时间来处理情绪，吸取经验。

◆ 如果你发现自己持续地情绪低落（持续超过两周）、不和周围的人联系、有轻生的念头、持续睡眠不好、对感情和生活感到绝望时，尤其需要重视，因为你很有可能因为失恋而陷入抑郁状态。这时应主动寻求专业的帮助，比如寻求心理咨询师或者精神科医生的帮助。

【拓展阅读】

失恋的自我调节

1. 理解和接纳 VS. 说服和说教

当一个人失恋后，可能会有失落、伤心、难过、愤怒等情绪，可能会表现得消沉、食欲不佳，这些都是正常的现象。首先要理解和接纳自己的这些表现，对自己的接纳会让自己感到有空间、被理解和关怀。多对自己“说”些表示理解和接纳的话——“我知道我很难过”“我知道我很伤心”“我了解我舍不得他/她”，而不是说服和说教——“不就是失恋吗，至于这么难过吗”“这个人不值得你这样付出”“失恋没什么大不了的”“我太没出息了”。

2. 可以 VS. 不应该

面对这些情绪和想法时，要多给予支持和帮助，而少责备，比如告诉自己可以找朋

友聊天，可以出去散散心，不要说“我不应该把感情看得这么重”“我们相处还不到一年，我不应该这么难过”。

心理活动体验

角色扮演　爱的表达与拒绝

目的：通过角色扮演，学习爱的表达方式，并学会拒绝自己不爱的人。

操作：这是一系列的角色扮演，包括如何表白爱情，如何拒绝自己不爱的人，如何约会交谈等。都是先由指导者做提示，再进行角色扮演，然后评价、讨论、交流。

1. 如何表白爱情

指导者提示：表达爱的方式多种多样，可以有以下方式：

(1) 用你的眼睛传达爱的信号。这是种比较含蓄的方法，当对方注意到你的注视时，不要再逃避，镇定地、坦然地凝望着他，把你的爱意表现在眼睛里。

(2) 以你的关爱行动来表示。用实际行动来表示对倾慕对象的关心、帮助和亲昵，如下雨天送雨伞、在他生病时前去看望，或者投其所好。

(3) 用书信和写字条来传情。如果你无法用言语大胆地说出来的话，写下你爱的誓言也是很好的方法。

(4) 送去代表相思之情的爱情信物，如红豆，有着心形相框的自己照片，亲手做的首饰、荷包、手工艺品等，让对方睹物思人，知道你的心思。最经典的表达方式就是送上一支写着“我爱你”的红玫瑰。

请选择其中一种方式，或独创一种方式进行角色扮演，之后评论、交流。

2. 如何拒绝一个我不爱的人

指导者提示：如何婉转而又坚定地拒绝一份不想要的感情确实是一件不容易的事，说“不”需要很大的勇气。在人际交往，尤其是密切交往的关系中，如果一方提出了某项请求是你不能接受也无法允诺的，尽管你十分想拒绝，但最后要说出“不”来，不是件容易的事。因为他是你在意的人，你并不想伤害他。但如果你一时心软，说了声“是”，则很可能在不久的将来既伤了自己，又伤了他，而且伤得更重。人的感情勉强不得，更何况这是一份揉不进一粒沙子的爱情。

不过，在拒绝之前，你一定要好好地问一下自己：“我有没有真正弄清自己对他的感情？我是不是回答得太快了？我是不是还需要好好地想想？”

如果你确定不爱他，那么就坚持离开他，勇敢而温柔地说上一句：“Sorry！”爱是一份美好的感情，不论你是否想要，简单、粗暴乃至伤害性的拒绝是必须避免的：“你可以拒绝一个爱你的人，但请你不要伤害一颗爱你的心！”

请考虑一种方式进行拒绝爱的角色扮演，之后评论、交流。

课外心理拓展

1. 书籍：《爱的五种语言》，查普曼著，王云良，陈曦译，江西人民出版社，2010

推荐理由：善用爱情保鲜技巧，知己知彼真爱永存。

每个人都有爱与被爱的需要，都有一个情绪的“爱箱”，但不同的人却使用不同的语言来表达和接受爱，以致这个“爱箱”常常不能被填满。查普曼博士发现人们基本上有五种爱的语言：肯定的言辞、精心的时刻、接受礼物、服务的行动和身体的接触。如果爱情是一则神话，那么这本书可以使美梦成真；如果爱情是一颗蜜糖，那么这本书将教你如何防潮防腐，让爱情进入婚姻，永不褪色，永葆如新。

2. 电影：《影子大地》

推荐理由：真爱是什么，不是简单几句话能说清楚。

故事发生在 1952 年的英国，一次偶然中，作家杰克结识了名为乔伊的女子和她的儿子道格拉斯，很快三人便成为了好友。为了能够留在英国，独身多年的乔伊决定和杰克结婚，然而这段婚姻却并没能给乔伊带来幸福，她最终还是选择了离开。经过医生的诊断，乔伊患上了不治之症，得到了这个消息，杰克才猛然醒悟，原来自己的心底一直深爱着这个坚强的女人，杰克找到了乔伊，两人重新走到了一起。在往后的岁月里，杰克一直不离不弃地陪伴在病重的乔伊身边，虽然死亡步步逼近，但两人都找到了一生的挚爱。

第九章　大学生生命教育与心理危机应对

人生最宝贵的是生命，生命每个人只有一次。一个人的生命应当这样度过：当他回忆往事的时候，他不会因虚度年华而悔恨，也不会因碌碌无为而羞愧；在临死的时候，他能够说："我的整个生命和全部精力，都已献给世界上最壮丽的事业——为人类的解放而斗争。"

——奥斯特洛夫斯基

人是这个世界上奇特的生命之一，也是最复杂的生命体。大学生逐渐成熟，成为一个独立的人，在大学阶段我们不仅对外在的事物好奇，也对自己的生命充满好奇，我为什么而活着？在这个世界上我活着的意义是什么？我是谁？我从哪里来？我要到哪里去？而在人的生命历程中，除了会对自己的生命意义进行探索，同时也会遭遇很多事情对生命造成打击，如失恋、丧亲、重大疾病、辍学等，让我们重新思考生命的意义何在，甚至有的打击会给生命带来危机。本章希望能够让大家认识生命，尊重生命，珍爱生命，帮助大家识别心理危机的信号，掌握初步的干预方法，预防心理危机，维护生命安全。

第一节　生命的礼赞——生命及其意义

什么东西到处都是但却无比珍贵？什么东西一去不复返？什么东西是有限的，但能创造无限的可能性？那就是生命。生命给予我们机会去了解和探索这个世界，生命给予我们力量，生命也给了我们无限的可能性。究竟什么是生命？生命的意义何在？如何让自己拥有一个丰盈的人生？本节带你一起来探索这些问题的答案。

一、花开花落：什么是生命

从生物学上来看，生命泛指有机物和水构成的一个或多个细胞组成的一类具有稳定的物质和能量代谢现象（能够稳定地从外界获取物质和能量并将体内产生的废物和多余的热量排放到外界）、能回应刺激、能进行自我复制（繁殖）的半开放物质系统。生命个体通常都要经历出生、成长和死亡。

而心理学意义的生命的内涵比生物学意义的要丰富得多。人不是植物，也不是动物，人是一个复杂的生命体。动物的生存是为了繁衍，而人生存的目的和意义比繁衍后代要丰富得多，人有更多的心理需求。人生命的全过程就是由一次次的生命活动所组成。一次次生命活动的质量决定了人生命全过程的质量，重视每一次生命活动的质量就是重视生命全过程的质量。

人的生命可以分为这样几种形态：首先是生物性生命，即人首先是作为自然生理性的肉体生命而存在的，这一点是和自然界的广大生物一样必须具有的基本属性。生命的自然活动主要包括：新陈代谢、生长、发育、遗传、变异、感应、运动等。其次是人的精神性生命，人之所以为人就在于人有高于动物的意识活动，有超越生物性生命的精神世界。人不但要思考如何活下来，还要思考如何更好地生活。只要人在世界上存在一天，大脑就不会停止思考，人类就要创造，就要超越，就要更好地认识世界、改造世界。最后是人的价值性生命，每个人在一生中都要思考诸如“为何活着”的问题，这就是人对于生命意义发自内心的追问，是人对价值生命的一种诉求。人的价值性生命为人的生存夯实了根基，加足了动力，以至于好好地生存在这个世界上。

体会生命：买一粒种子，用你的呵护让它生长、发芽，体会从一颗种子开始的生命的整个历程。

【拓展阅读】

通向死亡的单行道——人类生命的特点

1. 唯一性

生命唯一性是指生命的独特性。我们不可能在世界上发现同样的两片叶子，同样也不可能找到两个完全一模一样的人。唯一性不仅仅指外表和遗传的独一无二，也包括个人心理的独特性和人生经历的独特性。心理独特性指每个人的智力、才能、情感、态度、性格等都是不同的；人生经历独特性指每个人的人生道路和人生体验都是不同的，这是由于个人的社会化或教育的不同形成的。在生活中，有人觉得自己就像茫茫大海里的一粒沙子，普通得不能再普通了，但是对于每个生命来说，它都是唯一的、独特的，在整个宇宙世界里都是独特的。

2. 不可逆性

生命的不可逆性是指生命不可重复，就如同流水，只能往前走，不可向后退。正如古希腊哲学家赫拉克利特所说：“人不能两次踏入同一条河流。”因为生命的不可逆性，所以生命很宝贵，如何度过每一天都变得很有价值和意义。很多人会有一个习惯：等明天吧，等放暑假的时候我一定怎么怎么样。有时候生命就在虚度中损耗，过去的只能成为过去，如何过好当下的每一天？不要因为年轻浪费自己的生命，也不要因为年老而抱怨生命的短暂，重要的是珍惜当下。

3. 有限性

人的生命是有限的。最终不可避免死亡，因为死亡也是生命的一部分。按照存在主义的观点，人类在潜意识中会有死亡的焦虑，正因为如此，人们才会进行生涯规划，让自己有限的生命过得更充实、更有价值。人不可能改变生命的长度，但可以改变生命的宽度，但要改变生命的宽度，首先要知道自己最需要的是什么。许多时候，人们在经历大的灾难后才能意识到什么对自己最重要。对曾经亲历过汶川大地震的人来说，生命中对彼此多了更多的温暖、真诚和关心，更加懂得珍惜生活的美好。

4. 创造性

人的大脑功能是任何生物都不能比的，其他生命都是受制于本能，人的生命却具有选择性。人类最大的奇迹就在于它可以对限制其潜能发展的外在因素采取反应，可以主动改变这个世界，可以让这个世界发生变化，展示新的面貌。因而可以让个人有所成就，进而促进人类文明的进步和社会的发展。这也是人类生命最有价值之所在。李开复曾说："想象一个没有你的世界，让有你的世界和无你的世界作出对比，让世界由于你的态度与选择发生有益的变化。"这种因为"你"而发生的变化，最主要的因素就是人的创造性。

二、花要到哪里去：大学生关于生命意义的困惑

【引导案例】

关于"生命的意义"的大讨论

有一次上哲学课，老师问大家：你究竟为什么而活？你的生命意义是什么？同学们的回答有：

为了明天生活得更好！

生命的意义就是好好活，好好活就得让自己的生活做些有意义的事情，让生命放出光芒！

我想生命的意义也许是当你将要死的时候能够对自己说：我没有什么遗憾，我可以安心快乐地去了。

为了活着而活着，有吃，有穿，有住，有生命。

为了活得好些，吃住好，享乐好，心理满足好。

每个人对生命的看法都不同，而我认为人活着是为了去做自己想做的事，是为了自己而活着，并不是为了别人。

我们是为了心中的期待而活着。

为爱我们的人而活着，为需要我们帮助的人而活着，为看见自己最灿烂的笑容而活着。

我的人生目标非常清晰，活着就是为了拥有一段真挚的爱情。

活着是为了追求，是为了拼搏，是为了证明自己，是为了诠释生命。

为了寻找我的山林小木屋以及陪伴我一生的另一半而存在。

为了活着而活着！

生命的意义就是将生命继续传递下去。

"生命的意义是什么？"很多人都曾在人生的某些阶段思考过这个难以回答的问题，其中绝大部分人是在思考"生命有何目的"这个问题。大学阶段正是人对生命充满迷茫、好奇和探索的阶段。找到自己生命的意义，可以使自己的生活更为充实和丰盈。

美国临床心理学家维克多·弗兰克尔认为发现生命意义的途径如下。

1. 创造和工作

创造和工作会带来价值感，也是成就感的获得途径。职业的存在意义，尤其在失业

时最容易表现出来。

2. 经验

经由体验某个事件和人物，如工作的本质或文化、爱情等来发现生命的意义。

3. 经历苦难

因为痛苦被发现有意义时便不再痛苦了，通过认识人生的悲剧性和处理困境，促使人深思，寻找自我，最终发现人生的意义，达到自我超越。

苦难的价值：一天，一位患了严重抑郁症的年老的全科医生来找弗兰克尔。两年前他深爱的妻子死了，之后他无法克服丧妻的沮丧。弗兰克尔问他："如果您先离世，而尊夫人继续活着，那会是怎样的情景呢？"医生答道："哦！对她来说是怎样的痛苦啊！"于是，弗兰克尔说："您看，现在她免除了这痛苦，那是因为您，才使她免除的。而现在您必须付出代价来偿付您心爱的人免除痛苦的代价。"医生一言不发地紧紧握住弗兰克尔的手，然后静静地离开了。当发现痛苦的意义时，就不再痛苦了。

想一想

你自己身上发生的痛苦的事情，试着从它上面寻找意义，看看结果会怎样。

【拓展阅读】

纳粹集中营生还的心理学家——维克多·弗兰克尔

维克多·埃米尔·弗兰克尔是享有盛誉的存在主义心理学家。他所发明的意义治疗（Logotherapy）是西方心理治疗的重要流派。

弗兰克尔出生于奥地利，1930 年在维也纳大学获得医学博士学位，1949 年获得哲学博士学位。第二次世界大战后，是美国国际大学的著名教授，并任哈佛大学、斯坦福大学、迪尤肯大学和南卫理公会大学的访问教授。

他身为犹太人，在第二次世界大战期间和他的家人一样没有躲过劫难，都被德国纳粹抓进了集中营。在集中营里，他的父母、新婚 7 个月的妻子及兄弟姐妹全部遇难，只有他生还。第二次世界大战结束后，他被救出来，建立了意义心理治疗的方法，以他自己的亲身经历，指导人们怎样获得意义。

人完全地并且不可避免地受到环境的影响。但是，人的自由权呢？在人的行为和对于任何既定环境的反应中，存在着任何精神自由吗？一种使我们相信人只不过是许多条件的、环境的因素——如果它们在性质上是生物的、精神的或社会的产物的理论，是正确的吗？人仅仅只是这些因素的偶然产物吗？最重要的是，囚徒对于集中营单一世界的反应能够证明人不能逃避环境的影响吗？在面对这样一种环境时，人真的没有选择吗？

集中营生活的经历表明，人确实具有一种行为的选择。这方面的例子可谓不胜枚举。有时在性质上是英雄性的，它证明冷漠可以克服，易怒可以压制。甚至在精神和物质严重压迫的环境中，人仍然可以保留精神自由、思想独立的痕迹。

而且，选择总是存在的。每时每刻地，提供机会做出决定，一种将决定你服从或不服从那些将剥夺你的自我、你的内心自由的决定；决定你是否将成为环境的玩物、放弃自由和尊严而成为典型的囚徒。

从这一角度来看，集中营囚徒的精神反应远远超出了对于某种物质的、社会的环境的表达。尽管诸如睡眠不足、食物匮乏和各种各样的精神紧张等环境可能表明囚徒将以某种形式作出反应，但是，最后的分析清楚地表明，囚徒成为什么样的人是一种内在的自我决定的结果，而不仅仅是集中营影响的结果。因此，从根本上看，甚至在这样的环境中，任何人都能决定他将成为什么——在思想上和精神上。甚至在集中营中他也可能保持人的尊严。他们在集中营的生活，他们的受难和死亡，证明了一个事实：不能失去最后的内心自由。可以说，他们的受难是有价值的，他们承担痛苦的方式是一种真正的内在成就。正是这一精神自由——它不能被剥夺——使得人的生命有意义、有目标。

一种积极的生活将赋予人们在创造性的工作中实现价值的机会，而一种消极的享乐生活将给他带来在体验美、艺术或自然等方面的满足。但是，在既没有创造也没有享受，只承认一种较高道德行为的可能性——即在人对于他的存在、一种受到外在力量限制的存在的态度方面——在生活中，同样存在着目的：他不能享有一种创造性生活或享受性生活。但是，具有意义的不只是创造和享受。如果生活中确实存在着意义，那么，这一意义也必然存在于痛苦之中。痛苦是生活中不可或缺的组成部分，甚至就像生和死一样。没有痛苦和死亡，人的生命就是不完整的。

人们接受命运及其所带来的所有苦难的方式，以及他选择生活道路的方式，使他获得了足够的机会——甚至在最困难的环境中——向他的生活增添更深刻的意义。他可能保持勇敢、自尊和无私。或者，在激烈的自我保护斗争中，他可能忘记了人的尊严，并只是变成了动物。在这里，存在着或者利用或者放弃，一种困难形势可能赋予他的、赢得道德价值观的机会。并且，这决定了他的受难是否具有价值。

【课堂活动】

人生倒计时

这是一个想象的活动，但通过这个活动可以帮助同学们更好地体会自己生命的意义，了解自己生命的真谛。假如现在你得了一种疾病，目前没有药能够医治你的病，医生告诉你你的生命只剩下一个月，你会在这一个月的时间里做什么？请将你要做的事情写下来。

5 分钟后继续：现在要告诉大家一个好消息，新研制出来一种药，可以延长你的生命时间，医生说你还可以活半年。如果你的生命只剩下半年时间，你会做什么？请将你要做的事情写下来。

5 分钟后继续：又要宣布一个好消息，新研制出来的药效果很好，可以将你的生命延长到两年，你会在这剩下的两年的时间里做些什么？请写下来。

5 分钟后，将大家分为 5~6 人一组，分享在生命剩下一个月、半年和两年的时候，自己的想法和感受。

活动总结：人在觉得自己有大把时间的时候，通常会不惜时，也经常会为一些不重要的事情而烦恼，而在有限的生命时间里反而更能够了解自己生命的价值和意义。在整个过程中注意引导学生分享自己的感受，帮助同学探索自己的生命价值和意义。

三、丰盈人生的秘诀：幸福的五要素

在现代社会，随着人类科学和医学的进步，人类已经在很大程度上扩展了生命的长度，人类的平均寿命已达到 70 多岁。但是随着生命长度的扩展，人的生命质量是否得到提高？人的生命是否有意义？是否能够过一个幸福而丰盈的人生成了人们关注的问题。究竟幸福人生有哪些秘诀呢？在 *Flourish* 一书中，塞利格曼教授提出了幸福生活的五要素（PERMA）。

1. 积极情绪（Positive Emotion）

也就是我们的感受：愉悦、狂喜、入迷、温暖和舒适等。塞利格曼将以此为目标的人生称为“愉悦的人生”。如何能够体验更多积极的情绪呢？品味生活中的好事，可以提升我们的积极情绪。在生活中我们往往关注坏事多于好事，因而产生更多的消极情绪。

2. 投入（Engagement）

指的是完全沉浸在一项吸引人的活动中，时间好像停止，自我意识消失。塞利格曼将以此为目标的人生称为“投入的人生”。比如：“有没有感觉到时间停止？”“你完全沉浸在任务中了吗？”“你忘了自我吗？”虽然你在投入的过程中并不一定会体验到积极的情绪，但确实投入会让人感觉很忘我，生活很充实。

3. 人际关系（Relationships）

我上一次开怀大笑是什么时候？上一次喜不自禁是什么时候？上一次感觉到深刻的意义和目的是什么时候？上一次产生自豪感是什么时候？通常这都有一个特点——都与他人相关，比如我上一次开怀大笑是和好朋友在一起爬山，真的很开心。好的人际关系意味着你在生活中真正关心别人，也有人真正关心你。科学家发现，帮助别人是提升幸福感的最可靠的方法。

【技能学习】

积极回应练习

当你关心的人告诉你他们生活中的好事时，你要认真倾听。改变你的习惯，用积极的、主动的方式来回应他们（详见表 9-2“四种基本的回应方式”）。请他们与你重温这些事，重温的时间越长越好。在这个星期，你每天都要寻找周围人的好事，并在每晚将它们记录在表 9-1 中。

表 9-1　记录表

别人的事件	我的回应（精确完整的记录）	别人对我的回应

四种基本的回应方式

表 9-2 列举了四种基本的回应方式，其中只有“积极主动”这种回应方式是可以建立良好关系的。

表 9-2　四种基本的回应方式

朋友与你分享好事	回应类型	你的反应
“我当学生会主席了！”	积极主动	“太棒了，我为你感到高兴！我知道这次竞选对你来说很重要，快告诉我当时的情况，你是怎么做到的。我们应该庆祝一下！” 非言语反应：保持目光接触，表达积极的情绪，如真诚的微笑、拍拍肩膀、大笑等。
	积极被动	“这是个好消息，这是你应得的。” 非言语反应：很少甚至没有积极的情绪表达。
	消极主动	“那你以后会更忙啊，你学习的时间会更少了吧？”
	消极被动	“去吃饭吗？” 非言语反应：几乎没有任何目光接触，转身离开宿舍。

4. 意义（Meaning）

有意义的人生意味着归属于某些超越你自身的东西，并为之奋斗，比如一个人的理想，为理想而奋斗就是一种意义。

5. 成就（Accomplishment）

短暂的形式是成就，长期的形式是“成就人生”，即把成就作为终极追求的目标。从这个角度看来，成就和幸福之间并不矛盾，并非获取成就就会用幸福人生作为代价。成就能够产生一种自我满足感，不管这种成就是否被社会所认可，但是这种满足感也会促进幸福的产生。

四、感恩生命：生命意义的绽放

【引导案例】

放不下的是什么？

珍珍是小琪的高中同学，现在又是大学同学，在小琪的眼里，珍珍一直是一个幸福的小女人，她和比自己大 3 岁的师兄何亮在恋爱，小琪也知道这段恋爱对珍珍很重要。何亮是一个很有影响力的人，珍珍经常和小琪谈到何亮对自己的影响：是他让珍珍懂得了爱，看到人性中善良的一面，让自己开始重新信任别人，同时也让珍珍觉得学习和生活都很有动力，总之，在珍珍的眼中何亮简直就是一切。

可是天下无不散的筵席，何亮毕业之后去了国外。刚开始的时候珍珍也在准备和憧憬去国外和何亮一起奋斗，可是当何亮去了国外半年后一切都变了，以前每天都打电话，现在一个星期都没有一个电话，何亮总是说自己很忙。最后何亮和珍珍摊牌了：现在确实很忙，无暇恋爱，同时也对他们的恋爱看不到未来，于是提出分手。

这对珍珍来说无疑是一个致命打击，她从来没有想过自己如此信任的一个人，居然会这样伤害自己。失恋2个月了，珍珍每天都以泪洗面，一想到失去何亮就很伤心很难过，对她失去的这些，她都是如此的不舍。

珍珍只看到了自己的失去，却忘记了曾经的获得。如果珍珍能去感激何亮曾经给她的生命带来的精彩和改变，那么她也能够更容易地放下过去。

感恩，《现代汉语词典》对它的解释是：对别人所给的帮助表示感激；英文为：thanks-giving，《牛津字典》对此给出的定义是：乐于把得到好处的感激呈现出来回馈他人，其中心意思都相同——给予感激。

感恩教育是教育者运用一定的教育方法与手段，创造一定的教育氛围，对受教育者实施的以“知恩图报”和“施恩不图报”为教育内容的人文教育。感恩教育既是道德教育，也是一种情感教育、人性教育。感恩教育的本质任务是完善人的生命，特别是完善人的精神生命。

感恩是中华民族的传统美德，如“羔羊跪乳，乌鸦反哺”；“滴水之恩，当涌泉相报”；“投我以木桃，报之以琼瑶”；“知恩不报非君子”；“谁知盘中餐，粒粒皆辛苦”等名言，都是中华传统文化崇尚感恩的典范。感恩意识是社会文明进步和人际关系和睦融洽的重要因素，是一个人具有健全人格和优秀品质的标志，是和谐社会要求公民尤其是大学生应该具有的基本素质。感恩也是一种社会责任。

第二节　大学生心理危机概述

【引导案例】

危险还是机遇?

小敏是小琪的同班同学。小敏是一个非常要强的女孩子，成绩排名第一，又是学习委员，对班级活动非常热心，各方面都很优秀。就是这么个优秀的女孩子找了他们班上成绩最差的男生小斌做男朋友。小斌的成绩几乎排名倒数第一，平时总是翘课，成天在宿舍玩网游，就连别的同学也纳闷，小敏怎么喜欢上了他。有一次，小琪同宿舍的同学说接到小敏的电话，说她现在心情很不好，想离开学校。后来从辅导员那儿才得知原来小敏前阵子竞选班长落选，昨天男友又提出分手，在双重打击下，觉得实在是没面子，实在没法在学校待下去。一方面自己心情特别难受，另一方面又怕同学们会嘲笑她——居然被这么差劲的一个人抛弃了，她也不敢对别人说她分手了。于是她想到了离校出走，在出走前给同学打了个电话。

人的一生中总会遇到危机，不管是失恋、意外、疾病还是亲人去世，都有可能给人的心灵带来冲击。究竟什么是心理危机？大学生心理危机有哪些特点？大学生心理危机的产生机制是什么？我们一起来看一下本节的内容。

一、危险还是机遇：危机和心理危机概述

危机（crisis）是一个在很多领域都广泛使用的概念。《辞海》对危机的解释是："危机是一种紧急状态，"《韦伯词典》的解释是："决定性或至关紧要的时间、阶段或事件。"在心理学范畴，危机通常指人类个体或群体无法利用现有资源和惯常应对机制加以处理的事件和遭遇。

心理危机则是强调危机事件给人的心理带来的巨大冲击。卡普兰1964年首次提出了心理危机干预的理论，1968年在其主编的心理学词典中将心理危机定义为"存在具有重大影响的心理事件，主要指一个人赖以生存和发展的基本需要和供给发生了改变，这种改变可能是负面的"。格拉斯进一步对心理危机进行了定义，他在卡普兰理论的基础上进一步强调了个体受到刺激或打击的时候所带来的心理伤害。心理危机的产生不但与激发的事件有关，还取决于个人解决事件的有效资源。

从汉语"危机"一词来看，其包含两方面的内容：一方面是"危"，代表威胁或者危险；另一方面是"机"，代表机遇。所以危机并不是一个负面的词，它一方面有危险，但另一方面暗藏着新的机遇。在危机过程中，当事人往往只看到了"危险"的一方面，而忽略了"机遇"，所以在遭遇心理危机时，不仅要看到"危险"，也要看到改变的"机遇"。

在小敏的案例中，她遭受到双重打击，一方面竞选班干部落选，另一方面男友又提出与自己分手，这些事件的改变对小敏来说都是很负面的，她的理解就是对自己的否定，所以可能会引发心理危机，这主要是"危险"的一方面。但另一方面，如果小敏能够接受这个"挑战"，并没有因为班干落选和男友提出分手而否定自己，而是不断去提升和改进自己，对小敏来说这个"危险"其实就是一个重新认识自己和自我成长的机会，这是一个新的机遇。人只有在不断地挑战自我的过程中才能完善自我。

过了很久后，小敏告诉辅导员，和前男友分手后感觉轻松了很多，其实他俩并不合适，之前只是害怕被抛弃，所以没有放弃，现在看来也挺好的。她现在可以找一个更适合自己的人，同时也更清楚自己需要什么样的关系了，看来这也是另一个机遇。

二、突发VS.累积：大学生心理危机的特点

1. 连续性

连续性是指大学生心理危机的发生并非是一个点，而是一条连续的线，往往与之前的许多问题相关。通常情况下，人们认为危机是突发的，具有爆发性，似乎是由一件事情而带来的，而实际上心理危机的产生与之前的问题紧密相关。比如小敏的案例，她想离校出走，与之紧密相关的问题是之前的竞选班干部落选以及男友提出分手。

2. 复杂性

心理危机的另一个特点就是复杂性，不管是产生原因还是表现方式都不是单一的。有的产生原因可能是因为失恋，有的可能是因为身体疾病，还有的可能是因为经济问题，这个在后面的内容中会详细阐述。从表现方式来看也是多样化的，有的危机表现为

自杀，有的是离校出走，有的则是伤害别人。

3. 破坏性

心理危机的另一个特点就是破坏性，不管是自杀、杀人、伤人还是离校出走，其引发的家长、老师和同学的担心、伤痛都是非常大的。据研究表明，一个人自杀，平均会对6个人产生影响，可见其破坏性是很大的。

【拓展阅读】

大学生心理危机的发生阶段

根据时间序列划分，大学生心理危机的发生有以下四个阶段。

1. 前危机阶段

前危机阶段是指危机还未发生的阶段。虽然在此阶段没有危机发生，但是有可能酝酿危机。在这个阶段如果可以及时求助、及时解决问题，那么危机就有可能被化解。如果你发现班级有同学有可能产生危机，如果能够伸出帮助之手，就有可能帮助他化解危机。

2. 潜在危机阶段

前危机阶段中危机在酝酿，而潜在危机阶段则是指问题已经出现，但没有得到有效的解决，有可能进一步恶化，随时都有可能发生危机的阶段。这个阶段主要在于一个人如果尝试了各种解决方式都没办法解决，就随时都有可能发生危机。如果发现有同学处于这个阶段，最好的方式是寻求专业的帮助。

3. 发生中的危机阶段

发生中的危机阶段即危机正在发生的阶段，比如学生走上楼顶正准备往下跳；将自己关在宿舍中不出来，扬言要自杀；或者突发精神异常等。这个时候需要找专业人员进行干预。

4. 危机后阶段

危机后阶段即危机已经发生之后的阶段。这个阶段的工作重点是对当事人和相关人或者周围人进行干预，主要是心理疏导和帮助解决一些实际问题。比如某学生跳楼自杀，这时可能需要对认识他的人、同宿舍的同学甚至是目击者进行心理疏导。再如某学生因为同宿舍同学怀疑自己偷了他们的钱而割腕自杀，但是未遂，这个时候除了要对他做心理疏导，还要与同宿舍的同学进行沟通，甚至还要解决一些实际问题，比如之后是否还住原宿舍。

三、心理危机如何发生：大学生心理危机的产生机制

心理危机的产生是一个复杂的过程，往往并非单一因素导致。从通常情况来看，心理危机的产生是应激源因素和个体易感性因素共同作用的结果。

应激源即能引发应对反应的刺激或环境需求，也就是能引发心理危机的事件，比如失恋可以是一个应激源。但事件本身不一定会直接引发心理危机，还要通过个体的应对能力等因素发挥作用，即个体的易感性因素。个体易感性因素是指容易引发应对反应的

个体因素，包括这个人的性格特征、应对方式等，例如特别敏感和内向的人在面对失恋的时候，比外向的人可能更容易产生心理危机。详见图 9-1。

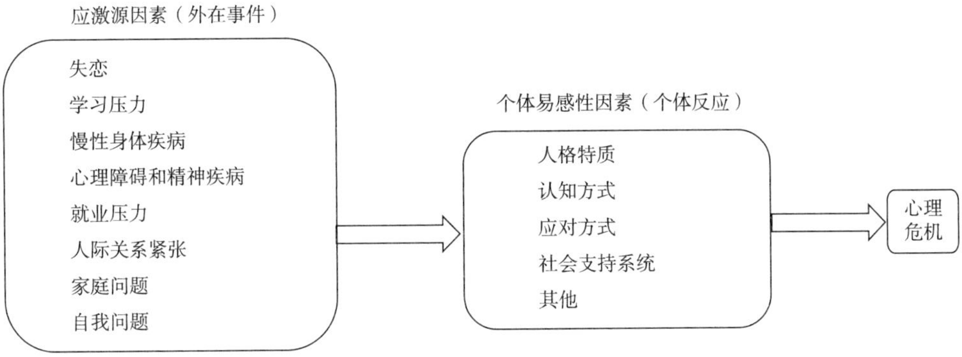

图 9-1　心理危机产生机制

同样的事件发生在不同的人身上，其结果会不一样。比如，A 和 B 两个人同时失恋了，A 的朋友比较多，失恋后有很多人安慰他，同时 A 又是一个乐观的人，那么 A 因为失恋这件事情而产生心理危机的可能性就比较小。而 B 恰恰相反，B 是一个性格孤僻的人，本身没什么朋友，对待社会和恋爱又比较消极，还有人嘲笑他，因此 B 产生心理危机的可能性就比 A 要大。详见图 9-2。

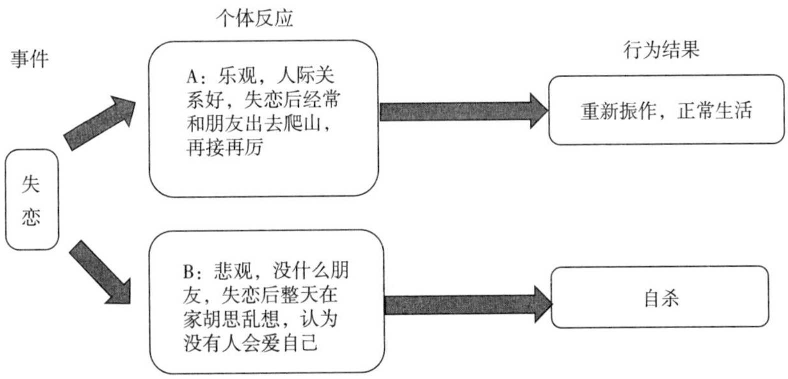

图 9-2　心理危机产生举例

大学生心理危机的应激源因素和易感性因素包含哪些呢？

1. 引发大学生产生心理危机的应激源因素

大学生已进入生理发展的青春期中晚期，正处于生理发育的基本成熟和部分心理发展相对滞后的特殊时期，人生观、价值观和世界观逐渐形成，心理状态还不稳定，容易受到外界的各种影响而产生心理危机。大学阶段也是种种人生压力相对集中的阶段，当问题发展到一定程度而不能克服和有效解决时，极易引发自伤、自杀和伤人、杀人事件。当前引发大学生产生心理危机的具体问题有以下几个方面：

（1）学习压力和对大学环境的不适应。

（2）一些长期的、慢性的身体疾病，或者突发的严重身体疾病。

（3）情感问题，如失恋的打击、三角恋的纠纷等。

（4）心理障碍和精神疾病，典型的像抑郁症、焦虑症等。

（5）就业形势的严峻，未进行生涯规划。

（6）人际关系问题，如被孤立、和别人发生冲突等。

（7）家庭问题，如丧亲、家庭经济条件突发改变等。

（8）自我相关的问题，如自卑、存在危机等。

2. 个体易感性因素

遇到了问题，并不一定会发生心理危机，就像我们现实生活中一样，并不是每一个失恋的人都会自杀，并不是每一个找不到工作的人都会报复社会，绝大部分人都能从阴霾中走出来。这个决定性因素就是个体易感性因素，有应激源的存在，是否会发生心理危机，其实是通过个体易感性因素起作用的。通常情况下个体易感性因素主要有以下五种：

（1）认知方式。认知方式是个体对自我及周围环境的认识，对外在事件的认知在个体应对危机事件的过程中起着重要作用。例如归因风格，有的人习惯把失败归结为自己的原因，而把成功归因为运气，这类人就比较容易产生心理危机。还有的人习惯负性思维模式，看问题总看到消极的一面，在遇到问题和挫折的时候也易感心理危机。

（2）应对方式。又称应对策略，是个体在应激期间处理应激情境、保持心理平衡的一种手段。有的人遇到问题会积极想办法去解决问题，而有的人会回避问题，有的人会寻求他人的帮助和支持去解决问题，而有的人宁愿自己一个人去解决问题。相比较而言，回避问题和独自解决问题的人易感心理危机。

（3）社会支持系统。社会支持系统是个人可用于整合以充实应对资源的社会联系。大学生的社会支持系统通常包括家人、同学、朋友、室友、老师和学校各级组织等。个体如果没有一个质量较高的社会支持系统，就容易陷入危机。

（4）人格特质。人格包含气质和性格两个部分。气质有四种类型：胆汁质、多血质、黏液质和抑郁质。胆汁质和抑郁质两种气质类型的人易感心理危机。胆汁质的人往往比较急躁、情绪易激动、做事冲动，容易走极端，欠思考。而抑郁质的人是另一个极端，他们比较敏感、不善与人交流，情感体验深刻，在困难面前常常怯懦、自卑，容易走进死胡同。对于性格来说，内倾型和顺从型性格的人易感心理危机。

（5）其他。包括过往经历、适应能力和生理条件等，如过去是否有过严重的精神创伤，身体是否残疾等。

第三节　大学生心理危机的预防与干预

前面一节我们了解到大学生心理危机的一些概况。危机不可避免，但危机来了如果我们能够正确并积极地面对，就可使危险转变为机遇，成为成长的契机。同学们在生活中如何提高自身的心理免疫力，预防危机的发生？自己面临危机时该如何处理？怎么识别他人产生心理危机的信号？周围的人产生危机该怎么帮助他们？我们一起来看一下。

一、预防从健心做起：大学生心理危机的预防

1. 培养积极认知

认知对于人在应对危机事件的过程中起着非常重要的作用。弗兰克尔在《追寻生命的意义》一书中描述了他在奥斯维辛集中营的生活，他看到了三类不同的人：一类人会主动寻求死亡，一类人会主动寻求生存，另一类人被动地生存。这三类人面临的是同样的集中营生活：残酷、冷漠、随时对生命都会有威胁。他们其实一直处于危机中，但是他们的反应却不一样，在这里面起作用的就是认知，有的人拥有更积极的认知。

消极认知：我做什么都没有用，在这里太痛苦了，我还不如主动结束自己的生命。

积极认知：我要努力生存，就算环境再恶劣，我也要生存下去，这种日子总会结束的。

2. 建立良好的应对方式

应对方式是个体在应激期间处理应激情境、保持心理平衡的一种手段，它会直接影响到心理危机是否能够得到有效解决。通常情况下人的应对方式主要有以下三种：

（1）解决问题——求助，成熟型。这类人在面对应激事件或环境时，常能采取“解决问题”和“求助”等成熟的应对方式，而较少使用“退避”“自责”和“幻想”等不成熟的应对方式，在生活中表现出一种成熟稳定的人格特征和行为方式。

（2）退避——自责，不成熟型。这类人在生活中常以“退避”“自责”和“幻想”等应对方式应对困难和挫折，而较少使用“解决问题”和“求助”这类积极的应对方式，表现出一种退缩的人格特点，其情绪和行为均缺乏稳定性。

（3）合理化，混合型。“合理化”应对方式既与“解决问题”“求助”等成熟应对因子呈正相关，也与“退避”“幻想”等不成熟应对因子呈正相关，反映出这类人的应对行为集成熟与不成熟的应对方式于一体，在应对行为上表现出一种矛盾的心态和两面性的人格特点。

需要记住的是“求助是强者的行为”，成功人士往往更懂得求助，而不是事必躬亲。要认识到每个人都有自己的局限，也都有所长，你不能解决的问题，别人未必不能，你想不到的方法，别人也许能想到。

3. 构建社会支持系统

社会支持就是指人们感受到的来自他人的关心和支持。构建社会支持系统就是要构

建一个来自他人关心和支持的系统，遇到心理危机之后，可以寻求他人的帮助，而不是独自解决。

【拓展阅读】

构建你的人际支持系统

人离不开别人的支持，那么一个人究竟需要哪些朋友呢？作家汤姆拉斯认为，有八种朋友必不可少。

1. 成就你的朋友。这类朋友也可称为导师型的朋友，他们往往会有丰富的经验，他们会不断地激励你，在家庭、人际交往和工作方面给你提供很好的建议。

2. 支持你的朋友。这类朋友会在你的人生路上不断地支持你、鼓励你，他们对你很理解和信任，并且会在别人面前称赞你。

3. 志同道合的朋友。他们和你志趣相投，也是你最有可能与之相处的人，和他们在一起，非常有默契，你的心灵经常会被他们触及。

4. 牵线搭桥的朋友。这类朋友是属于帮助型的朋友，他们会给你牵线搭桥，让你认识其他的朋友，在你的人生路上不断帮你获得机会。

5. 为你打气的朋友。这类朋友能让你放松，当有了烦恼的时候，第一个想到的就是这类朋友，他们是很好的倾听者。

6. 开阔眼界的朋友。他们能让你接触到新的观点和新的机会，能帮助你从不同的视角看待世界。

7. 给你引路的朋友。这类朋友是“灯塔”，能够指引你前进的方向，最能够给你合适的建议。

8. 陪伴你的朋友。这类朋友让你觉得满足，可能很多时候并不需要太多的语言，只要他们默默地陪伴着你，就能抚平你的伤痛。

这些朋友你找到了吗？如果没有，你有什么计划？

二、自助与求助：当自己遭遇心理危机时

当自己遭遇心理危机时，最重要的就是要求助，求助主要分两个部分。

（一）寻求专业帮助

当遭遇心理危机后，往往会出现一些应激的症状，如失眠、情绪低落、胃口不好等，通常情况下这些应激反应都会在一周左右减少或者消失。如果这些症状持续两周以上，那就说明需要寻求专业帮助了，比如找心理咨询师或者精神科医生。

另一个需要注意的是创伤后应激障碍（post traumatic stress disorder，PTSD），它是指人在遭遇或对抗重大压力后，心理状态产生失调的后遗症。这些经验包括生命遭到威胁、严重物理性伤害、身体或心灵上的胁迫。这类事件包括战争、地震、严重灾害、严重事故、被强暴、受酷刑、被抢劫等。PTSD 发病多数在遭受创伤后数日至半年内出现。当出现 PTSD 的症状时，也需要寻求专业帮助。

【拓展阅读】

PTSD 临床症状

1. 持续地重新体验到创伤事件

（1）反复闯入性地痛苦地回忆起创伤事件，包括印象、思想或知觉。

（2）反复而痛苦地梦及创伤事件。

2. 对创伤伴有的刺激作持久的回避，对一般事物的反应显得麻木

（1）努力避免有关此创伤的思想、感受或谈话。

（2）努力避免会促使回忆起此创伤的活动、地点或人物。

（3）不能回忆此创伤的重要方面。

（4）很少参加有意义的活动或没有兴趣参加。

（5）有脱离他人或觉得他人很陌生的感受。

（6）情感范围有所限制（例如不能表示爱恋）。

3. 警觉性增高

症状表现如下：

（1）难以入睡，或睡得不深。

（2）激惹或易发怒。

（3）难以集中注意力。

（二）寻求社会支持

当在自己的生活中遭遇一些危机事件，如家庭重大变故、身体疾病、失恋等，要寻找必要的社会支持，如学校和老师、同学等。集众人的力量帮助个体走出心理危机。这个时候需要注意的是，当我们在寻求他人帮助时都会担心是不是会给别人添麻烦，别人会不会不愿意帮助自己。在有危机情况时，相信大部分人都会愿意伸出援助之手。

三、发现心理危机：识别他人心理危机的信号

自杀理念系统以普遍存在的无望感为特征——“我的生活没有希望”，主要体现在以下四个方面：①不可爱：我不值得活着；②无助：我解决不了这个问题；③耐受痛苦能力差：我再也受不了这种痛苦了；④认为累赘他人：我走了大家会过得更好。详细来说，想自杀的人通常会留下一些线索。

1. 言语线索——直接和间接的表达

直接的言语线索：

“我不想活下去了。”

“我想自杀。”

“我真希望我死了。”

“如果不……我就自杀。”

间接的言语线索：

“活着没有意思。”

“我的问题根本解决不了。”

“死了比活着好。”

“没有我大家会更好。”

“我再也无法忍受了。”

“很快我的所有问题都结束了。”

“现在没有人能帮我。”

“我感到没有希望。”

2. 情感线索——感受

最核心的感受是绝望，其他的孤独、愤怒、内疚、难过、无望、无价值感、无助都是可能产生心理危机的感受。

3. 行为线索——行动

学习成绩下降，注意力不集中。

疏远家人和朋友，在学校表现出退缩和逃避。

食欲减退。

分发财物，道别。

酒精或者药物滥用。

不计后果的行为。

极端的行为改变。

冲动性。

自我伤害。

严重抑郁后突然的平静。

4. 情境线索——伴随丧失感的压力事件

突然被所爱的人拒绝，不情愿的分手等。

失去重要的目标或梦想，如考研失败、找工作失败、作弊被开除等。

感到被所爱的人背叛。

所爱的人去世。

得了绝症。

与重要他人的近期冲突。

突然失去自由，比如犯罪被捕。

失去经济保障或者面临其他重大经济问题。

5. 生理线索——身体情况的改变

对什么事情都缺乏兴趣。

睡眠障碍：失眠、多梦、早醒等。

食欲/体重改变/减少。

身体健康问题：心悸、头痛等。

性欲改变/减退。

总之，发现任何对未来感到特别痛苦、绝望、无望或想要结束生命的警示信号都值得被关注。如果发现自己身边有人透露出想自杀的各种信号，一定要引起注意，没有什么比生命更重要，如果发现同学有潜在的危险，一定要及时和老师沟通，或者带领同学寻求专业帮助。

【拓展阅读】

对自杀的错误理解

（1）谈论自杀的人不自杀。

（2）自杀前没有任何征兆。

（3）自杀者不是真的想死。

（4）一旦产生自杀的想法，这个想法就总是存在。

（5）一个人自杀未遂后，以后再也不会出现自杀行为。

（6）如果一个人有抑郁情绪存在，与他提及自杀会导致他产生自杀的想法。

（7）大多数的自杀是缘于一个突发的创伤事件。

（8）非致命性的自杀行为只是为了引起他人的注意。

（9）如果一个人的抑郁情绪突然好转，他就没有自杀的危险了。

（10）大多数自杀者是穷人。

（11）所有自杀者都有精神问题。

四、危机进行时：心理危机的应对

【引导案例】

珍珍的“求救”短信

这天小琪正在和张政“压马路”，突然接到好朋友珍珍的一条短信，短信内容是：“我实在是坚持不下去了，如果离开，一切痛苦都会结束！”看到这条短信，把小琪吓坏了，她立马打电话给珍珍，电话那头听到珍珍在哭泣：“小琪，我实在是太痛苦了，他说分手就分手了，都这么久了，我还是很痛苦，我还是走不出来。”

“珍珍，你在哪儿？我能感到你很痛苦，我过来陪你聊聊。”

“没用，真的，所有的努力都没用，他不会回来的。”

“我知道你现在很无奈，珍珍，告诉我你在哪里？我过来陪你。”

“我在南门外面的过街天桥，你知道吗？我随时都可以从这儿跳下去。”

“珍珍，我知道你很痛苦，你现在能从天桥上走下来吗？走到南门，我马上就过来陪你。”

“小琪，你知道吗？我真的好痛苦，好想结束这种痛苦。”

“我知道你很痛苦，我知道你不想这样。你先听我说，现在从天桥上下来，走到南门，我正往南门方向走，等我到了再详细聊。”

“好吧，我等你。”珍珍还在哭泣。

小琪很担心珍珍，拉着张政就往南门走，边走边问张政该怎么办？是不是要告诉老师。张政觉得应该通知老师，小琪立马打电话给自己的辅导员何老师。何老师听到之后让小琪立刻到南门，安抚珍珍的情绪，保证她的安全。何老师也会马上赶过来处理接下来的事情。

1. 当你发现别人正处于危机时

在一项对大学生求助行为的研究中发现，大学生的第一求助对象通常是身边的同学，发生心理危机的时候，可能第一个会打电话或者发短信给自己的同学和朋友。所以一旦身边的同学向我们发出求救的“信号”，我们要懂得识别这些信号，同时也要知道该如何初步应对身边的同学发生的危机。

如果你接到“求救”电话或者短信，你该怎么做？下面有些步骤你可以借鉴。

第一步：保证安全。了解对方此刻在哪里，在做什么，是否安全。如果对方不安全，比如在窗台上、在天桥上，一定要将对方引导到安全的地方，比如从窗台上下来，从天桥上走下来。用正向和具体的言语指导对方如何做，比如：“你现在能从天桥上走下来吗？走到南门，我马上就过来陪你。”不要说：“你不要在天桥上，这样危险。”

第二步：给予支持。这个时候最重要的是倾听对方，承认对方的想法和感受，不反驳对方，比如：“珍珍，我知道你很痛苦，我知道你不想这样。”而不是否认对方的感受和劝说：“你不应该这样想，你为他这样痛苦不值得。”另外，在这个阶段表达对对方的关心也是给予支持的一种形式。

第三步：寻求外界帮助。遇到有危机情况发生时，不要害怕求助。有的同学可能会担心被老师知道，给别人带来麻烦，千万不要有这种想法，这个时候求助于外界是最好的选择，告诉老师有助于大家一起想办法帮助处在危机中的同学解决问题。

2. 如何面对发生过心理危机的同学

（1）真诚表达关心。真诚地对对方表示关心，比如面对离校出走又返校的同学：“你回来了，我们这几天真的很担心你。”“我想做点什么，但又不知道该做点什么，如果你需要我的帮助，请告诉我！”

（2）给予支持。支持可以是生活上和学习上的各种支持，比如给对方带饭，学习上帮助对方，情感上的倾听和理解等。

（3）避免同情心泛滥和劝说。避免过度同情对方，比如对对方说：“你真可怜。”同时也要避免劝说和责备对方，比如：“你真傻，你怎么就选择自杀呢，多好的生活，不懂得珍惜。”“你知道吗，你这样做很不负责任，你给大家带来了多少麻烦啊！”

3. 危机事件影响群体的自我照顾

危机事件影响群体是指事件目击人，危机相关人（同学、室友）。在心理学上有替代创伤（Vicarious Trauma）或次级创伤（Secondary Trauma）这一概念，也就是说，与当事人有关联的人都有可能会受到影响。因此，危机事件发生时，被影响群体的自我照顾也很重要。

（1）接纳自己的感受。对于危机事件现场的目击人，或者与危机当事人的社会交往较多的人，都会有较为强烈的情绪体验，如震惊、不敢相信、悲痛、失眠和噩梦等，甚至有可能表现出创伤后应激障碍的一些症状等。因此，我们要尊重和接纳受到事件冲击而表现出来的一些情绪、举动。

（2）注重情绪疏导。过去的一切都无法改变。允许自己表达、宣泄由于事件诱发的各种情绪，情绪得到充分疏导后，才能进行进一步的理性思考，比如接受逝者已逝的事实。如果自己处理不了，还可以求助于心理咨询中心的老师。

（3）相互支持。如果受危机事件的影响是同一个群体，比如同宿舍的室友、同学，可以和大家建立起相互支持的联盟，比如共同缅怀逝去的同学，在面对悲恸时相互给予支持，互相照顾彼此的生活等。

【拓展阅读】

如何帮助悲伤者走出哀伤？

要协助悲伤者走出哀伤，需要：

（1）悲伤者必须接纳已发生的事实。就是接纳死亡已经事实上发生，若否认死亡或死亡的意义，常会导致延长不健康的哀恸以及偶尔有病理学的哀恸出现。

（2）悲伤者必须接纳哀恸是痛苦的。喝酒、服用药物包括镇定剂，想办法避开愤怒、悔恨和悲哀的感觉，不需要的过度工作和学习等，都是哀恸者用以逃避哀恸痛苦的不健康策略。

（3）悲伤者需要适应已无死者存在的环境。哀恸者应该面对现实，接纳新的角色改变，并承担以前死者所负担的责任。

（4）悲伤者需要把过去投入在死者身上的情感转移到新的其他关系中去。这并非对死者的背叛，而是面对人生更有意义的追悼。

心理活动体验

活动一　为自己写一个墓志铭——希望自己给世界和后人留下什么样的印象

1. 活动目的

通过活动，让学生思考自己想做个什么样的人。

2. 操作步骤

（1）学生小组代表上台展示名人坟墓和墓志铭。

（2）学生在作业卷上填写自己的墓志铭。

（3）教师引导学生思考：自己希望留给这个世界或后人一个什么样的印象——想做个什么样的人。

（4）抽取 2~3 个学生交流自己的墓志铭。

3. 注意事项

（1）教师要提前一个月布置任务：以小组为单位搜集名人坟墓和墓志铭。

（2）学生在展示名人坟墓和墓志铭时教师要引导学生发言他们在展示过程中有什么感悟。

活动二　剖析死亡

1. 活动目的

通过本讨论让学生明白：

生命周期的死亡无法避免，但可以避免非正常死亡；肉体可以死亡，但精神可以永恒，文化可以传承，死亡后自己会成为一部分人的祖先；生命不单单属于自己一个人，属于所有爱自己的人。

2. 操作步骤

（1）教师布置任务，让学生以小组为单位讨论三个话题。

讨论 1：死亡是否可以把握？

讨论 2：死亡是否意味着结束？

讨论 3：死亡是否仅仅是个人的事？

（2）教师引导学生分组讨论。

（3）抽取小组分享讨论结果。

（4）教师总结。

3. 注意事项

教师在引导学生分享时要有效传递以下信息：

我们在很大程度上可以把握非正常的和不光彩的死亡。每个人的生命都凝结着成千上万逝者的智慧、性格与创造；死亡并不代表着结束，而是自己成为他人祖先的开始；肉体可以死亡，但精神可以永恒，文化可以传承；我们应该体会到重于平时的责任，尊重生命，就是对自己和他人的生命负责。

课外心理拓展

1. 书籍：《追寻生命的意义》，弗兰克尔著，何忠强，杨凤池译，新华出版社，2003

推荐理由：大师的现身说法。

弗兰克尔曾是纳粹集中营里的囚犯，漫长的牢狱生涯，使得他除了一息尚存之外别无余物。他的双亲、哥哥、妻子不是死在牢营里，就是被送入毒气间。一家人全都死了，仅剩下他和妹妹。所有财物都被剥夺，每天经受着饥饿、寒冷和拷打的折磨，时时企望着结束自己的生命。在这种条件下，他怎么能够发现生命值得留恋？因为他曾亲身经历这一极端恶劣的环境，所以他是一位值得人们仔细聆听的精神病学家。在集中营里，有的人选择主动结束生命，有的人选择被动等待死亡，有的人则积极努力让自己能够活下去，弗兰克尔发现支撑人们活下去的不是别的，而是面对困难和问题的态度。仔细阅读本书，可以让你发现耐人寻味的“人生意义”。

2. 电影：《恶魔召唤》

推荐理由：在伤痛面前，如何面对真实的自己？

自从妈妈进行化疗开始，少年康纳就每天晚上都做噩梦。梦中总是漆黑阴暗的天气，狂风大作，尖叫声和无论怎么努力都不能紧握的双手让他倍受折磨。他总是做着同样内容的噩梦，直到有一天家里出现了一个不速之客，拥有古老气息的恶魔对康纳说它是由他召唤而来，它要以三个故事交换一个康纳自己真实的故事。康纳并不害怕恶魔，因为他在面对的事——最心爱的妈妈正一步步走向死亡，这是更加恐怖的事情。夜晚让康纳感觉诡异，而他白天的生活也十分难熬。康纳的爸爸离开了他们母子，前来照料他们生活的外婆又与康纳相处得不甚愉快。除此之外，他还必须忍受学校里那些惨淡的日子——老师们夸张的同情以及同学的霸凌。渐渐地，康纳发现恶魔每晚出现的时间都存在一定规律，并且它所讲的意义不明的故事似乎都隐喻着什么，它究竟是死神的使者，还是康纳所期待出现的奇迹？而康纳一直不愿意与恶魔兑现的故事，其实是他内心深处最浓郁的秘密——他不愿意妈妈离开。

第十章　职业心理素质训练

在大学的舞台上，有些学生能获得很大的成功，能顺利适应实习，而有些学生却表现平平，碌碌无为地混时度日，这是为什么呢？问题的关键就在于有些大学生，没有生涯规划，没有培养良好的职业心理素质。不是说没有经过规划的生涯，不会成功或者不出色，而是说，经过精心策划的学生生涯，更容易成功或者出色，通过本章学习，让同学们了解职业与职业心理素质，并形成一定的职业认知，克服职业中的心理困惑，提升职业心理素质，做好人职匹配，为将来就业打下良好基础。

第一节　职业意识培养——职业心理辅导与测试

一、职业与职业心理素质

1. 职业

职业是指参与社会分工，利用专门的知识和技能，为社会创造物质财富和精神财富，获取合理报酬，作为物质生活来源，并满足精神需求的工作。职业需同时具备下列特征：一是目的性，即职业以获得现金或实物报酬为目的；二是社会性，即职业是从业人员在特定的社会环境中所从事的一种与其他社会成员相互关联、相互服务的社会活动；三是稳定性，即职业在一定的历史时期内形成，并且具有较长生命周期；四是规范性，即职业必须符合国家法律和社会道德规范；五是群体性，即职业必须具有一定的从业人数。

2. 职业心理素质

职业心理素质是个体拥有的对职业活动起重要影响的心理品质，是与人所从事职业相匹配的心理素质的总和。它包括特定职业对其从业者所需心理素质的总和，是特定职业顺利高效完成的必要保证。同时是指个体已经具备的与特定职业有关的心理素质的总和，是评价特定从业者能否顺利完成相应职业的基础。

职业心理素质的结构包括职业意识和职业能力，其中职业需要、职业价值观、职业道德、职业气质都属于职业意识范畴，而职业能力包括知识结构和技能结构的内容。职业心理素质具有稳定性、基础性、综合性和发展性特征，对职业活动有制约、调节和鉴别功能。

职业心理素质培养是由学校、社区、家庭、社会共同完成的。高职学生的职业心理素质培养主要有三个方面：一是职业定向时期的职业心理素质培训，包括专业学习过程中培养的职业兴趣、职业意识和职业角色的强化；二是通过专门的职业心理素质训练课程，根据特定职业的要求，开展专门的心理测验活动、个别和团体心理训练或心理咨询等来优化个体的心理素质，提高个体对未来职业的适应程度；三是进行非职业定向的技能培训，如考取驾照、外语、第二专业的学习等，以拓宽自己的专业知识面，获取相关的职业技能。

二、职业心理素质训练的内容与目的

1. 职业心理素质训练的内容

通过讲解，了解职业心理素质训练的目的及相关知识，通过真实状态下的与职业心理相关的个人气质类型、情绪类型、个性成熟度的测试，了解自己的气质类型、情绪特点、个性成熟度，从而更加全面地了解自我，并能清楚自己的优势和劣势，最后通过创造个人激励语，明确今后努力的方向。

2. 职业心理素质训练的目的

（1）帮助学生进行自我了解和认识职业环境。认识自我，并对生活中的各种事物进行客观评价是良好心理素质的表现，也是学生接受并解释来自和职业有关各种信息的基本出发点。了解自我包括对职业心理素质中的心理调节系统和职业能力系统的充分认识，知道自己的职业兴趣、爱好、职业气质等与职业选择之间的关系，了解相应职业活动对专业知识、运动技能的要求。同时包括对特定职业现状和前景的了解，提高学生对未来职业的适应能力。

（2）培养良好的职业心理素质。良好的职业心理素质可以弥补自身能力、学识方面的某些不足，在职场中获得更多的机会。如正确的职业态度可以引导从业者积极乐观地接受工作中的挑战，良好的职业情商可以积极调动情绪，建立良好的人际环境等。根据高职学生就业存在的一些问题和用人单位对从业者的普遍要求，职业心理素质培养的目标是培养学生的创造性、团队合作精神、适应能力和沟通技巧，通过训练来强化职业心理、树立职业意识、提高职业能力、养成职业精神。

（3）引导对职业发展性的认识。职业心理素质虽然具有相对稳定性的特点，但也具有可持续发展的性质和自我衍生的功能，它贯穿于一个人的职业生涯，包括择业心理、就业心理、职业适应等，是在职业活动和实践活动中综合表现出来的心理品质，会随着职业活动的深入而产生变化。在校的职业心理素质训练虽然只是一个阶段课程，但通过训练，能让学生对职业有了初步认识后，形成一种意识：职业是发展性的，需要不断丰富自己的能力结构、培养良好的职业心理品质，将人生的价值融入职业生涯中，达到自我实现的目的。

三、职业类型匹配理论与个性成熟度

美国职业指导专家约翰·L. 霍兰德（John L. Holland）在20世纪60年代以自己从事的职业咨询为基础，通过对自己职业生涯和他人职业发展道路的深入研究，引入人格心理学的有关理论，经过多次补充和修订，形成了一套系统的职业设计理论，其内容包括个性和职业类型的划分、职业分类、类型鉴定表等。

约翰·L. 霍兰德提出了四个基本假设：其一，人的个性大致可分为六种类型，即实际型、研究型、艺术型、社会型、企业型和常规型；其二，所有职业均可划分为相应的六种基本类型，任何一种职业大体都可以归属于六种基本类型中的一种或几种类型的组合；其三，人们一般都倾向于寻找与其个性类型相一致的职业类型，追求充分施展其能力并符合其价值观的职业，承担令人愉快的工作和角色，职业也充分寻求与其类型相一致的人；其四，个人的行为取决于其个性与所处的职业类型，可以根据有关知识对人的行为进行预测，包括职业选择、工作转换、工作绩效以及教育和社会行为等。

在理论中，霍兰德还制定了两种类型的测定工具，帮助择业者进行职业决策。一种测定工具是职业选择量表（VPI）。该量表要求被测试者在一系列职业中做出选择，然后根据测定结果确定个人的职业倾向领域。另一种测试是自我指导探索（SDS）。在测试感兴趣的活动、能力和喜欢的职业的基础上，进而找到比较适合自身特性的职业。霍氏理论由于其较强的操作性，成为20世纪60年代后较为有影响的职业设计理论。

社会心理学家对个性成熟度与职业的关系进行了广泛的调查和研究，他们比较一致的认识是具有成熟个性的人是能够最大限度地发挥自己的精神力量，并与环境建立起和谐关系的人。美国心理学家马斯洛挑选了一些可称为“最充分发挥作用”的人进行研究。他发现这些人的个性特征虽然极不相同，但却有着某些共同的心理特征。这主要有以下12项：

（1）在对现实的客观知觉方面，能明确区别已知和未知、事实和对这些事实的意见、事物的本质和表象。

（2）非利己主义，追求目标高远，不搞内部摩擦。经常考虑“我对单位有什么贡献”“企业对社会能有什么贡献”。

（3）不仅能正确认识自己、主宰自己，还能正确地看待别人和世界。

（4）能忍受孤单和寂寞。

（5）富有创新精神。

（6）行为自然，但不打算由于矛盾而简单地破坏常规。

（7）对部分人常有深情的依恋，不无端地敌视别人。

（8）看人重实际而不重表面，对那些有优良性格的人抱友好态度，无出身、门第、地位的偏见。

（9）道德上是明确的，能清楚地辨别善恶，其实际行动与其道德认识表现出一致性。

（10）具有相对摆脱现实环境的独立性。

（11）能明确意识到目的与手段的区别，既注重目的，也不忽视手段。

（12）超然于琐碎事物之上，具有广阔的视野与远见，其活动以是否有价值为指南。

这些特点又可分成三个方面：主体内部特征、主客体关系特征和人与人之间关系特征。能客观地观察事物，有较强的工作能力等都属于主客体关系范畴的个性特征；行为自然，正确看待自己，有独立自由精神等，属于主体内部个性特征；道德明确，非利己主义，不无端地敌视别人，无出身、门第、地位的偏见，属于人与人之间关系范畴的个性特征。这三方面的恰当结合，就形成了成熟的个性。

还有一些心理学家通过相反的观察和研究，归纳了一些不成熟的个性特征，其表现主要有以下 10 项：

（1）残留着对双亲的依从。

（2）行为出于利己的动机。

（3）通常由于胆小而不愿走向社会。

（4）缺乏独立性、自觉性。

（5）情绪不稳定，攻击性和逃避性行为偏多。

（6）为人不可靠，没有责任感，不宽容。

（7）生活图一时快乐。

（8）劳动不认真。

（9）不能正确认识自己与世界。

（10）不能同别人建立和谐的关系。

这些也可以归结为主体内部、主客体关系、人与人关系这三个方面的特征。不成熟个性在人生道路上往往会成为巨大的障碍，甚至使人终生平庸，碌碌无为。

职场中应该把自己的个性、气质与职业个性要求高度融合。

【实施步骤】

步骤一　了解个人气质类型特征和气质与职业的关系

一、气质类型测验（陈会昌修订）

如表 10-1 所示的 60 道题可以帮助你大致确定自己的气质类型。

表 10-1　气质类型测试题

题　　目	很符合	比较符合	不确定	比较不符合	完全不符合
1. 做事力求稳妥，一般不做无把握的事					
2. 遇到可气的事情就怒不可遏，想把心里话全说出来才痛快					
3. 宁可一个人干事，不愿很多人在一起					
4. 到一个新环境很快就能适应					
5. 厌恶那些强烈的刺激，比如尖叫、噪声、危险镜头等					
6. 和人争吵时，总是先发制人，喜欢威胁人					
7. 喜欢安静的环境					
8. 我善于和人交往					
9. 羡慕那种善于克制自己感情的人					
10. 生活有规律，很少违反作息制度					

续表

题　　目	很符合	比较符合	不确定	比较不符合	完全不符合
11. 在多数情况下情绪是乐观的					
12. 碰到陌生人觉得很拘束					
13. 遇到令人气愤的事，能很好地自我克制					
14. 做事总是有旺盛的精力					
15. 遇到问题总是举棋不定、优柔寡断					
16. 在人群中从不觉得过于拘束					
17. 情绪高昂时，觉得干什么都有趣；情绪低落时，干什么都没劲					
18. 当注意力集中于某一事物时，别的事很难使我分心					
19. 理解问题比别人快					
20. 遇到危险情境，常有一种极度恐怖感					
21. 对学习、工作、事业均有很高的热情					
22. 能长时间做枯燥、单调的工作					
23. 符合自己兴趣的事，干起来劲头十足，否则就不想干					
24. 一点小事就能引起情绪波动					
25. 讨厌做那种需要耐心、细致的工作					
26. 与人交往时不卑不亢					
27. 喜欢参加剧烈的活动					
28. 爱看感情细腻、描写人物内心活动的文学作品					
29. 工作、学习时间久了，常感到厌倦					
30. 不喜欢长时间谈论一个问题，愿意实际动手干					
31. 宁愿侃侃而谈，不愿窃窃私语					
32. 别人说我总是闷闷不乐					
33. 理解问题常比别人慢些					
34. 疲倦时只要短暂休息就能精神抖擞地重新投入工作					
35. 心中有话，宁愿自己闷想，也不愿讲出来					

续表

题　　目	很符合	比较符合	不确定	比较不符合	完全不符合
36. 认准一个目标就希望尽快实现，不达目的，誓不罢休					
37. 同样和别人学习、工作一段时间后，常比别人更感疲倦					
38. 做事有些莽撞，常常不考虑后果					
39. 当老师或师父讲授新知识或新技术时，总是希望他们能够讲慢些，多重复几遍					
40. 能很快地忘记不愉快的事情					
41. 做作业或完成一件工作，总比别人花费的时间多					
42. 喜欢运动量大而剧烈的体育活动，或参加各种文艺活动					
43. 不能很快地把注意力从一件事转移到另一件事情上去					
44. 接受一个任务后，就希望把它迅速地解决					
45. 认为墨守成规要比冒险强些					
46. 能够同时注意几件事					
47. 当我在烦闷的时候，别人很难使我高兴起来					
48. 爱看情节起伏跌宕、激动人心的小说					
49. 对工作持认真严谨、始终一贯的态度					
50. 和周围人们的关系总是相处不好					
51. 喜欢复习已学过的知识，重复做已经掌握的工作					
52. 希望做变化大、花样多的工作					
53. 小时候会背诗歌，似乎比别人记得更清楚					
54. 别人说我“出口伤人”，可自己不觉得如此					
55. 在体育活动中，常因反应慢而落后					
56. 反应敏捷、头脑机智					
57. 喜欢做有条理而不甚麻烦的工作					
58. 教师讲新概念，常常听不懂，但一旦弄懂以后就很难忘记					
59. 兴奋的事常常使我失眠					
60. 假如工作枯燥无味，马上就出现情绪低落					

计分方法：

很符合自己情况的记 2 分，比较符合的记 1 分，不确定的记 0 分，比较不符合的记 -1分，完全不符合的记-2 分，将每一题的得分填入表 10-2 中，并计算各单项得分。

表 10-2　气质类型测验答卷

胆汁质	题号	2	6	9	14	17	21	27	31	36	38	42	48	50	54	58	总分
	得分																
多血质	题号	4	8	11	16	19	23	25	29	34	40	44	46	52	56	60	总分
	得分																
黏液质	题号	1	7	10	13	18	22	26	30	33	39	43	45	49	55	57	总分
	得分																
抑郁质	题号	3	5	12	15	20	24	28	32	35	37	41	47	51	53	59	总分
	得分																

结果解释：

（1）如果某一项或某两项的得分超过 20 分，则为典型的该气质，例如胆汁质项超过 20 分，则为典型的胆汁质；如果黏液质和抑郁质项得分都超过 20 分，则为典型黏液-抑郁质混合型。

（2）如果某一项或某两项以上得分在 20 分以下、10 分以上，其他各项得分较低，则为该项一般气质。例如，一般多血质；一般胆汁质-多血质混合型。

（3）若各项得分都在 10 分以下，但某项或某几项得分较其余项为高（相差 5 分以上），则为略倾向于该项气质（或几项混合）。例如，略偏黏液质型，多血质-胆汁质混合型。

（4）其余类推。

一般来说，正分值越高，表明被试者越具有该项气质的典型特征；反之，分值越低或越负，表明越不具备该项特征。

多数人的气质是一般型气质或两种气质的混合型，典型气质和三种气质混合型的人较少。

气质主要是由遗传决定的。通常，心理学家认为，人的气质类型可分为胆汁质、多血质、黏液质和抑郁质 4 种。

巴甫洛夫对这 4 种气质做了如下解释：

胆汁质：相当于神经活动强而不均衡型。这种气质的人兴奋性很高，脾气暴躁，性情直率，精力旺盛，能以很高的热情埋头事业，兴奋时，决心克服一切困难，精力耗尽时，情绪又一落千丈。

多血质：相当于神经活动强而均衡的灵活型。这种气质的人有能力，适应性强，喜欢交际，精神愉快，机智灵活，注意力易转移，情绪易改变；但是办事重兴趣，富于幻想，不愿做耐心细致的工作。

黏液质：相当于神经活动强而均衡的安静型。这种气质的人平静，善于克制忍让，生活有规律，不为无关事情分心，埋头苦干，有耐久力，态度持重，不卑不亢，不爱空谈，严肃认真；但不够灵活，注意力不易转移，因循守旧，对事业缺乏热情。

抑郁质：相当于神经活动弱型，兴奋和抑郁过程都弱。这种气质的人沉静，易相处，人缘好，办事稳妥可靠，做事坚定，能克服困难，但比较敏感，易受挫折，孤僻、优柔寡断，疲劳不易恢复，反应缓慢，不图进取。

人们了解自己的气质，对选择专业、性格培养、提高学习与工作效率、处理好同事间关系等，都有着重要的意义。

二、气质与职业的关系

气质没有好坏之分，但气质却能影响一个人的工作效率。特别是在一些身心需要承受高度紧张的职业中，气质不仅关系到工作的效率，还关系到事业的成败。如果在职业的选择过程中，能考虑到自己的气质类型而选择与其相适应的职业，就更能发挥优势与特长，取得更大的成就。

心理学家荣格认为，一个内倾型的人想要成为一名汽车推销员或者一个外倾型的人想要成为一名会计，都是很难办到的。感觉型的人可以成为一名很好的警察、消防员，却不能成为一名优秀的教师。直觉型的人可以成为很好的修理工、故障检修员，却不能成为固定生产线上反复做同一种工作的工人。情感型的人应该避免从事要求具备抽象思维能力的工作，思维型的人则应该避免从事需要丰富情感的职业。对于各种气质类型的人，如何根据气质特点进行职业选择，可参考以下内容。

1. 胆汁质型

胆汁质型又称为不可抑制型，属于战斗类型。这种人适合做刺激性大而富于挑战的工作，如导游、节目主持人、推销员、演员、模特等，胆汁质的人不适合做整天坐在办公室或不走动的工作。

2. 多血质型

多血质型又称为活泼型，属于敏捷好动的类型。多血质人的职业选择较广泛，如管理、导游、外交、公安、军官、新闻工作、服务、咨询等。多血质的人不适合做细致单调、环境过于安静的工作。他们不适宜从事单调机械的工作和要求细致的工作。

3. 黏液质型

黏液质型又称为安静型，属于缄默而沉静的类型。这种类型人适合做管理人员、办公室文员、会计、出纳、法官、调解人员、外科医生等。黏液质的人不适合做富于变化和挑战性大的工作。

4. 抑郁质型

抑郁质型又称为易抑制型，属于呆板而羞涩的类型。这种类型的人适合做打字员、校对员、检查员、化验员、数据登记人员、文字排版人员、机要秘书、保管员、保育员、研究人员等。抑郁质的人不适合做需与各色人物打交道、变化多端、大量消耗体力和脑力的工作。

管理类专业的领导者应该具备哪些气质呢？有相关研究表明，作为一名管理人才，外向的气质对他完成本职工作是一个有利的因素。外倾强烈的人，在需要手部动作灵活、语言反应迅速、判断快速果断的工作岗位上，比内倾的人更具有相对的优势，而在需要精细、认真、持久的工作岗位上，性格内向又更合适一些。

气质是人们个性中最稳定的因素，在选择职业时，一定要注意自己的气质类型。特别是在一些特殊职业中，例如政府机要人员、公关人员、飞行员等，气质类型也是录用员工的重要标准之一。

思考：

你的气质类型特点：

____

____

____

____

在学习和生活中，你认为自己需要提升的地方有哪些？

____

____

____

____

步骤二　了解个人情绪类型特征和情绪与职业的关系

一、情绪类型测验

下面有30道情绪自测题，每题有A、B、C三个选项，请你仔细审读，弄清楚每一道题的意思，然后以最快的速度诚实作答，每题只选一项。

1. 你在看电影时会哭或觉得想要哭吗？（　　）

A. 经常　　B. 有时　　C. 从不

2. 你在咖啡店里要了杯咖啡，这时发现邻座有一位姑娘在哭泣，你会怎样？（　　）

A. 想说些安慰的话，但却羞于启口

B. 问她是否需要帮助

C. 换个座位远离她

3. 一个刚相识的人对你说了一些恭维话，你的反应如何？（　　）

A. 感到窘迫

B. 谨慎地观察对方

C. 非常喜欢听，并开始喜欢对方

4. 遇到朋友时，你经常怎样做？（　　）

A. 点头问好　　B. 微笑、握手和问候　　C. 拥抱他们

5. 对于信件或纪念品，你会如何处理？（　　）

A. 刚刚收到就无情地扔掉

B. 保存多年

C. 两年清理一次

6. 在朋友家聚餐之后，朋友和其爱人激烈地吵了起来，你会怎样做？（　　）

A. 觉得不快，但无能为力

B. 立即离开

C. 尽力劝和

7. 如果让你选择，你更愿意（　　）。

A. 同许多人一起工作并亲密接触
B. 和少许人一起工作
C. 独自工作
8. 同一个很羞怯或紧张的人说话时，你会(　　)。
A. 因此感到不安　　B. 觉得逗他说话很有趣　C. 有点生气
9. 在一场特别好的演出结束后，你会(　　)。
A. 用力鼓掌　　B. 勉强地鼓掌　　C. 加入鼓掌，但觉得很不自然
10. 一位朋友误解了你的行为，并且正在生你的气，你会怎样？(　　)
A. 尽快联系，做出解释
B. 等朋友自己清醒过来
C. 等待一个好机会再联系，但对误解的事不做解释
11. 你曾毫无理由地感到害怕吗？(　　)
A. 经常　　B. 偶尔　　C. 从不
12. 你喜欢的孩子是下列哪一种？(　　)
A. 很小而且有些可怜巴巴的
B. 长大了些的
C. 能同你谈话，并且形成了自己个性的
13. 当你为解闷而读书时，你喜欢(　　)。
A. 读史书、秘闻、传记类
B. 读历史小说、社会问题小说
C. 读幻想小说、荒诞小说
14. 去外地时，你会(　　)。
A. 为亲戚们的平安感到高兴
B. 陶醉于自然风光
C. 希望去更多的地方
15. 如果在车上有陌生人要你听他讲自己的经历，你会(　　)。
A. 显示你颇有兴趣　　B. 真的很感兴趣　　C. 打断他，做自己的事
16. 你是否因内疚或痛苦而后悔？(　　)
A. 是的，一直很久　　B. 偶尔后悔　　C. 从不后悔
17. 你是否想过给报纸的问题专栏写稿？(　　)
A. 绝对没想到　　B. 或许想过　　C. 想过
18. 当被问及私人问题时，你会怎样？(　　)
A. 感到不快活和气愤，拒绝回答
B. 平静地说你不愿意回答
C. 虽然不快，但还是回答了
19. 你怎样处置不喜欢的礼物？(　　)
A. 立即扔掉
B. 热情地保存起来

C. 藏起来，仅在赠者来访时才摆出来

20. 你对示威游行、宗教仪式的态度如何？(　　)

A. 冷淡　　B. 感动得流泪　　C. 感到窘迫

21. 一只迷路的小猫闯进你家，你会怎么办？(　　)

A. 收养并照顾它

B. 扔出去

C. 想给它找个主人，找不到就让它安乐死

22. 你在怎样的情况下会送礼物给朋友？(　　)

A. 仅仅在新年和过生日时

B. 全凭兴趣

C. 你觉得有愧或有求于他们时

23. 如果你因家事不快，上班时你会(　　)。

A. 继续不快，并显露出来

B. 工作起来就把烦恼丢在一边

C. 尽量理智，但仍因压不住怒火而乱发脾气

24. 你对恐怖影片态度如何？(　　)

A. 不能忍受　　B. 害怕　　C. 很喜欢

25. 爱人抱怨你花在工作上的时间太长了，你会怎么办？(　　)

A. 解释说这是为了你们二人的共同利益，然后仍像以前那样去做

B. 试图把时间更多地花在家庭上

C. 对两方面的要求感到矛盾，并试图使两方面都让人满意

26. 生活中的一个重要关系破裂了，你会(　　)。

A. 感到伤心，但尽可能正常生活

B. 至少在短时间内感到心痛

C. 无法摆脱忧伤的心情

27. 以下哪种情况与你相符？(　　)

A. 很少关心他人的事

B. 关心熟人的生活

C. 爱听新闻，关心别人的生活细节

28. 下面哪种情况与你最相符？(　　)

A. 十分留心自己的感情

B. 总是凭感情办事

C. 感情没什么要紧，结局才最重要

29. 看到路对面有一个熟人时，你会(　　)。

A. 走开

B. 招手，如对方没有反应就走开

C. 走过去问好

30. 当拿到母校的一份刊物时，你会(　　)。

A. 通读一遍后扔掉

B. 仔细阅读，并保存起来

C. 不看就扔进垃圾筒

计分方法：

将你的答案填入表 10-3 中，并对应表 10-4 中各题的分值，统计你的得分。

表 10-3　情绪类型测试题答题卡

题号	答案	得分	题号	答案	得分	题号	答案	得分	题号	答案	得分
1			9			17			25		
2			10			18			26		
3			11			19			27		
4			12			20			28		
5			13			21			29		
6			14			22			30		
7			15			23			合计得分：		
8			16			24					

表 10-4　情绪类型测试题分值卡

题号	A	B	C	题号	A	B	C	题号	A	B	C
1	3	2	1	11	3	2	1	21	3	1	2
2	2	3	1	12	3	1	2	22	1	3	2
3	2	1	3	13	1	2	3	23	3	1	2
4	1	2	3	14	1	2	3	24	1	3	2
5	1	3	2	15	2	3	1	25	1	3	2
6	2	1	3	16	3	2	1	26	2	3	1
7	3	2	1	17	1	2	3	27	1	2	3
8	2	3	1	18	3	1	2	28	2	3	1
9	3	1	2	19	1	2	3	29	1	2	3
10	3	1	2	20	1	3	2	30	2	3	1

结果解释：

（1）30~50 分：理智型。很少因什么事而激动，表现出很强的克制力甚至冷漠；对他人的情绪缺乏反应，感情生活平淡而拘谨，因此常会听到别人在背后说你是“冷血动物”。你需要放松自己。

（2）51~69分：平衡型。情绪基本保持在有感情但不感情用事、克制但不过于冷漠的状态；即使在很恶劣的情绪下握起拳头，也仍能从冲动情绪中摆脱出来。因此，很少与人争吵，感情生活十分愉快、轻松。

（3）70~90分：冲动型。非常情绪化，易激动，反应强烈；往往十分随和、热情，或者感情脆弱、多愁善感；可能常会陷入那种短暂的风暴似的感情纠纷中。因此，麻烦百出，别人若想劝你冷静，是件很难的事。这里有必要提醒你，一定要克制自己。

二、情绪与职业关系

情绪是人与生俱来的一种心理反应，如喜、怒、哀、乐，易随情境变化。人在日常生活中难免会出现积极情绪和消极情绪，情绪在人性中是最具变数的因素。积极情绪能传染人，这是一种心理暗示，有助于形成良好的工作氛围，提高生产效率。消极情绪有碍工作效率的提高，甚至产生负面作用。

对于管理者来说，有必要进行情绪管理。对情绪的识别、情绪的控制、情绪的唤醒和情绪的互动称为情商，是自我情绪理解和管理的能力，以及体察别人的情绪、与别人沟通和相处的能力。

认清自己情绪的力量，发挥理性的控制作用，才能实现情绪反应与表现的均衡适度，以确保情绪与环境相适应。在职场中，保证睡眠、亲近自然、经常运动、合理饮食等良好习惯都有助于好情绪的形成。你还有更好的建议吗？

思考：

你的情绪特点：

____

____

____

____

你调整自我情绪的办法：

____

____

____

____

步骤三　了解个人个性成熟度和个性成熟度与职业的关系

一、个性成熟度测试题

下面有25道题，每道题都有5个备选答案。请根据自己的实际情况，仔细审题，每道题只能选择一个答案。请注意这是测验你的实际想法和做法，而不是问你哪个答案最正确。因此请不要猜测“正确的”答案，以免测验结果失真。

1. 我所在单位的领导（或学校的老师）对待我的态度是(　　)。

A. 老是吹毛求疵地批评我

B. 我一做错什么事，马上就批评我，从不表扬我

C. 只要我不犯错误，他们就不会指责我
D. 他们说我工作和学习还是勤恳的
E. 我有错误他们就批评，我有成绩他们就会表扬
2. 如果在比赛中我或我的一方输了，我通常的做法是(　　)。
A. 研究输的原因，提高技术，争取以后赢
B. 对获得胜利的一方表示赞赏
C. 认为对方没啥了不起，在别的方面自己（或自己一方）比对方强
D. 认为对方这次赢的原因微不足道，很快就忘了
E. 认为对方这次赢的原因是运气好，下次自己运气好的话也会赢对方
3. 当生活中遇到重大挫折（如高考落榜、失恋）时，便会感到(　　)。
A. 自己这辈子肯定不会幸福
B. 我可以在其他方面获得成功，加以补偿
C. 我决心不惜任何代价，一定要实现自己的愿望
D. 没关系，我可以更改自己的计划或目标
E. 我认为自己本来就不应当抱有这样高的期望或抱负
4. 别人喜欢我的程度是(　　)。
A. 有些人很喜欢我，其他人一点儿也不喜欢我
B. 一般都有点儿喜欢我，但都不以我为知己
C. 没有人喜欢我
D. 许多人都在一定程度上喜欢我
E. 我不知道
5. 我对谈论自己受挫折经历的态度是(　　)。
A. 只要有人对我受挫折的经历感兴趣，我就告诉他
B. 如果在谈话中涉及，我就无所顾忌地说出来
C. 我不想让别人怜悯自己，因此很少谈到自己受挫的经历
D. 为了维护自尊，我从不谈自己受挫折的经历
E. 我感到自己似乎没有遇到过什么挫折
6. 通常情况下，与我意见不相同的人都是(　　)。
A. 想法古怪，难以理解的人
B. 缺乏文化知识修养的人
C. 有正当理由坚持自己看法的人
D. 生活背景和我不同的人
E. 知识比我丰富的人
7. 我在游戏或竞赛中喜欢遇到的对手是(　　)。
A. 技术很高超的人，让我有机会向他学习
B. 比我技术略高些的人，这样玩起来兴趣更高
C. 技术显然比我差的人，这样我就可以轻松地赢他，显示自己的实力
D. 和我技术不相上下的人，这样可以在平等的基础上展开竞争

E. 一个有比赛道德的人，不管他的技术水平如何
8. 我喜欢的社会环境是(　　)。
A. 比现在更简单、更平静的社会环境
B. 就像现在这样的社会环境
C. 稳步向好的方面发展的社会环境
D. 变化很大的社会环境，使我能利用这个机会发展自己
E. 比现在更富裕的社会环境
9. 我对待争论的态度是(　　)。
A. 随时准备进行激烈争论
B. 只对自己有兴趣的问题，才喜欢争论
C. 我很少与人争论，喜欢自己独立思考各种观点的正确与否
D. 我不喜欢争论，尽量避免之
E. 我不讨厌争论
10. 受到别人批评时，我通常的反应是(　　)。
A. 分析别人为什么批评我，自己在哪些地方有错
B. 保持沉默，对他记恨在心
C. 也对他进行批评
D. 保持沉默，毫不在意，过后置之脑后
E. 如果我认为自己是对的，就为自己辩护
11. 我认为亲属的帮助对一个人事业成功的影响是(　　)。
A. 总是有害的，这会使他在无人帮助的时候面对困难一筹莫展
B. 通常是弊大于利，常常帮倒忙
C. 有时会有帮助，但这不是必需的
D. 为了获得事业成功，这是必需的
E. 在一个人刚从事某一职业时有帮助
12. 我认为对待社会生活环境的正确态度是(　　)。
A. 使自己适应周围的社会生活环境
B. 尽量利用生活环境中的积极因素发展自己
C. 改造生活的不良因素，使生活环境变好
D. 遇到不良的社会生活环境，就下决心脱离这个环境争取到别的地方去
E. 自顾生活，不管周围生活环境是好是坏
13. 我对死亡的态度是(　　)。
A. 从来不考虑死的问题
B. 经常想到死，但对死不十分惧怕
C. 把死看作是自然现象，但平时很少想到
D. 每次想到死就毛骨悚然
E. 不但不怕，反而认为自己死了是解脱
14. 为了让别人对自己有好的印象，我的做法是(　　)。

A. 在未见面时就做准备
B. 虽很少预先准备，但在见面时提醒自己应给人留下一种好的印象
C. 懒得考虑给人一个好的印象
D. 我从来不做预先准备，也讨厌别人掩盖自己的本来面目
E. 为了工作和生活上的特殊需要，有时应认真考虑如何给人以良好的印象
15. 我认为要使自己生活得愉快而有意义，就必须生活在(　　)。
A. 关系融洽的亲友们中间
B. 有学识的人们中间
C. 志同道合的同志们中间
D. 人数众多的亲戚、同学和同事们中间
E. 生活在什么人中间都一样
16. 在工作或学习中遇到困难时，我通常是(　　)。
A. 向比我懂得多的任何人请教
B. 只向我的亲密朋友请教
C. 我总是尽自己的最大努力去独立解决，实在不行，才去请求别人的帮助
D. 我只是咬紧牙关不请求别人来帮助
E. 我没发现可以请教的人
17. 当自己的亲人错误地责怪我时，我通常是(　　)。
A. 心里憋气，但不吱声
B. 为了家庭和睦，违心地承认自己做错了事
C. 当即发火，并进行争论，以维护自己的自尊
D. 克制自己、耐心地解释和说明
E. 一笑了之，从不放在心上
18. 在与别人的交往中，我通常是(　　)。
A. 喜欢故意引起别人对自己的注意
B. 希望别人注意我，但又想不明显地表示出来
C. 喜欢别人注意我，但并不刻意去追求这一点
D. 不喜欢别人注意我
E. 对于是否会引人注意，我从不在乎
19. 外表对我来说(　　)。
A. 非常重要，常花很多时间修饰自己的外表
B. 比较重要，常花不多的时间作修饰
C. 不重要，只要让人看得过去就行了
D. 完全没有意义，我从不修饰自己的外表
E. 重要是重要，但实际上花时间不多
20. 我喜欢与之经常交往的人通常是(　　)。
A. 异性，因为他们（或她们）与我更合得来
B. 同性，因为我和他们（或她们）更容易相处

C. 和我合得来的人，不管他们与我的性别是否相同

D. 我不喜欢与家庭以外的人多交往

E. 我只喜欢与少数合得来的同性朋友交往

21. 当我必须在大庭广众中讲话时，我总是(　　)。

A. 因为紧张发窘而讲不清话

B. 尽管不习惯，但还是竭力保持神态自如的样子

C. 我把这看成是一次经验，精神抖擞地去讲

D. 我喜欢出头露面，这时讲话更出色

E. 无论如何也要推辞，不敢去讲话

22. 我对用看手相、测八字来算命的看法是(　　)。

A. 我发现算命能了解过去和未来，而且很准

B. 算命人多数是骗子

C. 我不清楚算命到底是胡说，还是确有道理

D. 我不相信算命能预测人的过去和未来

E. 尽管我知道算命是迷信，但还是时常一试

23. 在参加几个人的讨论会时，我通常是(　　)。

A. 第一个发表意见

B. 我对自己了解的问题才发表看法

C. 我从来不在小组会上发言

D. 在别人发言时，我只时而插话

E. 我虽然不带头发言，但总是要说上几句

24. 我对社会的看法是(　　)。

A. 社会上到处都有丑恶的东西，我希望能逃避现实

B. 在社会上生活，要想永远保持正直、清白是很难的

C. 社会是复杂而迷人的大舞台，我很喜欢研究社会现象

D. 不管社会如何，我只希望自己能生活得愉快

E. 不管生活环境如何，我都要努力奋斗，无愧于自己的一生

25. 当我在人生道路上遇到考验（如参加高考、竞选职位）时，我总是(　　)。

A. 很兴奋，因为这是表现自己的机会

B. 视作平常之事，因为我已经习惯了

C. 感到有些害怕，但仍硬着头皮去顶

D. 非常害怕失败，宁愿放弃尝试

E. 听天由命吧

计分方法：

将你的答案填入表 10-5 中，并对应表 10-6 中各题的分值，统计你的得分。计分过程中负分数与绝对值相等的正分数可以相互抵消。这个合计得分就是你的个性成熟度指数。

表 10-5 个性成熟度测试题答题卡

题号	答案	得分	题号	答案	得分	题号	答案	得分	题号	答案	得分
1			8			15			22		
2			9			16			23		
3			10			17			24		
4			11			18			25		
5			12			19			合计得分：		
6			13			20					
7			14			21					

表 10-6 个性成熟度测试题分值卡

题号	选项					题号	选项				
	A	B	C	D	E		A	B	C	D	E
1	-3	-2	+4	0	+6	14	-1	+8	0	-3	+4
2	+4	0	-3	+8	-4	15	0	+6	+4	-2	-4
3	-4	+10	0	+5	-3	16	+8	0	+4	-2	-4
4	0	+3	-3	+8	-2	17	-1	0	-4	+8	+4
5	-3	+8	+4	-2	0	18	-2	0	+8	-3	+4
6	-3	-2	+8	+4	0	19	-2	+6	0	-3	+4
7	-2	+6	-3	0	+8	20	-2	0	+8	-3	+4
8	-5	0	+6	+4	-3	21	-1	+4	+8	+2	-4
9	-4	+8	0	-2	+3	22	-5	+3	-2	+10	0
10	+8	-4	-4	0	+4	23	0	+8	-1	-4	+4
11	-2	0	+8	-4	+6	24	-3	-2	+6	0	+10
12	-2	+4	+8	-4	+6	25	+4	+8	0	-4	-1
13	0	+2	+10	-4	-3						

结果解释：

表上每道题目的 5 个答案中，得分为正值的答案代表处理该问题时的合理做法。得分越高，反映个性越成熟。相反，得分为负值的答案代表了不妥当或幼稚的做法，反映了个性的不成熟。因此，你可以观察一下你在每道题目上的得分，看看自己在哪些题目上的得分较高，则自己在处理哪些问题上较为成熟和老练；自己在哪些题目上得了负分数，则自己在处理那些问题时还不成熟，并找到较为妥当的做法。经过这样仔细的分析，你可以看出自己处理社会生活问题的长处和短处，使自己尽快地成熟起来。

总分可以用来判断人整体的个性成熟程度。总分越高，说明你的个性越成熟；总分越低，说明个性越不成熟，具体的个性成熟程度的划分，可参考以下几条：

（1）测验总分在150分以上，这说明你是个很成熟老练的人。生活中凡个性成熟的人，都掌握一套行之有效的适应社会的方法。他们知道怎样妥善地处理个人所遇到的各种社会问题。他们能准确地判断、处理一个问题，哪些方式是有效的，哪些方式会造成不良的后果，从而选择一种最佳的处理方法。他们常常成为别人讨教和仿效的对象。个性成熟的人大多有丰富的经历，有大量过去失败的教训或成功的经验可供参考。但是，个性成熟的程度并不一定与人的年龄成正比。

（2）测验总分在100~149分，这说明你是较为成熟的人。在大部分事情的处理上你是很得体的。你能够很好地适应社会，建立起良好的人际关系。

（3）测验总分在50~99分，这说明你的个性成熟程度属于中等水平。你的个性具有两重性，一半是老练，另一半是幼稚的，还需要在社会生活实践中成熟起来。

（4）测验总分在0~49分，这说明你的个性还欠成熟。你还不善于处理社会生活中的各种问题和矛盾，不善于观察影响问题的各种复杂因素，不能准确地预见自己行为的结果，还不能很好地适应复杂的社会生活。

如果你的测验总得分是负数，说明你还十分幼稚，处理社会生活问题很不成熟。你喜欢单凭个人粗浅的直觉印象和一时的感情行事，好冲动、莽撞、不识大体。或者相反，即遇事退缩不前，生怕抛头露面，孤独而自卑。很容易得罪人，也容易被人欺骗，在社会生活中到处碰壁，无法实现自己的理想和目标。这种状况与现代社会生活的要求很不适应，你必须使自己尽快地成熟起来。

二、个性成熟度与职业的关系

个性是指一个人在其生活、实践活动中经常表现出来的、比较稳定的、带有一定倾向性的个体心理特征的总和，是一个人区别于其他人的独特的精神面貌和心理特征。个性对于一个人的活动、生活具有直接的影响。个性与职业的匹配程度在职业发展过程中有着重要的作用。成熟是一个常常与时间、年龄联系在一起的词，但是人的个性却不一定随着人年龄的增长而自然成熟。相反，有时年龄的增长可能给个性的成熟造成难度，或者是导致个性的变化，或者优化变得更加难以实现。相对来讲，个性成熟的人比较善于妥善地处理个人所遇到的各种社会问题。

思考：

你的个性成熟度描述：

____

____

____

____

在学习和生活中需要提升的地方：

____

____

____

____

步骤四　了解自我

通过以上的测试与分析，你应该在一定程度上形成了一个自我概念。对以上的心理测试内容做特别说明：我们使用心理测评时，不同结果所提供的对应解释可能会有些差异，这与问卷编制中选取的样本人群、文化背景和时代变迁有关。因此，心理测评辅导部分内容更多地作为一个参考，不是绝对的、唯一的标准。为了更多地了解自我，还可以从以下三个方面进行理性思考，并做出记录。

(1) 对现状的思考：如学习成绩在全专业中的名次，自己的兴趣、特长、爱好，自己有何出众的能力等。

(2) 分析自我的思考：是喜欢与事情打交道，还是喜欢与人打交道？是喜欢挑战性强的工作，还是安稳的工作？

(3) 对未来的思考：自己在择业过程中，有哪些优势，哪些劣势；该如何扬长避短。自己究竟想做什么，即自己想在哪一方面有所发展，想成为什么样的人才。你是否考虑你求职中最关心的是什么？这个问题是希望你能清楚自己求职时到底应注重些什么，哪些是主要的，哪些是次要的；你更看重的是自身的发展机会，还是工作报酬、工作环境或其他方面等。

请列出八条自己的优势和八条自己还需努力提升的地方。同学间可以相互讨论。

你的优势：

(1) ____________________

(2) ____________________

(3) ____________________

(4) ____________________

(5) ____________________

(6) ____________________

(7) ____________________

(8) ____________________

还需努力提升的地方：

(1) ____________________

(2) ____________________

(3) ____________________

(4) ____________________

(5) ____________________

(6) ____________________

(7) ____________________

(8) ____________________

【知识拓展】

一、理想职业因素的定位

1. 心理因素是理想职业之基础

性格决定命运，脑袋决定口袋。有些人性格内向整天郁郁寡欢，使人望而生畏，无形之中与人产生距离感，人际关系淡化，缺乏必要的沟通，久而久之脱离了群体。在今天这个强调团队精神的职场里，他们能不“掉队”吗？人要学会合作，要学会融入群体，因为只有合作才能集思广益取得胜利。否则，孤芳自赏只能孤掌难鸣，到头来一无所获，两手空空。永远不能适应变化的时代需求，适应变化的职场需求。

2. 信息因素是理想职业之过程

我们每个人都生活在一个信息社会里，感受到信息带给我们的便捷。无论承认与否，信息无时无刻不在影响着每个人生活的方方面面。从某种意义上讲，信息对选择理想职业显得至关重要。有针对性地收集来源于不同渠道的职业信息，通过理性分析及时做出科学决策，才能获得理想职业，打造属于自己的一片理想天空。有人把握契机先行一步，从而胜人一筹。而有人错失良机与机遇擦肩而过，必然抱憾终身。

3. 判断因素是理想职业之关键

就像赛场上一个优秀的足球运动员一样，他的门前一射对于取得胜利来说至关重要。同样，有针对性地收集特定的相关职场信息，经过理性的、科学的分析后，应当因地制宜、把握时机，占据主动性及时出击，适时做出抉择而不至于因错失良机而追悔莫及。判断来自对各种信息要素做出适时分析，有的放矢对症下药，将有利于自己的一些信息要素加以提炼，得出最后结论，直至取得一个令人满意的结果。

4. 潜力因素是理想职业之延续

就像一个教练选择运动员一样，他首先需要了解该运动员是否符合该项目的标准，是否有潜力可挖，是不是可造之才，在进行相关综合测评后，才能决定是否培养他。选择理想职业同样也需具备潜力因素。因为人是最大的资源，应当有效地利用和开发人的潜力，最大限度地发挥人的效用，使人在一定意义上保持长久的职业竞争力，让自己永远走在职场的前列，领先于他人，随时随刻地充分挖掘自身的潜力是我们取得职业成功的法宝。

5. 学习因素是理想职业之法宝

个人的学历在很大程度上决定着其未来的发展方向，也决定着其能否适应本职工作，能否在本职岗位上做出一些成绩，取得一些成就，开创自己的美好前程，走好自己的美丽人生。在今天看来，学习是一个终身的话题，面对日益加剧的职场竞争趋势，只有不断学习，有针对性地充电，不断补充新鲜“血液”，才能满足不断变化的职场需求，避免遭遇淘汰的厄运，驰骋于风云变幻的职场。

二、案例链接

案例一　你是珍珠还是沙子

有一个年轻人，自我感觉很有才华，但在生活上遇到很多波折，于是便觉得活着没有意思。有一天他决定跳海，但他刚跳下去就被一个老渔民用渔网捞了起来。

他很生气，冲着老渔民嚷道：“你什么意思，把我捞起来干什么？”

老渔民说道："年轻人，为什么跳海呀？你这么年轻多可惜呀！"

于是年轻人就对老人诉说了他怀才不遇的苦衷。

老渔民听完，说道："哎呀，你今天遇到我，运气来了。我正好是治怀才不遇的专家，帮你治治吧。"

年轻人很诧异，急忙问老渔民医治之法。

老渔民说："我有秘诀，如果你想知道，就必须答应我一个条件。"

老渔民说着，顺手从沙滩上捡起一粒沙子，往旁边一扔，说："年轻人，帮我去把我刚才扔掉的那粒沙子捡过来，然后我就告诉你。"

年轻人听了很生气，说道："你想耍我呀？这么多沙子，我怎么知道哪粒沙子是你扔掉的呀？"

老人听了，笑着说："别生气，我这儿还有个条件，如果你满足了我这个条件，我也告诉你。我这里有一颗珍珠，我把它扔到沙滩上，你去给我找回来。"

很显然，年轻人轻而易举地把珍珠找了回来，交给了老渔民，并很虔诚地说："老人家，我把珍珠找回来了，可以告诉我秘诀了吧？"

老渔民一脸安详，说道："年轻人，秘诀我已经讲完了。"

案例点评：

有些人之所以有怀才不遇的感觉，是因为自己是无数沙子中的一粒，跟旁边的沙子没有太大的区别；但如果自己是一颗珍珠，那么伯乐就会很容易地发现我们。所以说这个世界上不是没有伯乐，而是在遇到伯乐之前，使自己成为千里马。

案例二　走出沙漠

比塞尔是西撒哈拉沙漠中的一个小村庄，它靠在一块 1.5 平方公里的绿洲旁，可是在肯·莱文 1926 年发现它之前，这儿的人没有一个走出过大沙漠。肯·莱文作为英国皇家学院的院士，当然不相信这种说法。他用手语向这儿的人问其原因，结果每个人的回答都是一样，从这儿无论向哪个方向走，最后都还是要转到这个地方来。为了证实这种说法的真伪，他做了一次实验，从比塞尔向北走，结果 3 天半就走了出来。

那么，比塞尔人为什么走不出来呢？肯·莱文非常纳闷，最后他只得雇一个比塞尔人，让他带路，看看到底是怎么回事。他们带了半个月的水，牵上两头骆驼，肯·莱文收起指南针等现代化设备，只拉一根木棍在后面。10 天过去了，他们走了数百英里的路程，第 11 天的早晨，一块绿洲出现在眼前，他们果然又回到了比塞尔。这一次肯·莱文终于明白了，比塞尔人之所以走不出沙漠，是因为他们根本不认识北斗星。

在一望无际的沙漠里，一个人如果凭着感觉往前走，他会走出许许多多、大小不一的圆圈，最后的足迹十有八九是一把卷尺的形状。比塞尔村处在浩瀚的沙漠中间，方圆上千公里没有一点参照物，若不认识北斗星又没有指南针，想走出沙漠确实是不可能的。

肯·莱文在离开比塞尔时，带了一位叫阿古特尔的青年，这个青年就是上次和他合作的人，他告诉这个小伙子，只要白天休息，夜晚朝北面那颗最亮的星走，就能走出沙漠。阿古特尔跟着肯·莱文，3 天之后果然来到了大漠的边缘。

现在比塞尔已是西撒哈拉沙漠中的一颗明珠，每年有数以万计的旅游者来到这儿，阿古特尔作为比塞尔的开拓者，他的铜像被竖立在小城中央。铜像的底座上刻着一行字：新生活是从选定方向开始的。

案例点评：

管理专家彼得·德鲁克（Peter F. Drucker）1954年在其名著《管理实践》中最先提出目标管理，他认为“并不是有了工作才有目标，而是相反，有了目标才能确定每个人的工作。”个人追求的目标越高，他的才能发展就越快。一心向着自己目标前进的人，整个世界都给他让路。所有成功都必须先确立一个明确的目标。目标就是力量，奋斗才会成功。

案例三　为自己增值

一个从上海一所大学有机化学专业毕业的大学生，因为工作难找，最后来到一个建在偏僻乡镇的化工厂做了一名技术员。

看惯了大上海的繁华，听够了南京路的喧闹，享受过外滩上的浪漫，乍一到满眼稻田的穷乡僻壤，年轻人感觉自己身上的血每天都像是放进了冰箱的冷冻层，怎么也热乎不起来。那一天，笑称自己是行尸走肉的他向一位老工程师大倒苦水。在他为自己的怀才不遇而感慨万千的时候，老工程师把一张科学家最近测算出的“人”的物质含量列表递给他：“算算看，你自己值多少钱？”

反正闲着也是闲着，他抄下了表上所列出的人体所含的化学和矿物质成分：5%氧、18%碳、10%氢、3%氮、1.5%钙、1%磷、0.35%钾、0.25%硫、0.15%钠、0.15%氯、0.05%镁、0.0004%铁、0.00004%碘。他把这些物质含量乘以自己的体重，再乘上所有元素当前的市场价值，甚至连人体含有微量的氟、硅、锰、锌、铜、铝和砷也换算在内，竟然发现自己“全身的东西”加起来还不到10元！而自己身上最值钱的皮肤，总面积约为16平方英尺，按牛皮的售价来计算，即每平方英尺约2元，价值为30元左右。如此算来，他的身体竟然才值40元上下。

“我堂堂一个大学毕业生，才值40元钱？”他大惑不解地问工程师。“你在大学里学的东西就相当于你体内所含的化学和矿物质成分，如果不与精神、意识和意志等糅合在一起，不在社会生活这个系统中发挥一个完整的‘人’的作用，那么，它作为物质的拆零价值就是这么贱，谁也不能例外。”工程师说。

案例点评：

那些可以促进职业生涯发展的素质才能被称为职业技能。时间管理、压力管理、资讯管理、交流沟通、记忆力、领导能力、解决问题能力、决策管理能力、创造力等，这些能力被称为“软实力”，与知识和技能这些“硬技能”共同组成为职业技能。所以不断学习，掌握技能，充实思想，就是一个不断为自己增值的过程。

三、项目体验

体验一　通过三种阅读了解专业

根据自己所选的专业，依照以下三个方面编写简单的行业分析报告，了解你未来从事职业的要求。

（1）收藏10个专业网站，查看业内文章，通过上网查询，收集不少于5万字的行业、重点企业的有效资料，在计算机中进行资料分析、分类、汇总。

（2）查找 10 册本行业的专业杂志，对当期的热点进行整理，分析专业发展趋势。

（3）查找 15 本专业书籍，系统学习书籍的理论框架，拟写专业知识提纲，培养文字表达能力和逻辑能力，并形成对未来职业的整体认识。

体验二　个人行动计划表

根据个人特点和专业特点，结合表 10-7 提供的信息，试着制订一个适合自己的行动计划表。

表 10-7　行动计划样表

希望达到的目标	可以求助的人或信息资源	活动的先后顺序	时间	活动完成则打“√”
与咨询员交谈，确定自己的问题所在	职业指导中心	1	9 月 20 日前	
学习有效的职业决策的方法	职业指导中心	2	9 月 25 日前	
了解专业特点	在网上或图书馆查阅专业信息	3	9 月 28 日前	
了解学习某专业后可能从事的职业	职业指导中心；各院系网站信息；该专业已经毕业工作的人	4	10 月 1 日前	
与从事某职业的人进行交流	通过老师、朋友介绍的相关人员；主动拜访的人员	5	10 月 10 日前	
与专业有关的专家进行交流，深入了解专业	专业老师；教授等	6	10 月 15 日前	
确定自己目前的学习目标	专业老师；职业指导中心老师等	7	10 月 17 日前	

第二节　工程制造类职业岗位职业心理素质培养

【知识讲堂】

以下是一建筑公司的两名职员的对话。

A 对 B 说：“我要离开这个公司，我不喜欢这个公司！”

B 建议道：“我举双手赞成！破公司一定要给它点颜色看看。不过你现在离开，还不是最好的时机。”

A 问：“为什么啊?”

B 说：“如果你现在走，公司的损失并不大。你应该趁着在公司的机会，拼命去为自己拉一些客户，成为公司独当一面的人物，然后带着这些客户突然离开公司，公司才会受到重大损失，非常被动。”

A觉得B的话非常在理，于是努力工作，经过半年多的努力，他有了许多忠实的客户。

再见面时B问A："现在是时机了，你要跳槽赶快行动哦！"

A淡然笑道："老总跟我长谈过，准备提拔我做总经理助理，我暂时没有离开的打算了。"

其实这也正是B的初衷。一个人只有付出大于得到，让老板真正看到你的能力大于位置，才会给你更多的机会。

一、工程制造类专业对应的主要职业岗位

（一）工程制造类主要学科专业

随着现代工业的快速发展，社会对工程制造类人才的需求越来越大，工程类以及制造类专业人才日益受到市场关注。一些大企业、大公司，迫切需要一大批既能够站在生产一线，同时又具备专业技术的人才，因此，它们对高职的人才培养提出了更高的要求。目前，高职院校工程制造类专业主要有风电系统运行与维护、智能控制技术、城市轨道交通机电、模具设计与制造、电气自动化技术、电梯工程技术、城市轨道交通机电技术、机电一体化等。

（二）工程制造类主要专业对应的目标岗位

1. 风电系统运行与维护专业主要就业目标岗位

本专业主要就业岗位有风电场或风电企业的风电机组安装员、风电场维护检修员、风电场运行和管理员等，亦可从事相关的机电设备制造安装与调试、电气控制设备的运行维护和管理等工作。

2. 智能控制技术专业主要就业目标岗位

本专业主要就业岗位有智能产品制造、安装、调试（工业机器人、无人机等）；智能控制设备集成调试、维护（物联网等）；智能控制系统集成应用、调试、维护（工厂智能自动化、智能家居等）；智能风力发电电气设备安装、调试和风电场智能电气设备的维护与检修等岗位。

3. 城市轨道交通机电专业主要就业目标岗位

本专业主要就业岗位有城市轨道交通机电检修工程师、城市轨道交通车站机电设备维护工程师、城市轨道交通机电设备施工技术员等。面向城市轨道交通行业，主要从事城市轨道交通车站机电设备包含无障碍电梯和自动扶梯、自动人行道、自动屏蔽门、检票系统等机电设备的安装调试、运行、维护与检修工作，亦可从事相关的轨道交通机电设备管理、维护、保养、安装、改造升级等技术和管理工作。

4. 模具设计与制造专业主要就业目标岗位

模具设计与制造专业主要培养从事模具加工工艺与制作，模具维修工作的高级技术应用型专业人才。

5. 电气自动化技术专业主要就业目标岗位

本专业主要就业岗位有自动化制造类企业，从事电气柜的安装与调试、电气控制设备运行与维护、自动化生产线的安装与调试、维护检修和管理，亦可面向风电产业链中

风电设备制造业，可从事风电现场安装、风电控制设备检修、风电场电气运行维护等，主要就业岗位有电气装配员、自动化设备装调维修员、自动化设备运行维护员、风电检修工程师等。

6. 电梯工程技术专业主要就业目标岗位

本专业主要就业岗位有电梯安装员、电梯维修员、电梯调试员和电梯检验检测员等，亦可从事相关的机电设备制造安装、电气控制设备的维护检修和管理工作。

7. 机电一体化专业主要就业目标岗位

本专业主要就业岗位有机电产品生产现场操作人员、机电设备的管理与维护人员、机电设备安装与调试人员、机电设备的检测人员等。

二、工程制造类职业岗位应具备的主要职业心理素质

工程制造类岗位的工作人员除了具备一般的心理知识之外，还必须具备如下职业心理素质。

1. 创新意识和品质

创新意识和品质是人们进行创造活动的出发点和内在动力，是人类意识活动中的一种积极的、富有成果性的表现形式，是创造性思维和创造力的前提。很多职业都需要创新意识与品质，尤其是对于工程制造类岗位而言，要求从业人员应具备良好的创新品质，才能设计出好的作品。

2. 开放性思维

开放性思维是指突破传统思维定式和狭隘眼界，多视角、全方位看问题的思维。它与把事物彼此割裂开来，孤立起来，封闭起来，使思维具有保守性、被动性和消极性的形而上学思维方式是根本对立的。工程制造类从业人员在工作过程中尤其需要这种思维。

3. 竞争意识

竞争意识是指个人或团体力求压倒或胜过对方的一种心理状态。它能使人精神振奋，努力进取、促进事业的发展。它是现代社会中个人、团体乃至国家发展过程中不可缺少的心态。在树立竞争意识的时候要防止不择手段，要用集体主义思想作指导，克服竞争中的消极面。这是工程制造类岗位所必备的。

4. 团队协作精神

团队协作精神是指团队成员共同认可的一种集体意识，能显现团队所有成员的工作心理状态和士气，是团队成员共同价值观和理想信念的体现，是凝聚团队力量、推动团队发展的精神力量。工程制造类工作人员所从事的工作不是一个人能够做得好的，一些重大工程的实施尤其需要这种精神。

5. 抗挫折能力

抗挫折能力是指个体遭遇挫折情境时，能摆脱困扰，避免心理和行为失常的能力。工程制造类从业人员要面对很多的挫折。如为了保证工程的正常进行、设计的顺利完成，都需要具备这种能力。

6. 沟通能力

人际沟通的能力是指一个人与他人进行有效的信息沟通的能力，它包括外在技巧和内在因素，主要是通过言语、表情、手势、体态以及社会距离等来实现。工程制造类专业学生也很需要具备这种能力。

7. 敬业精神

敬业精神是人们基于对一件事情、一种职业的热爱而产生的一种全身心投入的精神，它的核心是无私奉献意识。低层次的即功利目的的敬业，由外在压力产生高层次的即发自内心的敬业，是把职业当作事业来对待。

敬业精神是一种基于挚爱的对工作、对事业全身心忘我投入的精神境界，其本质就是奉献，也是一种工匠精神。具体地说，敬业精神就是在职业活动领域，树立主人翁形象，追求崇高的职业理想；培养认真踏实、恪尽职守、精益求精的工作态度，力求干一行爱一行专一行，努力成为本行业的行家里手；摆脱单纯追求个人和小集团利益的狭隘眼界，具有积极向上的工作态度和艰苦奋斗的精神；保持高昂的工作热情和务实苦干的精神，以对社会的奉献和付出为荣，自觉抵制腐朽思想的侵蚀，以正确的人生观和价值观指导和调控职业行为。

8. 责任心

责任心是指个人对自己和他人，对家庭和集体，对国家和社会所负责任的认识、情感和信念，以及与之相应的遵守规范、承担责任和履行义务的自觉态度。它是一个人应该具备的基本素养，是健全人格的基础，是家庭和睦、社会安定的保障。具有责任心的员工，会认识到自己的工作在组织中的重要性，把实现组织的目标当成自己的目标。

9. 诚信

从道德范畴来讲，诚信就是待人处事真诚、老实、讲信誉，言必信，行必果，一言九鼎，一诺千金。在《说文解字》中的解释是："诚，信也"，"信，诚也"。可见，诚信的本义就是要诚实、诚恳、守信，反对隐瞒欺诈、伪劣假冒、弄虚作假。对于工程制造类行业的从业人员而言，不仅仅是自己做，别人良好的评价才是诚信的最佳体现。

三、工程制造类职业岗位常见的心理困惑

总体来说，工程制造类岗位的工作人员容易出现如下心理问题。

1. 疲劳心理

疲劳又称疲乏，是一种主观的不适感觉，但客观上会使人在同等条件下失去完成原来所从事的正常活动或工作的能力。工程制造类从业人员所从事的工作强度很大，加上没有像其他工作那样的规律性，很容易产生疲劳心理。

2. 单调心理

在工程制造类的岗位中，单调的劳动作业往往使劳动者感觉很是乏味，失去兴趣，注意力分散、引起心理疲劳，影响工作效率与工作安全。

3. 紧张心理

紧张是人体在精神及肉体两方面对外界事物反应的加强。紧张的程度常与生活变化的大小成比例。紧张使人睡眠不安，思考力及注意力不能集中，引发头痛、心悸、腹背

疼痛、疲累。工程制造类行业的从业人员由于工作单一、工作压力大，很容易出现紧张情绪。

4. 性向与兴趣相互矛盾

性向即个性适合做的事情，而兴趣是个体对特定的事物、活动及人所产生的带有倾向性、选择性的态度和情绪。兴趣是一种无形的动力，当我们对某件事情或某项活动感兴趣时，就会很投入，而且印象深刻。工程制造类行业的从业人员在工作的过程当中，往往会出现这种性向与兴趣相矛盾的现象。

【心理实践】

一、工程制造类岗位职业心理素质培养

一般来说，根据工程制造类岗位出现的主要职业心理问题，可以从以下几个方面开展职业心理素质培养。

1. 根据学生的兴趣与性格特点制定相应的职业计划

职业生涯目标的设定，是职业生涯规划的核心。一个人事业的成败，很大程度上取决于有无适当的目标。没有目标如同驶入大海的孤舟，四野茫茫，没有方向，不知道自己走向何方。只有树立了目标，才能明确奋斗方向，犹如海洋中的灯塔，引导你避开险礁暗石，走向成功。

目标的设定，是在对职业选择、职业生涯路线选择后，对人生目标做出的抉择，它以自己的最佳才能、最优性格、最大兴趣、最有利的环境等信息为依据。通常情况下目标分为短期目标、中期目标、长期目标。短期目标一般为 1~2 年，又可进一步分为日目标、周目标、月目标、年目标；中期目标一般为 3~5 年；长期目标一般为 5~10 年。

在学习过程中，根据学生的职业兴趣与不同的性格特点，帮助他们制订职业计划，能够给他们确定一个努力的方向，对他们身心的健康发展是很有好处的。

2. 培养学生正确处理生活事件的能力，提高对挫折的耐受力

面对生活中的种种不如意的事件，要学会从以下几个方面进行调节：

一是对挫折要有正确认识，真正理解人生不可能事事都如意。俗话说，不如意事十之八九。挫折与缺憾是人生应有的内涵。而一些遭遇挫折不幸的人们，恰恰挫折和不幸成了他们人生的一种助力，促使他们成就了人生。不用说保尔，不用说张海迪，我们生活的周围就有很多遭遇挫折的人。很多身处逆境的人，不都收获了自己成功的人生吗？当然，我们不祈求逆境，但如果身在逆境，要勇往直前，正所谓自古英雄多磨难。

二是学会进行心理调节，走出挫折带来的心理低谷。例如，意外地考了一个糟糕的分数，因老师不太了解情况而受了一次冤枉的批评，因人数有限没能第一批入党……对于这些挫折，你可以进行下列心理调节：①宣泄疏导。②情绪转移。这两步的作用在于减缓情绪压力。③激励信心。④优势诱导。这两步的作用在于认知调节，让自己知道挫折难免，并看准自己的优势。⑤反馈调节。⑥前景吸引。这两步的作用在于用已有的成绩和渴望的前景激励意志。

三是顽强进取，勇敢地迎接挫折的考验。勇敢地迎接并经受挫折的挑战，是培养自己挫折耐受力的关键。勇敢地迎接并经受挫折的考验，我们就会发现，挫折犹如清醒

剂，在我们偏离航向或脱离实际时亮出了红牌警告，使我们清醒过来，重新认识环境和困难，重新调整自我的人生坐标。勇敢地迎接并经受挫折的考验，我们就会发现，挫折犹如一座加压泵，使我们调集全身心的力量去面对现实，努力奋斗，使我们的心理受到锤炼，逐渐成熟，进而走向成功的人生。

二、创造力训练方法

1. 头脑风暴法

(1) 制定现场规则。例如，没有什么决定性的意见，每个人提出的想法都是重要的，并会被接受，不准窃笑或鄙视等。

(2) 提出问题或难题。例如，“你能想出哪些办法来解决发展中国家由人口剧增而造成饥荒?”

(3) 记录每个人的回答，允许并鼓励补充。如上面的问题可能有以下几种回答：请求国外援助，消灭某一年龄以上或以下的人口，控制生育，培训农民，重新分配社会财富……

(4) 制定标准。如果说广开言路的目的在于寻找某一难题的切实可行的解决方法的话，那么，当所有的回答都穷尽后，就应制定一个决定最佳方案的标准。例如，解决饥荒问题，学生可能会制定如下标准：尊重生活，改善经济状况，尊重经济规律，合理利用自然资源。

(5) 评价与标准不符的回答，但绝不可将错误的责任归咎于个人。

2. 自我指导，提高创造力

梅钦鲍姆试验并发展了一种通过自我指导来提高创造力的认知行为调节的方法。即要求被试通过清晰的自我报告来改变行为，提高创造力。运用认知行为调节法改善创造力，可以按以下步骤进行：

(1) 让学生们观看教师执行创造性任务，由教师大声报告自己完成的方式，示范自我指导的状态。

(2) 让学生执行创造性任务，并大声报告自己完成的步骤。在这一过程中，开始时教师要有适当的指导，慢慢地教师就不再直接参与其中了。

(3) 学生执行创造性任务时，先是以小声的言语自我指导，然后是用内部语言自我指导。教师示范和学生练习的这种言语模式涉及的内容包括：①问题界定，“我需要做什么”；②集中注意力，“我得专心”；③应对状态，“如果我犯了错误，我可以重新开始”；④自我强化，“太棒了！我成功了！”

经过训练，被试逐渐意识到他们消极的自我状态，并从自己或他人的经验中引发积极的自我状态，学会指导自己更富有创造性。梅钦鲍姆的研究表明：采用这种方法后，被试者在创造力的自我知觉和发散思维测验得分两个方面都有所改善。

三、心理活动体验

活动一　挫折耐受力拓展

1. 活动目的

(1) 体验挫折情绪，正确面对失败，引发积极向上的心态。

（2）调整认知，消除不良情绪，提高情绪管理能力。

（3）充分体验挫折，承受压力，提高应激能力。

（4）直面挫折，抵抗压力，学习应对挫折的方法。

2. 辅导计划

（1）分成4组，每组10人。

（2）辅导次数、频率：2次，每周1次。

（3）活动场所为学院团体辅导室。

（4）活动时间为每周团体辅导课时间。

3. 小组成员的选择

（1）对象为大二在校工程类专业学生。

（2）该项活动纳入心理健康课外活动考核。

4. 基本过程

（1）导入阶段。目的是让组员相互熟悉、相互了解、消除紧张，初步建立一种安全、信任的气氛，为以后的活动奠定一个良好的基础。（第一次辅导）

（2）实施阶段。在前一阶段组员之间形成相互信任、相互坦诚关系的基础上，利用小组内人际互动反应，采用角色扮演、启发讨论、想象脱敏练习等形式，让小组成员把小组当成一个安全的实验场所，练习改善自己的心理与行为，以期能扩展到现实生活中，达到活动目标。（第二次辅导）

（3）巩固终结阶段。目的是巩固小组辅导的成果，做好分别的心理准备。（第三次辅导）

5. 效果评价

（1）心理测验（重测SCL-90）。

（2）针对活动感受、建议的问卷调查。

活动二　减压放松训练

工作之余，在身心疲惫的时候做一次减压放松训练，可以让自己体验到放松训练的益处。下面就为大家介绍一则想象放松训练的方法。

（1）找一个舒服的姿势坐下或躺下，双眼轻轻地闭起来，轻柔地呼吸，体会呼吸的感觉。

（2）好，现在想象自己走进了温暖明媚的春天。你静静地躺在一片柔软的草地上，微风轻拂你的身体，你感觉很舒服。空气中流动着青草淡淡的芳香，一束和煦的阳光洒在你的头顶上。

（3）你觉得头部放松了，特别安逸舒服，一股暖流从头顶慢慢地流向你的额头，你紧锁的眉头舒展开了，请你仔细体会一下眉头舒展之后的放松的感觉，你觉得好舒服、好轻松，脸上的每块肌肉都特别放松，你觉得舒服极了。

（4）这股暖流从整个头部流到颈部、颈椎，你觉得颈部放松了，颈椎放松了，血液流动非常流畅，慢慢地这股暖流流向你的双肩，你的双肩放松了，每一块肌肉都得到放松，特别舒展，血液很流畅，暖暖的，非常舒服。这种温暖的感觉流向你的前臂，你的前臂放松了，又慢慢地流向你的小臂，你的小臂放松了，然后顺着你的手掌心慢慢流向你的手指尖，你的手心暖暖的，请你体验一下手心温暖的感觉，非常温暖，非常放松。

（5）这股暖流流向你的前胸后背，整个前胸后背的肌肉都特别放松，你胃里的不舒服、炎症在慢慢地消除，你的感觉好极了，腰部非常舒服，非常放松。整个髋关节都非常放松，臀部的每一块肌肉都得到彻底的放松。现在请你把注意力集中到你的大腿上，这股暖流慢慢地流向你的大腿，你大腿上的每一块肌纤维都非常放松，你的膝关节也放松了。这股暖流顺着你的膝关节慢慢地流向你的小腿，你的小腿放松了，踝关节放松了，脚后跟脚掌心非常放松。体验一下脚掌心那舒适放松的感觉。慢慢地这股暖流流向你的脚趾尖，你的脚趾尖非常放松。

（6）请重新体验一下这股暖流从头顶慢慢流向你的双眉、额头，脸部的每一块肌肉都得到了放松。你觉得额头凉丝丝的，头脑空空的，你的大脑中的每一个神经细胞都得到了最好的休息，你的精神非常愉快、放松，所有的疲惫都从你的手指尖流走了。当这种烦恼和疲惫都消失了的时候，你有一种无拘无束的感觉，你的感觉真的好极了。你的胸部放松了，你的躯干放松了，尤其是你的颈部、颈椎、双肩、腰部都非常放松，你体验到一种从未有过的放松感觉。你的髋关节放松了，你的臀部放松了，你身上所有的肌肉都非常放松。请你慢慢地体验，你浑身都非常轻松，心情特别舒畅，心胸特别宽广。请仔细体会这种放松后的愉悦感觉。

大家可以每天睡前躺在床上，按上面的步骤，引导自己做十分钟左右的放松训练，立即的效果就是会有一个更舒畅的睡眠，如果能长期坚持下去，则会产生提高记忆力和专注的能力、稳定情绪、改善身心状况的功效。

【课外拓展】

一、延伸阅读

比尔·盖茨的成功之路

比尔·盖茨，出生于美国西北部的西雅图市。他先后就读于西雅图的里奇景小学、湖滨中学。

比尔·盖茨从小就精力过人，很爱思考，一迷上某事便能全身心投入。从外祖母循循善诱的启蒙教育到父母不辞辛苦地为比尔·盖茨寻找适合他天分发展的社团与学校，无不为他天赋的发展提供了肥沃的土壤。

外祖母特别喜欢和聪明的小比尔·盖茨一起做游戏，尤其是一些涉及智力的游戏。她教少年比尔·盖茨下跳棋、玩筹码，还有打桥牌等他所喜欢玩的东西。玩游戏时，外祖母总爱对他说“使劲想！使劲想!”她也常常为比尔·盖茨下一步好棋、打一张好牌而拍手叫绝。外祖母还常常引导他读书，给他讲故事，比尔·盖茨从中受益匪浅。他在外祖母的帮助和指导下，成了兴趣广泛、废寝忘食的读者，读书成了他打发时间的好方式。他十分喜欢他家附近一个图书馆举行的夏季阅读比赛，他总能得男孩组中的第一，偶尔也会勇夺总冠军。外祖母意识到比尔·盖茨在思维与记忆上的潜力，她总是不失时机地激活他这方面的潜能。有时祖孙俩到公园散步，外祖母常会与比尔·盖茨交流下棋的技术或对某篇佳作的看法，让他寻找更新的下棋方法或表达更独到的见解。

比尔·盖茨的父母也十分关注孩子的成长，他们在工作之余总是尽可能地与孩子们待在一起。一家人不断地玩各种游戏，从棋类到拼图比赛，几乎所有的益智游戏。

随着儿子年龄的增长，家庭中的环境已无法满足比尔·盖茨天赋的进一步发挥。小比尔有时会责备母亲智力不足呢！于是，父母把目光投向社会，积极为比尔寻找属于他的空间。在一次活动中，比尔·盖茨给班上准备一份报告，叫《为盖茨股份有限公司投资》。这篇报告几乎成了全家人的事，他的外祖母帮着弄封皮，连父亲也插手帮忙，气氛很活跃。

小学毕业后，父母在征求比尔·盖茨的意见后，送他进了湖滨中学。在湖滨中学，比尔痴迷上令他今后倾注毕生精力的计算机。

比尔·盖茨在湖滨中学读书时，常按自己的兴趣爱好来安排学习。比尔·盖茨在喜欢的课程上下功夫，学得非常棒，如数学和阅读方面。每次父母看到比尔拿回来的成绩单，尽管他们知道比尔在一些课程上会学得更好，但他们并没有拉下脸来责备比尔·盖茨。

中学毕业后，比尔·盖茨很想到哈佛大学去读书，这也正是父母最大的心愿。幸好，比尔·盖茨的父母并没有像其他父母那样把孩子看成是自己的私产，必须让孩子来完成父母喜欢的事。经过冷静思考后，父母放弃了让儿子当律师的想法，让比尔·盖茨在大学里自由发展。这一点帮了比尔·盖茨的大忙。

但一年后，更大的难题摆在了比尔·盖茨的父母面前：比尔·盖茨要离开哈佛，放弃锦绣学业，与别人一起创办计算机公司！

比尔与父母多次交谈，平静地表达了自己的想法。了解儿子秉性和志向的父母又能说什么呢！或许儿子的天赋与计算机事业是最佳的契合点吧！比尔·盖茨便毅然离开了让亿万学子向往的哈佛大学，开始在软件领域大展宏图。

很显然，比尔·盖茨的成功是个人天赋与家庭教育共同作用的结果。比尔的事例告诉我们：其一，家长应不断激活孩子的天赋，注重对孩子天赋的培养与保护。其二，培养孩子的专注能力十分重要。

二、心理书籍

1.《你的降落伞是什么颜色》，鲍利斯著

推荐理由：理查德·尼尔森·鲍利斯，职业指导大师，畅销书作家。本书以霍兰德职业兴趣理论为基础，结合了当下求职市场的最新形势，解答了求职男女面临的诸多最新问题，提供了实用有效的职业规划方法和求职技巧。特别是推出了“降落伞行动手册”——花朵图，传授将职业规划融入人生规划的做法——发现最擅长的可转换技能，找到职业目标和理想工作，用激情和努力点亮人生梦想，追逐幸福和美好的生活。

2. 电影:《当幸福来敲门》

推荐理由：克里斯·加纳在生意失败后，妻子也离开了，他走到了人生的低谷，从此和儿子克里斯托夫相依为命。本片描述了他如何寻找梦想、实现梦想的过程，就算住救济所，就算成功的机会只有百分之五，他仍努力奋斗……他坚信，幸福明天定会来临。

三、学以致用

案例分析：为什么别人成功我不成功？

小赵大学毕业后做过好多份工作，如在国有企业、民营企业、外资企业从事家电、IT、广告、房地产等工作，开始时做人事，后来转为销售，再后来又改做广告策划、营销策划。

做人事时，他觉得人际关系太复杂，自己夹在老板和员工中间，太难做。他觉得自己不适合从事这种低层次的人力资源管理。做销售时，他经常要去拉关系，跟别人套近乎，感觉这不是自己所擅长的，收入也很不稳定。做了两年销售，有时业绩还不如一个刚来公司的新手。后来改行做广告策划，他经常有很好的想法，发现自己做广告方案比许多人都做得好，但自己感觉很好的策划方案上司就是不赞成，所以他不时与上司争论这些问题，往往搞得很不愉快。有一次他自己感觉做得很专业的整合营销策划方案，好几处被老板不加商量地做了修改。小赵无论是在国内广告公司，还是在跨国广告公司，都感觉不能充分施展自己的才华和能力。所以小赵决定自己当老板，开广告公司。但公司营业了不到一年，就亏损了几十万元。

小赵又不得不去打工。他发现房地产业很红火，自己做房地产策划也应该是擅长的，便到一家著名的房地产策划代理公司做营销策划。他发现自己做策划上手很快、很有感觉，但与发展商打交道却很困难。半年后，他又跳槽去了一家房地产公司，做起了甲方。他满以为做了甲方就不用再跟别人套近乎，迎合别人的喜好，就可以大展宏图了，但由于每天要处理大量的事情，事情太多、太杂，他感到有些应接不暇。他还受不了老板的官架子，自己又不喜欢像其他同事那样阿谀奉承。在这种状态下，要想被老板重用，要想成功，更难啦！

思考：

你对上述案例的主人公有什么建议？

____

____

____

____

____

____

____

结合自己的实际情况，谈谈工程制造类专业的学生在工作中应该如何养成良好的职业心理素质。

____

____

____

____

第三节　商务贸易类职业岗位职业心理素质培养

【知识讲堂】

两个同龄的年轻人同时受雇于一家店铺，并且拿同样的薪水。

过了一段时间，叫阿诺德的小伙子的薪水节节攀升，而那个叫布鲁诺的小伙子的薪水却一直原地踏步。布鲁诺很不满意，终于有一天他去老板那儿发起了牢骚。老板一边耐心地听他的抱怨，一边心里盘算着如何向他解释。

“布鲁诺先生”，老板开口说话了，“您现在到集市上去看一下，看看今天早上有卖什么的。”

布鲁诺从集市上回来向老板汇报说，今早集市上只有一个农民拉了一车土豆在卖。

“有多少？”老板问。

布鲁诺赶快戴上帽子又跑到集市上，然后回来告诉老板一共有40袋土豆。接着，布鲁诺再一次跑到集市上去问价格。

“好吧，布鲁诺”，老板对他说：“现在请您坐到这把椅子上一句话也不要说，看看阿诺德是怎么做的。”

阿诺德很快从集市上回来了，向老板汇报说到现在为止集市上只有一个农民在卖土豆，一共有40袋，价格是多少多少，土豆质量很不错，并带回来一个样品让老板看看。这个农民一个小时以后还会弄来几箱西红柿，并且价格非常便宜。昨天他们铺子里的西红柿卖得很快，库存已经不多了。他想这么便宜的西红柿老板肯定会要进一些的，所以他不仅带回了一个西红柿做样品，而且把那个农民也带来了，他现在正在外面等回话呢。

此时，老板转向布鲁诺说：“现在您肯定知道为什么阿诺德的薪水比您高了吧？”这些事看似简单，但都要求人们必须具备一种脚踏实地的务实态度，一种主动的责任心，一种为老板细心考虑的忠诚。也正是这些小事，让他们在各种各样的工作中找到超越他人的机会。作为商务贸易类专业的大学生，工作上更需要一种积极主动的精神，一定要时时处处磨炼自己、发展自己，使自己在校期间就能够成为符合用人单位要求的“准职业人”。

一、商务贸易类专业对应的主要职业岗位

（一）商务贸易类对应的主要专业

在我国市场经济快速发展的今天，各类工商业对商务贸易类人才的需求急剧增加，商务贸易类专业成为热门专业之一。同时，市场对商务贸易类人才也提出了更高的要求。商务贸易类专业人才不仅要具备系统的专业知识，而且还需要具备良好的职业心理素质。

就目前高职院校的专业设置来看，商务贸易类主要的专业包括市场营销专业、国际贸易专业、证券投资专业、电子商务专业、物流管理专业、会计专业等。

（二）商务贸易类主要专业对应的目标岗位

1. 市场营销专业主要就业目标岗位

高职市场营销专业目前的就业岗位主要包括两大方向。

一是零售管理方向，包括：

（1）商场、超市营销、管理相关岗位，如商品采购员/经理、商场促销及策划专员/经理、客服专员/经理、商场运营管理人员、零售专业店店长等。

（2）奢侈品零售及管理相关岗位，如房产置业顾问、汽车销售代表、珠宝零售销售员/客服专员等。

（3）自主创业，如零售连锁加盟创业、合伙创办连锁机构或其他零售机构等。

（4）其他商贸零售及营销管理相关岗位。

二是市场开发与管理方向，包括：

（1）区域销售代表、区域经理，大客户营销专员、经理。

（2）市场开拓员、渠道维护员、市场督导。

（3）市场企划专员/经理、市场调研与分析专员/经理。

（4）品牌专员/经理。

（5）自主创业、区域代理商等。

（6）其他市场开发与管理相关岗位。

2. 国际贸易专业就业目标岗位

国际贸易专业目前的就业岗位主要包括两大方向。

一是外贸业务方向，包括：

（1）在各类外贸企业从事外贸业务员、跟单员、单证员、报检员等。

（2）在外经贸管理部门、海关、出入境检验检疫部门从事相关进出口管理工作。

二是国际货代方向，包括国际货运代理公司、报关行、报检行、国际物流企业、贸易公司中的相关岗位。

3. 证券投资专业就业目标岗位

证券投资专业就业岗位主要包括金融岗位（群）、银行柜员、证券经纪人、理财经理、保险代理人。

4. 电子商务专业就业目标岗位

电子商务专业目前的就业岗位包括：

（1）企事业单位网站的网页设计、网站建设和维护、网络编辑、网站内容的维护和网络营销（包括国家贸易）、企业商品和服务的营销策划等专业工作。

（2）从事客户关系管理、电子商务项目管理、电子商务活动的策划与运作、电子商务系统开发与维护工作、在各级学校从事电子商务教学等工作。

（3）在呼叫中心从事电话营销的工作。

5. 物流管理专业就业目标岗位

物流管理专业就业岗位主要包括：

（1）第三方物流方面的企业，如运输企业、仓储企业、货运代理企业、快递企业（保管养护、配载、揽货、送货、报关、报检、运输协调、业务查询）。

（2）企业物流管理部门，如制造企业的采购、仓储和销售部门，连锁零售企业的物流部门（采购、订单管理、拣选、配载、线路调度、保管、物流加工管理）。

6. 会计专业就业目标岗位

会计专业毕业生的主要就业岗位包括：中小企业的出纳、会计核算、审计和财务管理等岗位；会计师事务所、税务师事务所等社会中介机构的会计代理、会计咨询和审计鉴证等岗位，财务软件的推广、培训和维护等岗位。

二、商务贸易类职业岗位应具备的主要职业心理素质

不同的职业对从业者的职业心理素质要求不同，同时，职业心理素质也制约着职业活动的各个层面，对职业活动具有调节和导向的作用。根据商务贸易类专业的特点，重点是培养学生的自信心、意志力、自我控制力、创造力、人际影响力和团队合作精神6个方面的职业心理素质。

1. 自信心

自信心是一个人相信自己的能力的心理状态，是一个人相信自己有能力采用有效的手段完成某项任务、处理困难情境或解决问题的信念，是一个人心理健康的一种表现，是一个人学习、事业成功的必要心理条件。商务贸易类专业的毕业生主要从事与人打交道的工作，与人交往时我们应做到要有信心能给他人留下深刻印象；适当的时候，能够突破他人明确要求遵守的传统和标准；必要时，即使别人反对，自己也能独立行动并对后果承担责任；当与上级管理人员、客户或其他权威人士产生意见分歧时，能直截了当而又彬彬有礼地表明自己的看法；相信自己的能力和判断，敢于挑战冲突，坚持己见。

2. 意志力

意志力是指一个人自觉地确定目标，并根据目标来支配、调节自己的行动，克服各种困难，从而实现目标的品质。哲学家罗伊斯这样说："从某种意义上说，意志力通常是指我们全部的精神生活，正是这种精神生活在引导着我们行为的方方面面。"商务贸易类从业人员在面对错综复杂的市场环境和人际环境时，难免会有压力与挫折，这就要求我们具备良好的意志力，主要表现在：遇到困难时不放弃，能尝试多种方法去克服困难、坚定信念；追求目标的过程中能不断地激励自己，使自己的精神振作起来，从而使自己保持良好的心态，激发自身的潜能，努力去实现预定的目标。

3. 自我控制力

自我控制力是人们对自身心理与行为的主动掌握，自觉地选择目标，在没有外界监督的情况下，适当地控制、调节自己的行为，抑制冲动，抵制诱惑，延迟满足，坚持不懈地保证目标实现的一种综合能力。商务贸易类从业人员在长期重复性的烦琐工作和压力环境下，要保持冷静，控制负面情绪和消极行为，有能力抵制可能的诱惑，不会采取不恰当和冲动的行为。同时，还要学会自我缓解压力，适当宣泄自己的消极情绪。譬如，多找一些朋友谈心，多找一些有乐趣的事去干，多参与社会活动，多出一点成绩，从中去寻找自己的精神安慰和精神寄托，在持续的压力状况下以一贯的正常状态推进工作。

4. 创造力

创造力是指产生新思想、研制新产品、开拓新市场、制定新战略、开发新技术、推出新产品的能力，它是人们成功地完成某项创造性活动所必须具备的心理品质。具有创新能力的人适合从事管理工作或其他需要与人打交道的工作。在商务贸易类从业人员中，创造力主要表现在：能提出实用的新思路并运用到工作中，改进现有的方案，挑战传统的工作方法和思维方式；对本职工作的改善有自己的见解，不断引入其他领域的观念和方法来指导工作；敢于制定新政策、采取新措施或尝试新方法，并勇于承担风险。

5. 人际影响力

人际影响力是指与可能有助于完成工作相关目标的人建立或维持友善、和谐关系的能力。人际影响力对于商务贸易类从业人员显得尤为重要，它表现在能够接受他人邀请参加社交活动，从而建立工作关系；能积极创造与他人接触的机会，主动联络对方，利用非正式接触建立融洽的关系；在社交场合，能够调动大家的交流情绪，营造使大家可以轻松交流的气氛；经常在工作以外的集会活动中，继续与同事、客户及其他相关人员保持友善的关系；能利用他人间接的关系，扩大人际网络范围；能敏感地把握他人的性格特点和利益需求，为今后的交往奠定基础。

6. 团队合作精神

团队合作精神是指团队成员为了团队的利益与目标而相互协作、尽心尽力的意愿与作风。团队精神是任何一家企业和单位都十分强调的。团队合作精神表现在作为团队的一员，在团队中主动征求他人意见，与他人互享信息、互相鼓励，为了团队共同的目标与大家通力合作完成任务；愿意与他人合作开展工作，自愿参与和支持团队的决定；能与群体中的其他成员共同交流，分享有用的信息和资源；在做决策时，诚恳地征求团队成员的意见、创意和经验；不会隐藏和回避团队中的冲突，开诚布公地处理团队内部矛盾，并积极寻求有利的解决方案。

三、商务贸易类职业岗位常见的心理困惑

随着社会竞争的加剧和工作节奏的不断加快，商务贸易类从业人员中也存在工作繁忙、心理压力大的现象，他们的心理健康问题也应该引起高度关注。

对于商务贸易类人员来说，由于他们的工作更多是面对复杂的市场环境、人际环境等，需要承受更多的压力、经历更多的挫折、面临更大的挑战，所以他们不可避免地会生活在各种矛盾之中，出现一些心理健康问题，这些问题反映了商务贸易类人员心理健康问题的主要类型及其成因。

1. 心理压力过重导致职业倦怠

商务贸易类人员工作繁忙、心理压力大，特别是有着业绩考核的岗位，让他们面临着很大的压力。有的人能将压力化为动力，但一些心理本身就比较脆弱的人员则往往因压力过度而导致职业倦怠，主要表现为精力不济、自我效能感下降、烦躁易怒等。而这些又会影响工作状态、影响业绩，业绩不好，又会加重职业倦怠症状，造成恶性循环。

2. 工作的挑战性导致自信心丧失

商务贸易类人员的工作具有一定挑战性。面对具有挑战性的工作时，要求对各种挑战充满信心，积极要求承担新的任务；面对拒绝和失败不放弃，不懈怠，以积极乐观的态度面对。而一些人员经历几次失败后便对自己失去信心，不敢主动去争取具有挑战性的任务和工作，比如一些销售人员遭到客户几次拒绝后，就对公司的产品失去了信心，一旦面对客户，就心理紧张，不能够向客户清楚地介绍公司的产品。长此以往，会导致信心完全丧失，上班反倒成为一种负担。

3. 心理失调

在“获得”与付出不相称时，就容易产生心理不平衡，对公司、对企业、对客户产生不满。可能有时候并不是你的错，可大多时候你是无法改变现实状况的，不管你有多大的能耐。特别是当被人际问题、情绪问题、感情问题、性格问题等困扰，又不愿意和亲戚、朋友诉说时，当事人更容易产生心理失调。这时最好的选择方式就是改变自己，改变自己的思维方式，少一些抱怨，多一些进取；或者找专业心理医生聊聊。有人称一个成功的企业家，总是一手拉着律师，一手拉着心理医生。

【心理实践】

一、心灵鸡汤

有句话说得好：自信不是财富，但它会带给你财富。职场中更是如此。拥有并保持十分的自信，你就拥有发言权，就会得到升迁的机会，就会拥有自己的办公室，就会承担新的更具挑战性的工作，你得到的成功机会也就更大。那么，如何培养职场自信心呢？

1. 现在就开口

说话准确、流畅、生动，是衡量职业人士思维能力和表达能力的基本标准，也是一个人是否具备职业竞争能力的重要标志。

所以，现在就开口吧，无论对方是一个人还是一群人，试着把自己的心里话说出来。别在意对方的反应甚至是嘲笑，只管自己说得是否清楚、干脆，是否把要说的话都说出来了。只要坚持不懈，你就一定会有收获，一定会感到自己的心里渐渐地充满自信的力量，说话的技巧也会大有长进。就从现在做起，否则你的自卑情结永远也打消不掉，你也就永远别想开口了。

2. 仪表得体大方，走路昂首挺胸

形体的自信是一种整体性效应，除了行为举止还包括面部神情、站立的姿势、目光的运用等。神情专注、面带微笑会让人觉得你是一个值得信赖的人，而神情茫然、愁眉苦脸只会让人退避三舍。与别人说话时挺胸直立，这样会使你显示出人格的尊严。这也是尊重对方的表示。

3. 不但要做，而且要说

该说出自己想法和意见的时候就要开口，该争取自己利益的地方就要争取，该说不的时候就说不。不必隐瞒自己的观点，要敢于自我表达，直截了当地说出自己想说的。结果呢，可能会出乎你的意料，你需要的都会得到满足，你的努力会很快地变成事业上的成就。

4. 上司面前要保持尊严

同上司交谈时，先摸一下自己的底，自己的工作表现如何，哪些方面做得很好，这次主要想谈些什么，然后面对面微笑地和他交谈。当上司需要赞扬时，你就由衷地赞扬他；回答问题或提出建议时，一定要有根有据，说话不必过长，尽可能简短地陈述你的意见；不要向上司诉苦，该承担责任的地方要勇于承担下来，该拒绝的地方也要维护自己的利益，说出“不”字。当然说时要注意措辞的委婉和理由的充足。

二、心理活动体验

活动一　自我肯定练习

1. 活动目的

练习坚定的原则与温和的表达。

2. 具体操作

（1）教师在白色屏幕上打出了一个黑色的圆点，他问。你们看见了什么？如有的学生回答说：“一个黑点。”这种回答只说对了极少一部分，屏幕中最大的部分是空白。只见小，不见大，就会束缚我们的思考力。成千上万的人不能突破自己的原因就在这里。这个黑点恰似人的缺点，盯着自己的缺点不放，你会成为一个自卑而怯懦的人；盯着别人的缺点不放，你则会失去周围所有的朋友。

（2）请对照以下条目，在自己能做到的项目后面写“是”。

①停止对自己的批评。

②不要自己吓自己。

③保持温柔、善良和忍耐。

④好好对待自己。

⑤悦纳自己、称赞自己、支持自己。

⑥保重身体。

⑦注重自己的感受。

⑧现在就做。

3. 讨论

（1）自责自悔不能改变任何事情。当你批评自己时，只会带来负面的影响，至少是心情的沮丧；但当你已接受了自己，任何事情都会朝着积极的方向发展。所以人要宽容别人，体谅自己。

（2）停止那些糟糕至极的恐怖想法，否则只会令你的生活充满痛苦，想一些令你开心的事情，可以帮助你驱走那些可怕的意念。

（3）对自己也要温柔一点，善待自己，爱自己如爱你喜欢的人一样。

（4）憎恨自己有时只是表明厌恶自己，应理解自己也是个会犯错误的常人。

（5）称赞会带给你鼓励，尽量激励自己，告诉自己其实已做得很好。

（6）注意营养，你的身体需要些什么才能发挥最多活力？保持运动，你喜欢哪些类型的活动？身体好心情才会好。

（7）每天清晨起来，我们都是一个全新的人。站在镜子前，把对自己的爱和宽恕表达出来，不要忘记说“我爱你，你真棒”。

（8）不要等到将来你闲下来时才开始计划，现在就开始，尽己所能去实践。

（9）现在闭上眼睛，从小声到大声地反复背诵这句话：“无论你怎样待我或说什么，我仍然是个有价值的人！”

（10）提高练习效果的方法：两人一组，其中一个人先说一句指责、挑剔的话，另一个人听完别人的批评与指责，延缓数秒钟，平静自己的恼怒心情，然后用平和沉稳的语气说：“无论你怎样待我或说什么，我仍然是个有价值的人！”

（11）几分钟后，角色互换，进行同样的操练，相互强化。

4. 活动总结

这看来简单，但反复练习，会有很大的影响。它可以去掉深植于心中的悲观念头，重建乐观的信念。对于缺乏自信与行为勇气的人，行为训练非常有效。在人际交往中不敢表达自我，不敢坚持自己的立场，往往是由于缺乏自信，生怕拒绝或坚持自己的立场会使他人弃己而去，结果人际关系反而不佳。因此，自信训练主要包括坚持自己的立场和学会表达自己的感觉。

活动二　角色扮演——控制情绪

1. 活动目的

通过角色扮演，能辨认各种情绪并了解它发生的原因，知道各种情绪反应对身心行为的影响，并学习控制情绪、发泄情绪的正确方法。

2. 活动准备

准备好角色扮演用的题目、个案和誓词，把桌椅安排成几个小组讨论的形式。

3. 具体操作

（1）创设情境。

①有人弄坏了你的自行车。

②有个同学告诉你，放学后他要找几个人一起来揍你一顿。

③当你正在看喜欢的电视节目时，有人把它调到了别的节目。

④你把妈妈省吃俭用给你买书的100元钱弄丢了。

⑤你在公共汽车上被人踩了一脚。

⑥同学们喊你的绰号。

⑦在某次竞赛或考试中你获得了第一。

（2）讨论。在碰到以上各情境时，你会有何种情绪产生？你如果有不适当的情绪反应，会有什么结果？（每组讨论一个情绪）

（3）例举自己在日常生活中，因不适当的情绪反应造成不良后果的情形。

（4）根据各组讨论的情境进行角色扮演。

（5）大家逐个观看并进行评论。

（6）指导者结束语。同学们，当你们碰到困难时，可能会一时情绪低落，但我相信大家一定能尽快适应并调整好。请大家和我一起满怀激情地朗读一段誓词：

我有明确的奋斗目标，决不放弃！

我将百折不挠，主动迎战困难！

我必须勤奋学习，提高效率，珍惜时间！

我要积极行动，勇敢实践！

我乐观、自信、自强！

我将不断超越自我，走向辉煌！

活动三　同心圆

1. 活动目的

体会自己的团队在接到任务后如何进行沟通、协调与合作，并以最有效的方法来完成任务。

2. 具体操作

（1）10~15 人一组，大家围成一圈，伸出食指共同架托着一个呼啦圈。

（2）随着下蹲的指令，大家身体开始下移，但手指始终不能脱离呼啦圈，否则判为失败。

（3）其他小组派出观察员并计时。

（4）第一轮结束后，小组总结讨论并改进活动方案，然后重新做一次。

3. 讨论

在配合过程中都出现了什么现象？你认为问题出在哪里？后几轮活动时速度、配合方面有没有改进和提高？该游戏中你的感受是什么？

4. 活动总结

这个游戏看似简单，但做起来需要彼此间的默契合作，单靠个人的力量是不能完成的。如果团队中有人与集体的步调不一致，就会拖大家的后腿。当然，协调一致的默契配合需要有效的沟通、统一的指挥和团队精神。

【课外拓展】

一、延伸阅读

优秀销售员应有的 10 种心态

做销售要有一个好的心态，因为销售员不但有销售产品的压力，而且还面临着开拓市场的任务，因此，在巨大的压力和任务面前，销售员一定要保持良好的心态。优秀的销售员都应具备以下 10 种心态。

1. 真诚

态度是决定一个人做事能否成功的基本要求。作为一个销售人员，你必须抱着一颗真诚的心，诚恳地对待客户、对待同事，只有这样，别人才会尊重你，把你当作朋友。业务代表既是企业的形象、企业素质的体现，也是连接企业与社会、消费者及经销商的枢纽，因此，业务代表的态度直接影响着企业的产品销量。

2. 自信

信心是一种力量。首要的是，你要对自己有信心，每天工作开始的时候，都要鼓励自己“我是最优秀的！我是最棒的！”信心会使你更有活力。同时，你要相信公司，相信公司提供给消费者的是最优秀的产品，相信自己所销售的产品是同类中最优秀的，相信公司为你提供了能够实现自己价值的机会。

3. 做个有心人

销售员要养成勤于思考的习惯，要善于总结销售经验，正所谓“处处留心皆学问”。销售员每天都要对自己的工作检讨一遍，看看哪些地方做得好，为什么；哪些地方做得不好，为什么。只有多问自己几个为什么，才能发现工作中的不足，促使自己不断改进工作方法；只有提升能力，才可抓住机会。作为一个销售代表，客户的每一点变化，你都要去了解，努力去把握每一个细节，做个有心人。

4. 韧性

销售工作实际是很辛苦的，这就要求业务代表要能吃苦，有坚持不懈的韧性，正所谓“吃得苦中苦，方为人上人”。销售工作的一半是用脚跑出来的，要不断地去拜访客户、协调客户，甚至要跟踪消费者，提供相应的服务。销售工作绝不是一帆风顺的，会遇到很多困难，但要耐心地解决，要有百折不挠的精神。

5. 良好的心理素质

销售员只有具有良好的心理素质，才能够积极地应对挫折，不气馁。每位客户都有不同的背景、性格和处世方法。自己受到打击要能够保持平静的心态，要多分析客户，不断调整自己的心态，改进工作方法，使自己能够去面对一切困难。只有这样，才能够克服困难。同时，也不能因一时的顺利而得意忘形，须知“乐极生悲”。只有这样，才能够胜不骄，败不馁。

6. 交际能力

每个人都有长处，不一定要求每个销售员都八面玲珑、能说会道，但你一定要多和别人交流，培养自己的交际能力，尽可能地多交朋友，这样就多了机会，要知道，朋友多了，路才好走。另外，朋友也是资源，但拥有资源不一定会成功，善用资源才会成功。

7. 热情

热情是具有感染力的一种情感，它能够带动周围的人去关注某些事情。当你很热情地和客户交流时，你的客户也会“投之以李，报之以桃”。当你在路上行走时，正好碰到你的客户，你伸出手，很热情地与对方寒暄，也许，他很久没有碰到这么看重他的人了，你的热情会促成一笔新的交易。

8. 知识面要宽

销售员要和形形色色、各种层次的人打交道，不同的人所关注的话题和内容是不一样的，只有具备广博的知识，才能与对方有共同话题，才能谈得投机。因此，销售代表要涉猎各种书籍，诸如天文地理、文学艺术、新闻、体育等，只要有空闲，就要多了解，养成不断学习的习惯。

9. 责任心

销售员的言行举止都代表着公司，如果你没有责任感，你的客户也会向你学习，这不但会影响你的销量，而且会影响公司的形象。无疑，这会有损公司的发展。

10. 谈判力

其实，销售员无时不在谈判。谈判的过程就是一个说服的过程，就是寻找双方最佳利益结合点的过程。在谈判之前，你要搞清楚对方的情况，所谓“知己知彼，百战百胜”。你了解对方越多，对自己越有利，掌握主动的机会就越多。

销售员要养成勤于思考、勤于总结的习惯。你每天面对的客户不同，就要用不同的方式去谈判，从而和客户达成最满意的交易，这才是你谈判的目的。

世界上没有卑微的工作，只有卑微的工作态度。作为一个销售员，你只要用积极的心态去面对每一天的工作，成功一定在不远处等着你。

二、心理书籍

1. 刘远我．职业心理健康：自测与调节［M］．北京：经济管理出版社，2004

简介：本书通过各种职业心理健康问题的测试，帮助你及早发现自己的问题，并提供对策帮助你解决各种职业心理健康问题。书中还选择和设计了职业心理健康方面的案例。

2. 熊振华．会计心理学［M］．上海：立信会计出版社，2003

简介：本书力求为会计人员提供一套协调人际关系、挖掘个体潜能、调适心理失衡、科学运用思维方式、强化职业道德的方法，从而有利于有心理障碍的会计人员走出心理误区，以更为成熟的心态面对社会和工作，实现自我价值。

3. 石文典．市场营销心理学［M］．大连：东北财经大学出版社，2000

简介：本书着重介绍了本学科的主干部分，即消费者的个体心理与消费行为、消费需要与消费结构、市场与市场心理、消费者的购买行为与推销模式等。此外，本书还着重介绍了在21世纪知识经济时代，多种创新的市场营销理念、相应的营销策略及顾客心理。书中还介绍了具有高效度与信度的成功营销人员的心理素质的维度构成及相应的评定表。

三、学以致用

(一) 案例

出纳员小丽，23岁，工作3年以来没出过差错，上级很赞赏她。可是同事和朋友却说她呆板、不好相处，因为她的言行习惯让大家觉得难以理解。她生怕工作出差错，上班时从不离开自己的办公桌，她的钥匙也不让任何人摸。下班时，她经常走出门后又回来检查保险柜和抽屉是否锁好。

请分析小丽存在的心理问题及原因。

(二) 想想做做

30天的改善计划：

时常有一些同学说：“我很明白一心一意地追求目标很重要，但是我的杂事儿太多，经常扰乱原有的计划，我该怎么办?”未知因素确实存在，并影响你的执行步骤，所以无法一下子成功，只能一步一步地走向成功。所谓切实可行的计划，就是自行确定的每个月的活动清单。从现在开始给自己制订一个30天的改善计划吧，它能使你提高效率，储备承担大任的能耐、条件与实力。

活动目的：建立新的良好习惯，控制和消除旧的消极性习惯。

具体操作：在下列5个方面填入你一个月内必须做的事情，一个月后再检查一下进度，并重新建立目标。

1. 改掉这些习惯（建议举例）

（1）不按时完成各种事情。

(2) 消极性的词句常挂在嘴边。

(3) 作息时间无规律。

2. 从现在起要养成这些习惯（建议举例）

(1) 每天早上醒来都对自己说些激励的话。

(2) 睡前就把第二天要做的事计划好。

(3) 任何场合都尽量赞美别人。

3. 用这些方法来提高自己的学习、工作效率（建议举例）

(1) 在最高效的时间干最重要的事情。

(2) 每天都安排一定的运动、休闲和机动时间。

(3) 经常静静思考，包括改善学习和工作的方式方法。

4. 用这些方法来增进同学之间的和谐（建议举例）

(1) 尊敬自己周围的每一个人。

(2) 认真听取他人的意见，努力了解他人的观点及其理由。

(3) 对他人为自己做的哪怕是小事也表示最大的谢意。

5. 通过一些途径来修养自己的个性（建议举例）

(1) 每周花两个小时阅读本专业的杂志。

(2) 阅读励志书籍。

(3) 结交几个新朋友。

总结：完善自我，便是塑造自身的生存能力。风云人物并不是天生的，而是由许许多多严格的自我修炼形成的。建立新的积极性习惯，同时根除旧的消极性习惯，正是做人的修养过程，而在这一过程中，好的目标起着调控的作用。

参考文献

［1］胡凯．大学生心理健康教育教程［M］．长沙：湖南人民出版社，2018.

［2］李斌．高职大学生心理健康教育［M］．北京：高等教育出版社，2014.

［3］夏翠翠．大学生心理健康教育［M］．北京：人民邮电出版社，2017.

［4］林崇德，杨治良，黄希庭．心理学大辞典［M］．上海：上海教育出版社，2004.

［5］林崇德，申继亮．大学生心理健康读本［M］．北京：教育科学出版社，2005.

［6］王登峰，崔红．心理卫生学［M］．北京：高等教育出版社，2003.

［7］叶浩生．西方心理学研究新进展［M］．北京：人民教育出版社，2003.

［8］龚耀先．心理评估［M］．北京：高等教育出版社，2003.

［9］樊富珉，王建中．当代大学生心理健康教程［M］．武汉：武汉大学出版社，2006.

［10］黄希庭．大学生心理健康教育［M］．上海：华东师范大学出版社，2004.

［11］郑日昌．大学生心理卫生［M］．济南：山东教育出版社，1997.

［12］张厚粲．大学心理学［M］．北京：北京师范大学出版社，2000.

［13］张大均，冯正直．学校心理素质教育概论［M］．重庆：西南师范大学出版社，2004.

［14］马建青．大学生心理危机干预的理论与实务［M］．杭州：杭州出版社，2011.

［15］谢炳炎．大学生心理健康教育与指导［M］．长沙：湖南大学出版社，2006.

［16］伍新春．高等教育心理学［M］．北京：高等教育出版社，1999.

［17］郑希付．健康心理学［M］．上海：华东师范大学出版社，2003.

［18］齐力．大学生心理健康素质教程［M］．北京：五洲传播出版社，2005.

［19］陈选华，大学生心理学基础［M］．北京：中国科学技术大学出版社，2004.

［20］何彬生，刘波，吴检方．大学生心理健康与教育［M］．北京：人民出版社，2006.

［21］贾晓明．大学生心理健康——走向和谐与适应［M］．北京：北京理工大学出版社，2005.

［22］陈力．心理障碍与精神卫生［M］．北京：人民卫生出版社，2001.

［23］［美］理查德·格里格．心理学与生活［M］．王垒等译．北京：人民邮电出版社，2003.

［24］［英］瓦尔·西蒙诺维兹．人格的发展［M］．唐蕴玉译．上海：上海社会科学院出版社，2006.

［25］［美］柏文．人格科学［M］．周榕等译．上海：华东师范大学出版社，

2004.
[26] [美] R. J. 斯滕伯格．成功智力 [M]．吴日宏，钱文译．上海：华东师范大学出版社，1999.
[27] 龚晓路．员工职业素养培训 [M]．北京：中国发展出版社，2005.
[28] 刘兰明．安身立命之本——职业基本素养 [M]．北京：高等教育出版社，2009.
[29] 燕良轼，唐海波．大学生心理健康教程 [M]．长沙：中南大学出版社，2006.
[30] 赵晋湘，吴霞．大学生卫生与健康 [M]．长沙：湖南大学出版社，2006.
[31] J. 布罗菲．激发学习动机 [M]．陆怡如译．上海：华东师范大学出版社，2005.
[32] 戴尔·H. 申克．学习理论：教育的视角（第三版）[M]．韦小满等译．南京：江苏教育出版社，2003.
[33] 戴维·迈尔斯．社会心理学（第8版）[M]．北京：人民邮电出版社，2006.
[34] 李振荣，彭志宏．大学生心理健康教育与训练 [M]．郑州：黄河水利出版社，2006.
[35] 胡凯．大学生发展型团体心理辅导 [M]．北京：人民出版社，2007.
[36] 丁茂芬．职业心理素质训练 [M]．北京：清华大学出版社，2014.
[37] 肖永春，齐亚丽．成功心理素质训练 [M]．上海：复旦大学出版社，2004.
[38] 陈社育．大学生职业心理辅导 [M]．北京：北京出版社，2003.
[39] 叶林菊．心理素质的养成与能力训练 [M]．天津：南开大学出版社，2009.